大学生商业基础教程

主 编 李奕轩
副主编 张 彬 赵 雪 钟清琪
参 编 梁严富 曾 卓

机械工业出版社

本书以大学生必备的"商业基础知识"为核心，经过前期调研与访谈，挖掘新时代下大学生的真实学习需求，系统搭建商业知识结构，以提升大学生的商业认知能力和分析能力。本书主要从大学生的商业知识概述、商业管理基本职能、沟通与商务沟通、市场营销、财务管理、商业常用法律、商业创新与创业七个方面展开分析。

本书可作为普通本科、专科非商科、非经管类学生的跨专业教学用书，也适合初次接触商业知识的商科或经管类学生学习使用，同时可作为商务实践人士的基础培训和参考用书。

图书在版编目（CIP）数据

大学生商业基础教程/李奕轩主编. —北京：机械工业出版社，2022.4
ISBN 978-7-111-70224-5

Ⅰ. ①大… Ⅱ. ①李… Ⅲ. ①商业－高等学校－教材 Ⅳ. ①F7

中国版本图书馆 CIP 数据核字（2022）第 032167 号

机械工业出版社（北京市百万庄大街 22 号　邮政编码 100037）
策划编辑：刘　畅　　　责任编辑：刘　畅
责任校对：王　欣　张　薇　封面设计：鞠　杨
责任印制：常天培
北京机工印刷厂印刷
2022 年 4 月第 1 版第 1 次印刷
184mm×260mm・15.5 印张・374 千字
标准书号：ISBN 978-7-111-70224-5
定价：45.00 元

电话服务　　　　　　　　　网络服务
客服电话：010-88361066　　机　工　官　网：www.cmpbook.com
　　　　　010-88379833　　机　工　官　博：weibo.com/cmp1952
　　　　　010-68326294　　金　书　网：www.golden-book.com
封底无防伪标均为盗版　　　机工教育服务网：www.cmpedu.com

一、写作背景

"十四五"时期是我国全面建成小康社会后乘势而上开启第二个百年奋斗征程的重要起点。一方面,这意味着中国发展的新黄金期已到来;另一方面,新经济形态的持续发展和国内职业市场的不断变化对高等教育人才培养质量提出了更高的要求。

日渐复杂的就业环境需要从业者具备跨学科解决问题的能力,为组织获得最大的资源与竞争优势提供保障。培养面向未来的大学生是一项与时俱进的任务,要求其不止具备所学专业的知识和技能,更要有能力在纷繁复杂的商业环境中综合运用所学高效配置资源,做出合理且有价值的商业判断。

课程和教材是人才培养的核心要素,看似微观,实则是人才储备战略规划下的必要战术实施。教材创新是达成优质教学效果、深化落实教学改革、培养高素质创新人才的重要保障。本书基于"通识教育"的理念,运用通俗的语言和丰富的案例,以知识和技能需求为导向,将商业通识教育与学科背景多元融合,系统展开商科基础知识补给,以期能为培养"面向未来的大学生"蓄力与助力。

欲成为能适应未来的大学生,需从提升跨学科的"核心竞争力"着眼,"既精通本专业知识又知晓商业法则"的人才能满足未来就业市场对"稀缺复合人才"的需求,在大学教育中增加商业认知势在必行。当然,本书也适合未曾接触过商业知识,但需从事相关商业实践的人员学习参考。

本书基于前期调研和访谈、通过大量职场岗位的胜任力分析,提炼商业要素以丰富大学生的知识架构,弥补其在商业认知和分析能力方面的不足。本书重点在于学习商业领域的基本理念和基础知识,首先让大学生对商业概念和起源等有初步认知,并进一步了解现代商业的地位和作用,同时从商业管理基本职能、沟通和商务沟通、市场营销、财务管理、商业常用法律、商业创新创业几个层面延展思想广度、提升思维高度、培养商业嗅觉。

二、本书特色和课时建议

本书特色主要体现在以下几点:

(1)教材的补缺定位。通过前期调研和访谈,发现许多大学生有强烈的"商科知识补给"需求,但目前市场上没有现成的相关课程,更没有匹配的教材。所以,本书的出版能够填补市场空白。

(2)学科交叉与融合下的案例挖掘。本书在编写过程中,立足基础的商业知识点,寻找诸多跨学科的案例和故事,以适应大学生的认知和学习场景,使其更好地理解与运用相关知识。

(3)编写模式创新。首先,每章开篇有导入案例,以苏格拉底式教学法启发学生感知商业、发现困惑；其次，正文基于商科主要知识，以"核心知识+小故事或小资料"等形式展开解读，帮助学生深度理解知识点；最后，每章末端有案例分析、拓展思考、真实任务卡三部分内容，目的在于巩固知识，提升知识的实际运用能力。

（4）配套资料齐全。本书有配套的教案、大纲和PPT等资料。配套资料以教材为基础却不完全拘泥于教材，有需求的教师可以登录机械工业出版社教育服务网（www.cmpedu.com）自行下载。

鉴于本书目标是解决读者的商业入门认知问题，所以建议匹配32个课时。现对契合PPT的课时分布做如下建议，见下表：

教材内容	教学模块	建议学时（32学时）
第一章 大学生的商业知识概述	模块一：大学生与商业之遇	课程导入：1学时 模块一：4学时
第二章 商业管理基本职能	模块二：执掌江山 挥手管理	模块二：4学时
第三章 沟通与商务沟通	模块三：商务沟通 润物无声	模块三：4学时
第四章 市场营销	模块四：市场风向 敏锐捕获	模块四：6学时
第五章 财务管理	模块五：商业之路 财务助推	模块五：5学时
第六章 商业常用法律	模块六：商业法则 人人需懂	模块六：4学时
第七章 商业创新与创业	模块七：左手创新 右手创业	模块七：4学时

三、编写分工及致谢

本书由李奕轩担任主编，负责整体设计、全文统稿、格式排版。具体分工如下：第一、二章由张彬主要编写，李奕轩辅助编写；第三、四章由李奕轩编写；第五章由钟清琪主要编写，李奕轩、张彬辅助编写；第六章由张彬、赵雪、钟清琪编写；第七章由赵雪主要编写，李奕轩辅助编写，梁严富、曾卓参与书稿整理工作。

此书能够编成，要特别感谢陈春发教授、毛敏教授、余梅教授、许宣伟教授、彭光辉教授的大力支持和建议，他们专注教育、关注学生需求、探索创新的精神深深影响着编写团队；在此也要感谢参与访谈与调研的教师和学生；同时，本书参考了许多学者的成果，在此一并致谢。

本书打开了一扇门——全新的商业大门，希望能为读者带来一定的启迪与收获。由于时间仓促，加之作者水平和学识有限，书中难免存在不足之处，敬请各位专家和读者批评指正。

编　者

目录

前言
第一章 大学生的商业知识概述 … 1
【学习目标】 … 1
【导入案例】 … 1
第一节 商业基础认知 … 2
第二节 商业分析的基本方法 … 9
第三节 常用的商业分析工具 … 19
【案例分析】 … 27
【拓展思考】 … 32
【任务卡】 … 33

第二章 商业管理基本职能 … 34
【学习目标】 … 34
【导入案例】 … 34
第一节 计划职能 … 34
第二节 组织职能 … 41
第三节 控制职能 … 54
【案例分析】 … 60
【拓展思考】 … 61
【任务卡】 … 62

第三章 沟通与商务沟通 … 63
【学习目标】 … 63
【导入案例】 … 63
第一节 沟通概述 … 63
第二节 人际沟通 … 72
第三节 商务沟通 … 78
【案例分析】 … 85
【拓展思考】 … 86
【任务卡】 … 86

第四章 市场营销 … 87
【学习目标】 … 87
【导入案例】 … 87
第一节 市场调研 … 88

第二节　目标市场定位 ……………………………………………… 95
　　第三节　市场营销4P策略 …………………………………………… 98
　【案例分析】……………………………………………………………… 110
　【拓展思考】……………………………………………………………… 111
　【任务卡】………………………………………………………………… 111

第五章　财务管理 …………………………………………………………… 112
　【学习目标】……………………………………………………………… 112
　【导入案例】……………………………………………………………… 112
　　第一节　财务管理的目标 …………………………………………… 113
　　第二节　时间效应和复利效应 ……………………………………… 116
　　第三节　筹资方式 …………………………………………………… 121
　　第四节　筹资决定 …………………………………………………… 139
　【案例分析】……………………………………………………………… 142
　【拓展思考】……………………………………………………………… 144
　【任务卡】………………………………………………………………… 144

第六章　商业常用法律 ……………………………………………………… 147
　【学习目标】……………………………………………………………… 147
　【导入案例】……………………………………………………………… 147
　　第一节　民法典合同编 ……………………………………………… 148
　　第二节　公司法 ……………………………………………………… 161
　　第三节　知识产权法 ………………………………………………… 174
　【案例分析】……………………………………………………………… 188
　【拓展思考】……………………………………………………………… 189
　【任务卡】………………………………………………………………… 190

第七章　商业创新与创业 …………………………………………………… 193
　【学习目标】……………………………………………………………… 193
　【导入案例】……………………………………………………………… 193
　　第一节　创新思维 …………………………………………………… 194
　　第二节　创新实施 …………………………………………………… 200
　　第三节　创业与创业团队 …………………………………………… 204
　　第四节　创业计划书与注册企业的一般流程 ……………………… 218
　【案例分析】……………………………………………………………… 239
　【拓展思考】……………………………………………………………… 240
　【任务卡】………………………………………………………………… 240

参考文献 ……………………………………………………………………… 242

第一章 大学生的商业知识概述

【学习目标】

（1）了解商业的概念、起源与发展历史。

（2）掌握定量与定性等基本商业分析方法的主要内容与操作步骤，包括综合评价法、决策树法、头脑风暴法与德尔菲法。

（3）能够根据实际商业背景，运用商业分析工具，包括波士顿矩阵、波特五力模型与 SWOT 分析法。

【导入案例】

苹果公司是否应该授权其他厂商开放自己的操作系统？

1985 年 6 月的一天，比尔·盖茨（Bill Gates）致信苹果时任首席执行官约翰·斯卡利（John Sculley）和时任 Mac 开发主管吉恩-路易斯·卡西（Jean-Louis Gassée），敦促他们抓紧时间向其他公司授权苹果的操作系统。苹果对盖茨的这一建议置若罔闻。五个月之后，微软发布了自己的操作系统 Windows。自此之后，微软成为 PC 产业的统治者，苹果则走上了没落的道路。通过在 1997 年对苹果投资 1.5 亿美元，微软让苹果免于破产。开发开放性的平台让微软获得了巨大的优势。

通过专注于设计和整合硬件与软件，史蒂夫·乔布斯（Steve Jobs）曾带领苹果走向复兴之路，并让这家公司成为全球市值最高的公司。但是它来得太晚，苹果失去了 20 世纪末的机遇。

人们不禁要问，如果当年苹果听从了盖茨的建议，那么情况又会是怎样？历史当然不会重演，但苹果又一次地站在了十字路口。这家公司的创新引擎已基本停滞不前，这家公司上一个重要的产品 iPhone，发布距今已有近 9 年时间。受到 iPhone 出货量下滑的影响，苹果业绩已连续两个季度出现了下滑。虽然这家公司的业绩好于预期，但这建立在设定的预期较低的基础上。

如果苹果开放了 iOS 操作系统，那么新用户便会通过应用商店 App Store 下载新应用，通过 iTunes 下载音乐，或是成为 Apple Music 的订阅用户。当苹果发布长期开发的流媒体视频服务时，它将可能拥有数十亿的潜在用户群体。苹果完全有能力把自己当前 60 亿美元的服务营收扩大数倍。按照营收计算，服务营收目前已成为仅次于 iPhone 的苹果第二大业务。与硬件不同的是，服务业务并不需要工程，且利润率要高出许多。

开放 iOS 是否会影响到 iPhone 的营收？当然会，但在 iPhone 营收出现下滑时，苹果需要找到可替代的营收渠道。iOS 能否在非苹果设备上运行，答案是肯定的。苹果可以通过调整让 iOS 在其他设备上运行。多年来黑客已经展示了此类技术。2013 年，曾有黑客让诺基亚 N900 运行了 iOS。考虑到 iPhone 绝大多数的配件都来自第三方供应商，因此 iPhone 很少有专属的配件。让其他设备搭载 iOS 操作系统当然会消除 iPhone 当前独享的关键竞争优势，但它会给苹果带来许多新营收，并让苹果更好地生存下去，使其能够专注于开发更好的软件和创新硬件。苹果需要发布新产品独占鳌头，而不是靠着曾经的优势坐享其成。

（资料来源：根据 https://tech.qq.com/a/20160730/001529.htm 整理）

思考：
1. 你认为苹果公司是否应该授权其他厂商开放苹果的操作系统，以获取更大的利润？
2. 在决定是否授权其他厂商开放苹果操作系统前，苹果公司应该考虑哪些因素？

第一节　商业基础认知

一、商业的概念

在商业领域获得持续成功，主要源于能不断适应市场变化。商业自古有之，历经时代洗礼，虽外在形式不断变化创新，但核心要义不变。商业（Business）是指所有以盈利为目的、力求为他人提供商品和服务的活动总和。

为了获得利润，企业必须为消费者或其他企业提供所需的商品和服务。商品（Goods）是指各种有形的产品，如食品、服装、餐桌、汽车和家电等。服务（Services）是指无形的产品（即无法握在手中的产品），如教育、医疗、保险、咨询服务、休闲旅游等。如果根据消费者的需求，设计出适合他们的产品或服务，还得用客户喜欢或习惯使用的媒介和方式（如电视、社交媒体等）将其打动。

每天都有成千上万的商业项目技术方案、新产品和独特服务出现或陨落在大众的视野中。面对激烈的市场竞争，如何在客户需求把握、产品设计、营销推广、人力储备开发、战略制定与兼并重组等重要管理活动中提升企业的竞争优势，是各行各业无数组织都在思考的问题。商业市场环境瞬息万变，要求我们在掌握专业领域技能的同时，更要有能力综合运用所学知识提供合理的、跨学科的、全面的现实商业方案。

二、商业的起源和发展趋势

人们以货币为媒介进行交换从而实现商品流通的经济活动，构成了现实的商业世界。原始社会就有了人类的交换活动。最初的交换只是生存需要的简单物物交换，后来发展到系统的商品交换，真正的商业由此诞生。商业的产生源于交换的需要，而交换的产生和发展，始终是与分工的产生和深化紧密联系在一起的。因此，要了解商业，必须了解交换；要了解交换，首先要了解分工。

（一）分工

分工是指人类在经济领域中为进行合理的劳动，从而对各种劳动进行的社会划分并使其独立化、专业化的做法。常见的分工，如家庭内部的分工、手工工厂内的分工、企业内部的分工等，又如把社会划分为工业部门、农业部门等，把工业再分为轻工业、重工业等。分工，一般来说，主要是由资源制约、提高技术熟练程度和提高效率的需要所决定的。分工的不断深化，既是社会生产力发展、劳动生产率提高的必然结果，又对社会经济结构和人类交往、商品交换体系的演化产生着深刻的影响。分工是交换产生的基础，分工促进交换的发展。内部分工产生内部交换，社会分工产生社会商品交换。

 小故事

两个农夫的故事

在尼罗河的下游，居住着两个农夫，一个擅长育种，不喜欢种地吃苦；一个则是种地的好手。为了发挥各自的优势，两人分工合作，由育种人专门为种地人提供良种，秋收以后，种地人按一定的比例偿还稻谷。这样的分工合作不仅能规避不足，且最后双方都收获了成果，所以两个农夫打算一直合作下去。

（二）商业的出现

商品交换起初是由商品生产者自己承担，即农民、牧民、手工业者等均自己负责产品的销售与必需品、原材料的购买。随着生产的发展，交换内容越来越丰富，交换任务越来越繁重；同时，货币的产生加速了交换频率，使交换空前活跃。总之，一方面，从规模上、数量上、地域上和频率上商品交换都更加扩大；另一方面，交换使得矛盾凸显，交换过程中的三大矛盾即生产和交换在时间上的矛盾、生产和交换在空间上的矛盾、生产过程和交换过程的矛盾，在频繁交换中矛盾日益加剧。见表1-1。

表1-1 生产和交换的三大矛盾

三种矛盾	矛盾表现	矛盾存在的原因与客观要求
生产和交换在时间上的矛盾	生产与交换时间不一致	买卖所费的时间，就是生产时间的一种扣除。生产的发展受到交换的制约，要求交换职能从生产者、生产部门分离出来，进行专门的商品交换，让生产者腾出更多时间去从事生产活动
生产和交换在空间上的矛盾	生产与交换空间不一致	交换范围扩大、品种增多，客观上要求交易集中起来由专业的人来承担，这样才有利于社会劳动的节约，促进分工的发展
生产过程和交换过程的矛盾	生产过程和交换过程的不一致	商品生产的发展，要求实现流通资本的专门化、集中化，通过集中垫付资本，靠规模化专业化，节约社会流通资金，加速再生产的过程。这都在客观上促使一部分人从生产中脱离出来，去专门从事商品交换活动，实现生产过程与交换过程的统一

实际的需要呼唤着专门从事交换的自然人和一种新的行业出现。在这种情况下，社会分工突破了生产的范畴，出现了第三次分工，即商业从产业部门中独立出来。于是，产生了一个专门从事商品交换的经济行业——商业，同时也创造了一个不从事生产而只从事商品交换的阶层——商人。

（三）货币的产生

物物交换受到时空的限制，交换双方需求的不一致、数量的不平衡，严重地影响交换的顺利进行。随着商品交换的发展，货币作为交换的媒介和等价物也随之出现，从而为商品交换的扩大创造了必要的条件。货币的出现，不仅使交换的形式发生了变化，交换的数量增加，而且使交换的内容产生了质的飞跃，将其推进到一个新的阶段，这就为商业的产生创造了前提条件。

可见，商品交换有两个前提：一是社会分工；二是明晰的产权制度（承认对方是商品的所有者）。而货币使用和交换的进一步发展产生了交换的专门产业，就是商业。货币的产生和商品交换是商业产生的两个前提。

必须明确，商业从生产中独立出来，使商品生产者摆脱了很大一部分交换事务，但并不能完全替代生产者的交换职能。因为商业独立出来以后，仍然有一部分买卖活动在生产者之间或生产者与消费者之间直接进行，因此，即使是在商业比较发达的今天，仍然存在着一些不以商人为媒介的商品交换（如直销）。

（四）生产的五个要素

企业在生产商品的过程中，需要哪些资源呢？多年来，经济学家们一直在研究生产活动的基本要素。他们首先找到了对财务利润有贡献的五个生产要素（Factors of Production），如图1-1所示。

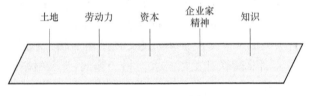

图1-1 生产五要素

（1）土地（或自然资源）。土地（或自然资源）是指用来建造房屋、制造汽车和其他产品的土地和其他自然资源。

（2）劳动力（工作者）。劳动力一直是生产商品和服务的重要资源，但如今，越来越多的劳动力正被技术所取代。

（3）资本。资本包括机器、工具、建筑物或其他任何用于商品生产的东西。资本可能并不包括货币。人们用货币来购买生产要素，但它本身不一定被视为一个要素。

（4）企业家精神。如果企业家不愿冒着创业的风险去使用资源，那么世界上的资源就都失去了价值。

（5）知识。信息技术使商业发生了革命性的变化，能够迅速确定人们的需要和需求，并提供相应的商品和服务。

 小资料

中国经济的市场五要素

中共中央、国务院于2020年4月发布的《关于构建更加完善的要素市场化配置体制机制的意见》中，给中国经济定义了五大要素，它们分别是：土地；劳动力；资本；技术；数据。这里的定义和传统经济学里的解读略微不同，此处因地制宜、与时俱进地提出了符合新时代中国特色的市场要素，拓宽了其内涵。

（五）商业的发展趋势

20世纪以来，商业在国民经济中的地位日益重要。从世界市场的发展过程中可以看出21世纪现代商业发展的一些主要趋势，并且这些趋势在中国商业现代化进程中已经日渐明显。我们将相关商业的发展趋势内容进行梳理与总结，如图1-2所示。

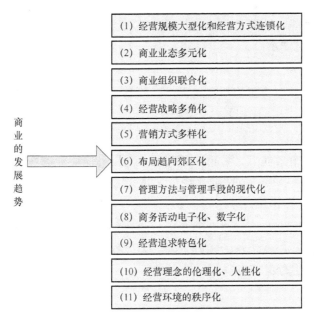

图 1-2　商业的发展趋势

1. 经营规模大型化和经营方式连锁化

随着经济的发展，现代商业呈现出经营规模化和经营方式连锁化的趋势。

（1）发达国家的商业组织结构呈集中化发展趋势。商业企业组织的集中化，意味着主导商业企业的巨型化、规模化，可以取得规模效益。

（2）大型化过程中采用的是连锁经营的方式。连锁经营作为一种先进的经营方式，其优势在于：能够取得规模经济效益、能够提高经营效率、有利于减少交易费用、提升竞争能力。

 小资料

连锁店

如今国外零售商业越来越趋向于大型化，如在超级市场的基础上又出现了营业面积在 1 万平方米以上的超级商店；营业面积在 2.5 万～6 万平方米的超级市场，其经营规模更大。美国又出现了这样一种理论，认为经营数量众多店铺的商业街是小生产的形态，而大生产则要求设计商业城和商业广场，更便于规划，更体现经济性，商业的集聚功能更容易发挥。

连锁店是在同一本部集中统一管理下，由共同开展同类商品或服务的分散经营的多个店铺所组成的商业或服务业集团。连锁店同独立商店及一般的分店制相比较，其特点是：多店铺结构、统一经营、联购分销、专业化分工、企业形象统一、商品结构大众化。连锁经营的基本原理，就是把现代工业大生产的原理应用于商业领域，实现经营活动的标准化、单纯化、专门化、集中化。

2. 商业业态多元化

随着社会化大生产和现代市场经济的发展，商业业态也随之发生变化。商业现代化并不排斥商业业态的多元化。一方面，原有的商业业态逐步走向成熟和发展；另一方面，新的商业业态又不断涌现。新旧商业业态并存,呈现出多元化的趋势。无论是批发业,还是零售业,都是多种业态并存。

3. 商业组织联合化

随着商业领域竞争和垄断的不断加剧,国外商业组织不断增强竞争能力并取得规模效益,便走向了大型化、一体化和联合化。

4. 经营战略多角化

在激烈的市场竞争条件下,多角化经营已成为国外商业业态发展的一个大趋势。常见的多角化经营战略主要有四种:跨业化经营、兼业化经营、品牌化经营、跨国化经营。

5. 营销方式多样化

在日益激烈的商业竞争中,商业的营销方式日趋多样化,尤其是零售商业更是多种多样。在巩固和发展原有店铺销售的基础上,大力发展各种现代营销方式,如绿色营销、体验营销、整合营销、大数据营销等。

 小资料

现代营销方式创新

(1) 改变面对面的柜台售货方式,普遍推广开架售货、自助服务的方式。随着自选商场、超级市场的发展,发达国家普遍推广了自助服务的售货方式。

(2) 延长营业时间,大力发展24小时营业的便利店、夫妻店等。

(3) 积极发展专业店、样本店和补齐店(怪缺店)、"跳蚤"市场(旧货市场)、星期日市场、水上市场和圣诞市场等。

(4) 开展消费者信贷业务,逐渐改变"一手交钱一手交货"的传统销售方式。消费者信贷的主要形式有分期付款、信用卡、商业支票和零售商贷款等。

(5) 发展各种形式的无店铺销售。无店铺销售主要有网络销售、邮寄销售、流动销售(直销或上门访问推销)、自动售货机销售等形式。网络销售主要是利用网络技术,建立网上商店,通过互联网来销售商品。

(6) 探索线上线下营销。如微信营销、直播营销,将线下活动与线上更广范围的销售结合起来。如传统店面营销的基础上搭建网络渠道(设计小程序或App等),从线上线下两个维度展开营销,24小时均可获得消费者的反馈,提升消费满意度,增加销售量。

6. 布局趋向郊区化

20世纪50年代以来,发达国家城市的发展出现了逆城市化的趋势。市区商业资本也纷纷涌向郊区,许多百货店、超级市场、连锁店等也陆续在郊区开设分店,形成了各种郊区购物中心,从而出现了市区商业的衰退和郊区商业的繁荣。近几年,我国各大商业平台也在逐步扩大或差异定位商业领域,占领郊区和农村市场。

7. 管理方法与管理手段的现代化

20世纪中期以来,随着科学技术的发展,商业的现代化程度也逐渐提高。首先体现在管理方法的现代化,其核心内容是实行科学管理。其次是管理手段现代化,这是指在实施商业管理的活动中广泛运用电子计算机等先进技术手段，改变传统落后的手工操作管理。

现代商业管理应综合运用经济学、行政学、管理学、社会学、心理学、情报信息学、统计学、行为科学、经济数学和预测决策技术等多方面科学，将经济方法、行政方法、法律方法、数学方法等有机结合起来，将定性管理与定量管理有机结合起来。

8．商务活动电子化、数字化

随着科学技术的发展，特别是信息技术的日新月异，人类社会正在步入信息社会。网络作为"第四媒体"，逐渐成为信息传播的主要载体，正在开始改变人们的生活方式。

9．经营追求特色化

现代化商业组织在激烈的竞争中，越来越重视追求特色经营战略。这种战略在方式上更具有人性化色彩。现代商业企业大多数将市场定位于一定的经营范围，服务于特定的顾客群体，贴近顾客，了解顾客的心理和需求，力求通过使企业的产品或服务具有与众不同的特点吸引消费者，在市场竞争中保持特色。这种经营战略一旦占领市场，就具有很强的竞争力，而且由于有了自己的特色就较好地避免了与其他企业发生直接竞争，可能成为保持长期优势的基础。

10．经营理念的伦理化、人性化

现代化商业组织大多意识到经营理念的伦理化、人性化对于自身发展的意义。"服务"已成为现代商业之间竞争的焦点。在商品质量保证的前提下，竞争成败的关键就是服务，现代商业的管理者已深刻地认识到这一点，并努力在"服务"上做文章。坚持以人为本的服务理念，一切从顾客的需要出发，想顾客所想，急顾客所急。坚持以人为本、诚以待人、关心人、方便人、服务人成为现代商业发展的一个趋势。

11．经营环境的秩序化

无论是发达国家内部还是在世界范围内，现代商业所必需的良好的道德与法制环境、商业生态环境得到了进一步完善和发展。市场经济是法治经济的原则，已经成为共识。

世界贸易组织（WTO）的成立提供了统一的运行规则。流通国际化的顺利进行，不仅需要必要的体制基础，还需要统一的运行规则对其进行管理和协调。现在各国都承认WTO的规则具有"世界商业法"地位，使经济全球化和流通国际化进入到全球法制化时代。

以上是现代商业表现出来的主要趋势。随着社会经济和商业产业的进一步发展，现代商业还将会出现更多的新的特征。

三、商业的地位、作用与现代化

（一）商业的地位

商业的地位即商业在整个社会经济发展的相互关系中所处的位置及其重要程度。商业作为商品交换的发达形式，它在社会再生产中的地位是由交换在社会再生产中的地位所决定的。

1. 商业的中介地位

商业的中介地位是由交换在再生产中的中介地位决定的，但商业的中介地位又高于交换的中介地位。

2. 商业的先导地位

发达市场经济条件下的商业，对生产、分配、交换、消费和再生产的其他方面不仅起着中介作用，还起着引领作用，处于先导地位。

（二）商业的作用

从总体上来看，商业在社会再生产中的作用主要表现为如下几个方面：

1. 促进社会再生产的顺利进行

社会再生产过程是生产过程与流通过程的统一。商业在社会再生产过程中作为连接生产与生产、生产与消费的桥梁，对生产部门价值的实现发挥着重要作用。

2. 推进社会资源合理配置

首先，商业的存在本身就是合理配置资源的体现。其次，商业作为联系供求双方的中介环节，同时拥有供求两方面的信息，通过对供求的双向调节，引导资源的合理配置。

3. 降低交易费用、节约社会资金

降低交易费用、节约社会资金，这是由商业的专业化和规模化决定的。

4. 推动市场经济完善和发展

商业的存在可以促使市场交易行为程序化、规范化、法律化，推动市场体系的建立与发展，有利于商品经济的高级阶段——市场经济形成与完善。

5. 促进社会分工的深化

商业是社会分工的产物，又是社会分工进一步发展的条件。社会分工必须通过商品交换，才能切实实现生产的专业化和集约化，从而不断地提高劳动生产率。社会分工越发展，越需要交换来加强经济各组成部分之间的联系，所以对商业的依赖性也就越大。

6. 促进科技进步成果更好地为人类服务

从第一次产业革命出现机器大生产和技术发明的兴起，到当代新的技术革命带来信息化产品的不断更新，商业的推动作用不可低估。若没有商业的推动和商业化的发展，就不可能有计算机和互联网的普及。

（三）商业的现代化

商业现代化，是经济现代化的重要内容之一。其现代化的实现基于把科学的商业理论、先进的科学技术装备及科学的管理方法广泛应用于商业活动领域，使商业更好地适应市场经济条件下现代化生产发展和人民群众消费水平不断提高的需要。

现代商业是以买卖方式使商品流通或服务实现的一系列经济活动。工商业是城市发展的主要力量，先进发达的商业体系是现代城市经济发达的标志。企业从商业理念的现代化、商业文化的现代化、商业形象的现代化、商业组织的现代化、商业技术的现代化等多个维度，全面实现企业整体商业的现代化，其中具体的现代化内容见表1-2。

表1-2 商业现代化内容

序号	商业现代化具有维度	详细内容
1	商业理念的现代化	摒弃传统商业过度重利意识,树立全新服务意识。注重商业利润与整体经济社会发展的平衡,强化商业对整个社会长远发展的责任感和服务意识,以及基于此的企业创新
2	商业文化的现代化	强调人的道德、观念和境界。以商业为载体,以商人的经营活动、消费者的行为为动力和纽带,反映、传播、创造、弘扬社会的物质文明和精神文明
3	商业形象的现代化	全新理念的商业形象包括健康的消费心理形象、现代的国际品牌、良好的商业信用、商业空间形象和商业服务品牌。全面提升商业的档次和内涵,使城市风貌和商业功能发生深刻变化
4	商业组织的现代化	商业企业体制的现代化,包括决策体制、用人体制、升迁体制、激励机制、约束机制的创新;业态的现代化,包括业种和业态的创新,商业经营服务功能和创新;经营的现代化,包括发展连锁经营、电子商务等现代经营组织方式
5	商业技术的现代化	广泛应用以计算机网络为核心的信息技术,实现商业活动在标准的商业结构和商业规范基础上的和谐运行

 小资料

中国古代商业大事记

原始社会末期:产生原始商业。夏代已经零星地出现了一些专门从事商品交换的人。

商朝:职业商人("商人"一词由来)和最早货币产生。交换成为一种专门的行业,商人成为一个独立的社会阶层。

西周:商业由官府控制。

春秋战国:私商逐渐取代官商成为商人主体,出现许多大商人;黄金、白银也开始用为货币;形成了许多著名都会。

秦朝:统一货币、度量衡,修驰道,促进了商业发展。

西汉:富商大贾周流天下。开通陆上和海上丝绸之路,中外贸易发展起来。

隋唐:城市商业繁荣,农村集市有些发展成市镇并出现了"柜坊"(银行雏形)、"飞钱"(类似汇票);对外贸易空前兴盛。

宋元:商业活动不受时间空间限制;经济重心东进南移;纸币出现(世界最早的纸币"交子");对外贸易方面陆路转为海路。

明清:城镇经济空前繁荣,货币经济占主要地位。各地涌现出许多地域性商人群体——商帮,其中实力最强的是徽商和晋商。

第二节 商业分析的基本方法

一、定量分析方法

定量分析方法常用于数量化商业分析,应用数学模型和公式来解决一些问题,即运用数学工具建立反映各种因素及其关系的数学模型,并通过对这种数学模型的计算和求解,选择出最佳的商业方案。对商业问题进行定量分析,可以提高常规分析的时效性和决策的准确性。

（一）综合评价法

综合评价法是使用数学方法对一个给定问题的评价方法。综合评价法着重研究"认知不确定"一类的问题，其研究对象具有"内涵明确，外延不明确"的特点。我们知道实现一个商业方案往往需要很多条件，这些条件缺一不可，却无法简单评价。我们的常用词"物美价廉"，即价格要合理、品质要好，就是两个评价维度。那究竟价格多低，品质多好呢？质和价哪个更重要？这些综合考量才决定了我们最后的决策。在这种情境下，可以借助综合评价法，选出最适合现实的商业方案。

综合评价法的基本思想是将多个指标转化为一个能够反映综合情况的指标来进行评价。如不同国家经济实力、不同地区社会发展水平、小康生活水平达标进程、企业经济效益评价等都可以应用这种方法。综合评价法的实施步骤包括以下几个方面：

1．选择指标

确定综合评价指标体系，这是综合评价的基础和依据。评价指标是反映商业问题状况的基本要素。通常的问题都是由多项指标构成，每一项指标都是从不同的侧面刻画评价主体在某种特征上的一个大小的度量。

2．收集数据

收集数据，并对不同计量单位的指标数据进行同度量处理。问题确定后，在允许的时间、精力与经济成本的前提下，根据我们选择的指标收集充分的相关数据与信息。由于数据与信息反映的是问题的不同维度，常常指标间的度量单位不同，不能将所有数据直接进行数据处理与运算，因此我们需要在获得数据后，对不同计量单位的指标数据进行同度化处理，例如统计学中的标准化处理。

3．计算权重

确定指标体系中各指标的权数，以保证评价的科学性。在根据评价目的进行决策时，各评价指标之间相对重要性是不同的，所以运用权重系数来区分各指标的相对重要性。

4．综合评价

通过数学计算将多个评价指标综合成一个整体指标，作为综合评价的依据，得到综合评价结果。即对经过处理后的指标再进行汇总，计算出综合评价指数或综合评价分值。

5．结果分析

根据评价指数或分值对参评单位进行排序，并由此得出结论。得出的计算结果是最优解，但是最终选择是正确方案的妥协，是寻找让人满意的答案，因此执行者是在综合评价的基础上做出最后的选择。

 小案例

你的决策

当走出校园的时候，大学应届毕业生可能需要租房。现在假设有 A、B、C 三处房子，如何从中选出性价比最高、你最满意的房子呢？

(1)选择指标。根据租房者个人考虑的综合因素调查结果,确定了 4 个指标:价格、交通、房屋布局和周边配套设施。

(2)收集信息。根据以上 4 个指标,收集 A、B、C 三处房子在 4 个指标上的信息。

(3)计算权重。作为刚走出校园经济能力较弱的年轻人,假设租房者对 4 个指标的权重分别为:0.3、0.3、0.2 和 0.2。

(4)综合评价。根据我们的指标与收集到的信息,依据满意度依次打分,分数额度为 10。每项总分=∑条件×权重值,见表 1-3。

表 1-3　权重分析表 1

指　　标	A	B	C	权　重　值
价格	10	8	5	0.3
交通	7	8	8	0.3
房屋布局	6	6	7	0.2
周边配套设施	5	6	9	0.2
总分	7.3	7.2	7.1	选择方案 A

(5)结果分析。根据前面步骤的计算,最优解即是方案 A,租住 A 处的房子。

值得注意的是,在实际情况中,4 个条件的权重是根据每个人自己的喜好,每项条件对你来说重要程度是不一样的。因此权重也应该按照重要程度来匹配。比如,按照 4 个条件在你心中的重要程度,你主观赋予它们一个权重,如价格 0.3,交通 0.2,房屋布局 0.2,周边配套设施 0.3。此时,我们的综合评价结果就会发生变化(见表 1-4)。

表 1-4　权重分析表 2

指　　标	A	B	C	权　重　值
价格	10	8	5	0.3
交通	7	8	8	0.2
房屋布局	6	6	7	0.2
周边配套设施	5	6	9	0.3
总分	7.1	7.0	7.2	选择方案 C

条件的重要程度是决策者主观的一个侧重;具体权重的数值,是两两优先程度比较的结果;精确的数值,一般采用 AHP 层次分析法来确定。AHP 分层分析法可运用计算机和线性模型得出精确的数值。

(二)决策树法

在现实生活中,人们会遇到各种选择,不论是选择工作,还是挑选房子,都是基于以往的经验来做判断。好的情况是怎样的,不好的情况是怎样的,每种情况出现的概率是多少……如果把判断背后的逻辑整理成一个结构图,你会发现它实际上是一个树状图,这就是决策树法。

决策树分析法利用了概率论的原理,并且利用一种树形图作为分析工具。其基本原理是用决策点代表决策问题,用方案分枝代表可供选择的方案,用概率分枝代表方案可能出现的各种结果,经过对各种方案在各种结果条件下损益值的计算比较,是直观运用概率分析的一种图解法。决策树由决策点、方案枝、状态节点、概率枝、损益值等要素构成。

决策树法的步骤：

（1）绘制决策树图。画出决策点，通常用方格表示，在该点表示决策者必须做出某种选择。按从左到右的顺序画决策树，此过程本身就是对决策问题的再分析过程。从决策点向右引出若干支线（树枝线），每条支线代表一个方案，叫作方案枝。在每个方案枝的末端画一个圆圈，叫作状态节点。估计每个方案发生的概率，并把它注明在该方案的分支上，称为概率枝。估计每个方案发生后产生的损益值，收益用正值表示，损失用负值表示。

（2）计算损益期望值和每个方案的期望价值。期望价值=损益值×该方案的概率。按从右到左的顺序计算各方案的期望值，并将结果写在相应方案节点上方。期望值是从右到左沿着决策树的反方向进行计算的。

（3）剪枝选优。对比各方案的期望值的大小，进行剪枝选优。在舍去备选方案枝上，用"="记号隔断。到此，一个完整的决策树分析步骤就完成了，如图1-3所示。

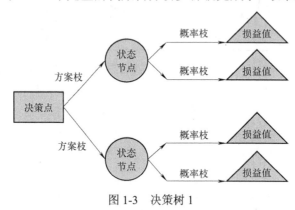

图1-3　决策树1

如果问题只需要一级决策，在概率枝末端画△表示终点，并写上各个自然状态的损益值。如果是多级决策，则用决策点□代替终点△，重复上述步骤继续画出决策树。

在科学分析过程中，决策树法是一种常用的方法。决策树列出了决策问题的全部可行方案和可能出现的各种自然状态，以及各可行方法在各种不同状态下的期望值。同时能直观地显示整个商业分析问题在时间和决策顺序上不同阶段的选择过程。尤其是在进行复杂的多阶段选择决策时，阶段明显、层次清楚，便于商业分析机构集体研究，可以周密地思考各种因素，有利于做出正确的方案选择。

当然，决策树法也不是十全十美的，它也有缺点，如使用范围有限，无法适用于一些不能用数量表示的商业分析；对各种方案的出现概率的确定有时主观性较大，可能导致商业抉择失误等。

 小案例

方案抉择

我们用一个简单的例子说明决策树法。某公司欲为一款新产品进行推广项目。有两种方案：一种是在互联网平台上直播推广；另一种是传统的线下推广。互联网平台需要推广费20万元，线下推广需要推广费30万元。根据前期的数据推测，结果见表1-5。

表 1-5　两种方案的决策分析表

方　案	效　果	可能获利（万元）	概　率
互联网平台推广	好	50	0.3
	一般	30	0.5
	赔	−20	0.2
传统线下推广	好	60	0.2
	一般	30	0.6
	赔	−30	0.2

第一步：绘制决策树，如图 1-4 所示。

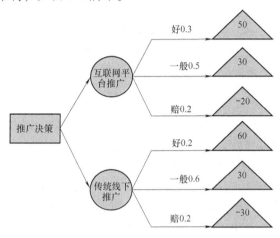

图 1-4　决策树 2

第二步：计算期望值。期望价值=损益值×该方案的概率

互联网平台推广收益期望值=0.3×50+0.5×30−0.2×20=26（万元）

传统线下推广收益期望值=0.2×60+0.6×30−0.2×30=24（万元）

第三步：剪枝选优。根据期望值进行比较，第一个方案互联网平台推广收益更高。最后在决策树上剪掉第二个方案，如图 1-5 所示。

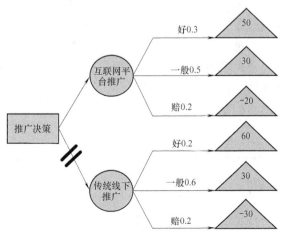

图 1-5　决策树 3

二、定性分析方法

定性分析法又称主观分析法，是指在分析中主要依靠决策者或有关专家的智慧和经验进行商业分析的方法，这是一种"软技术"。管理分析者运用社会科学的原理并依据个人的经验和判断能力，采取一些有效的组织形式，充分发挥各自丰富的经验、知识和能力，从对分析对象的本质特征的研究入手，掌握事物的内在联系及其运行规律，对企业的经营管理分析目标、商业方案的拟定以及方案的选择和实施做出判断。这种方法适用于受社会、经济、政治等非计量因素影响较大、所含因素错综复杂、涉及社会心理因素较多以及难以用准确数量表示的综合性问题。

在做商业分析时，信息往往是不完全的，数据是缺失的，此时需要借助集体的力量，发挥集体的智慧，集思广益，从而找到最完美的方案。定性分析方法是企业分析采用的主要方法，它弥补了定量分析方法对于人的因素、社会因素等难以奏效的缺陷。定量分析与定性分析两类技术相互配合、取长补短，才能使商业分析或方案更为有效。

（一）头脑风暴法

头脑风暴法，是指由美国 BBDO 广告公司的奥斯本首创，该方法主要由价值工程工作小组人员在正常融洽和不受任何限制的气氛中以会议形式进行讨论、座谈，打破常规，积极思考，畅所欲言，充分发表看法。头脑风暴法出自"头脑风暴"一词。所谓头脑风暴（Brain-storming）最早是精神病理学上的用语，指精神病患者的精神错乱状态，如今转变为无限制的自由联想和讨论，其目的在于产生新观念或激发创新设想。

群体思维与团队共识会极大地影响团队最终分析结果的质量与选择。在群体分析中，由于群体成员心理相互作用影响，易屈于权威或大多数人意见，形成所谓的"群体思维"。群体思维削弱了群体的批判精神和创造力，损害了分析结果的质量。为了保证群体分析的创造性，提高分析成果质量，管理上发展了一系列改善群体分析的方法，头脑风暴法则是较为典型的一个。

采用头脑风暴法进行组织群体分析时，要集中有关专家召开专题会议，主持者以明确的方式向所有参与者阐明问题，说明会议的规则，尽力创造融洽、轻松的会议气氛。主持人一般不发表意见，以免影响会议的自由气氛。由专家们"自由"提出尽可能多的方案。

头脑风暴法要求成员组成一个小组，10～15 人最佳，最好是由不同专业的人组成，以从不同的视角看待问题。一般一次会议 30～60 分钟。设置主持人 1 名，主持人要熟悉并掌握该技法的要点和操作要素，摸清主题现状和发展趋势；记录员 1～2 名，要求全程记录。参与者要有一定的训练基础，懂得该会议提倡的原则和方法。头脑风暴法的过程分为会前、会中和会后三部分，如图 1-6 所示。

图 1-6　头脑风暴法的过程

（1）会前。确定参与人员、主持人和课题任务，由主持人公布会议主题。

（2）会中。由主持人公布会议主题并介绍与主题相关的参考情况；让参与者们就会议主题，充分突破思维惯性，大胆进行联想；主持人控制好时间，力争在有限的时间内获得尽可能多的创意性设想。对于各种意见，不作现场评判，不能对别人的意见进行批评和评论。

（3）会后。对所有会议中的信息进行评价和选择，整理出最佳方案。

为有效实施头脑风暴法，在进行头脑风暴法的过程中，必须遵循禁止评论原则、以量求质原则、自由表达原则和综合改善原则四个基本原则。

（1）禁止评论原则。即对各种意见、方案的评判必须放到会后阶段，此前不能对别人的意见提出批评和评价。即使是一些荒诞的想法，也必须认真对待，而不管其是否适当和可行。

（2）以量求质原则。追求创意和意见的数量，数量越多，产生的好创意就会越多，从而获得高质量创造性意见的机会就更多。

（3）自由表达原则。欢迎各抒己见、畅所欲言，以期达到百家争鸣的效果。通过自由表达，激励每个参与者提出各种想法，哪怕是看起来荒诞的想法，营造自由活跃的氛围，使每个参与者都能放松，形成一种智力激励。

（4）综合改善原则。见解非专利，可以在别人创意的基础上产生新的想法，不要怕占用别人的创意，创意加创意等于新的创意。互相补充和完善，这是智力激励法能否成功的标准。

运用头脑风暴法，我们可以获得一个清晰的商业方案分析选择路径。提出一个需要解决的问题，通过头脑风暴过程，收集方案，选择方案，得到结果后执行。

（二）德尔菲法

1946 年，兰德公司首次用德尔菲法进行预测，后来该方法被迅速广泛采用。德尔菲这一名称起源于古希腊有关太阳神阿波罗的神话。德尔菲是古希腊地名。相传太阳神阿波罗在德尔菲杀死了一条巨蟒，成了德尔菲主人。在德尔菲有座阿波罗神殿，是一个预卜未来的神谕之地，于是人们就借用此名，作为这种方法的名字。德尔菲法，其本质上是一种反馈匿名函询法，其大致流程是在对所要预测的问题征得专家的意见之后，进行整理、归纳、统计，再匿名反馈给各专家，再次征求意见，再集中，再反馈，直至得到一致的意见，所以也称专家调查法。

该方法是指由企业组成一个专门的预测机构，其中包括若干专家和企业预测组织者，按照规定的程序，背靠背地征询专家对未来市场的意见或者判断，然后进行预测的方法。"背靠背"，即预测过程中，专家彼此互不相识、互不往来，克服了在专家会议法中经常发生的专家们不能充分发表意见、权威人物的意见左右其他人的意见等弊病，让各位专家能真正充分地发表自己的预测意见。

德尔菲法的具体实施步骤如图 1-7 所示。

1. 准备阶段

（1）明确预测主题和预测目的。

（2）准备背景材料。

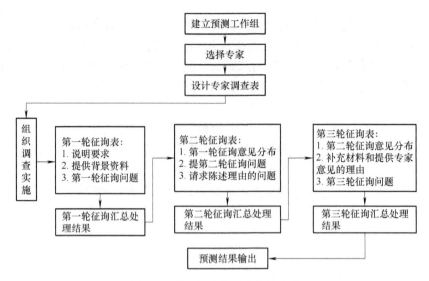

图 1-7　德尔菲法的具体实施步骤

（3）选择专家。选择专家要遵循的原则是：①广泛性。内部业务人员 1/3，与本部门、本企业有业务联系、关系密切的行业专家 1/3，社会上有影响的专家 1/3；②自愿性；③人数适度。

（4）设计调查咨询表。设计的原则有：对德尔菲法作充分声明；问题要集中；用词要恰当；组织者的意见不应强加于调查表中；调查表要简洁明了。

2. 轮番征询阶段

（1）第一轮：发给专家的第一轮调查表，一般依据目标—手段调查表提出预测问题，围绕预测主题由专家对目标—手段调查表提出补充和修改意见；预测组织者对专家填写后寄回的调查表进行汇总整理，归并同类事件，排除次要事件，用专业术语提出一个预测事件一览表，并作为第二轮调查表发给每个专家。

（2）第二轮：专家对第二轮调查表所列的每个事件做出评价，并阐明理由；组织者对专家意见进行统计处理。

（3）第三轮：根据第二轮统计资料，专家再一次进行判断和预测，并充分陈述理由。

（4）第四轮：在第三轮统计结果的基础上，专家们再次进行预测，根据预测组织小组要求，有的成员要重新做出论证。

一般来说，通过四轮征询，专家们的意见基本上能趋于一致。

3. 结果最终处理阶段

该阶段最主要的工作是用一定的统计方法对专家的意见做出统计归纳处理。这里介绍三种处理方法：

（1）四分位法。四分位数也称四分位点，是指在统计学中把所有数值由小到大排列并分成四等份，处于三个分割点位置的数值。它是一组数据排序后处于 25%、50%、75%和 100%位置上的值。运用四分位数算法找出专家们预测值的四个位置，分别对四个位置数据进行加权汇总，最后得出预测值。

对非量化预测结果的统计处理方法，如对于预测产品的品种、花色、规格、质量、包装以及新产品开发等非量化的预测意见可采用比重法或评分法进行归纳统计。

（2）比重法。比重法是指计算出专家对某个意见回答的人数比例，然后以比例最高者作为预测的结果。

（3）评分法。该方法常常用于产品各特征的重要性比较或不同品牌的同类商品的质量评比等。

德尔菲法的开展关键有四点：邀请专家、独立预测、统计回归和结果分析。要充分运用匿名性、反馈性与趋同性的原则。

拖拉机的市场预测

为便于准确理解德尔菲法，我们以一个例子展开说明——采用德尔菲法对浙江省 2022 年手扶拖拉机市场需求变化趋势进行预测。

（1）准备阶段。

1）确定预测主题。根据历年农机产品的销售实绩，手扶拖拉机是某公司的拳头产品，因此，按照"ABC 分析法"的原理，把手扶拖拉机作为主要预测对象。

2）选择专家。对 2022 年手扶拖拉机需求趋势做出预测，这要求预测参与者必须要有丰富的业务经验，掌握大量的市场信息，同时要有一定的表达能力。另外，为了取得比较全面的信息，确定由全省 87 个地区、县农机公司的业务经理组成预测专家小组。

3）准备背景材料。为了使专家在预测过程中能全面了解有关手扶拖拉机的历史和现状，使预测更加准确，预测组织者准备了有关的背景材料，主要有：

① 2001~2021 年全省手扶拖拉机历史销量和逐年的增长率，并把各年的销量用表格和曲线图两种形式直观表达出来，使预测者一目了然。

② 根据组织者掌握的信息，列出了 2022 年对手扶拖拉机的销售有利的影响因素（四个方面）和不利的影响因素（五个方面）。

4）设计调查表。根据预测对象的要求设计咨询表。因预测主题比较单一，调查表较为简单，见表 1-6。

表 1-6 2022 年全省手扶拖拉机需求量调查表

2022 年全省手扶拖拉机需求量调查表 单位：××			
根据全省的资料，请在下面栏目中填写全省所有手扶拖拉机需求量，估计 2022 年比 2021 年上升或下降的百分比			
上升：	%	下降：	%
请简要分析 2022 年手扶拖拉机需求量同 2021 年相比可能上升或下降的原因（可以从有利因素和不利因素两个方面进行分析）			

（2）轮番征询阶段。

1）第一轮征询。在 2022 年年初，预测组织者把背景材料和调查表寄给了 87 位预测专家，在规定的时间内有 59 位专家寄回了调查表，回收率为 68%。预测组织者将调查表进行了汇总统计分析（见表 1-7），又将影响因素进行了综合（有利因素七个方面，不利因素九个方面）。

表 1-7 2022 年全省手扶拖拉机需求量调查统计（第一轮）

需求变化情况	下降幅度							
	51%～60%	41%～50%	31%～40%	21%～30%	11%～20%	1%～10%		
专家人数（人）	5	2	2	9	8	7		
所占比例（%）	8.47	3.4	3.4	15.25	13.56	11.86		
需求变化情况	不变	增长幅度				不能确定	合计
		1%～10%	11%～20%	21%～30%	30%以上		
专家人数（人）	2	11	1	1	0	11	59
所占比例（%）	3.4	18.64	1.69	1.69	0	18.64	100

2）第二轮征询。预测组织者把上轮预测结果的综合资料以及第二轮的调查表寄给了专家（第一轮回答的 59 位）。第二轮调查咨询表的内容和形式与第一轮的完全相同。在规定的时间内，有 44 位专家寄回了第二轮调查表，回收率为 75%。预测组织者将第二轮的调查表汇总统计（见表 1-8）。考虑到专家的意见已基本趋于一致，结果比较明朗，就不再进行第三轮征询，就此结束这次预测工作。同时预测组织者又将专家提出的有关影响手扶拖拉机需求的因素进行了综合概括（此处略）。

表 1-8 2022 年全省手扶拖拉机需求量调查统计（第二轮）

需求变化情况	下降幅度							
	51%～60%	41%～50%	31%～40%	21%～30%	11%～20%	1%～10%		
专家人数（人）	2	3	5	11	8	5		
所占比例（%）	4.55	6.82	11.36	25	18.18	11.36		
需求变化情况	不变	增长幅度				不能确定	合计
		1%～10%	11%～20%	21%～30%	30%以上		
专家人数（人）	0	4	1	0	0	5	44
所占比例（%）	0	9.1	2.27	0	0	11.36	100

（3）处理最终预测结果。

因轮番征询仅进行了两轮，故第二轮的专家意见即作为预测的最终结果。该预测对象属数量预测，在此采用算术平均法进行处理。取各组距中的中值为各组的代表值（如 31%～40% 的中值为 35%），则

平均升降幅度 = Σ 升降幅度中值 × 专家人数 / 总人数（剔除不能确定数值专家人数）

$$= [5\% \times 4 + 15\% \times 1 - (55\% \times 2 + 45\% \times 3 + 35\% \times 5 + 25\% \times 11 + 15\% \times 8 + 5\% \times 5)] \div 39$$

$$= -20.64\%$$

上述结果表明：2022 年手扶拖拉机市场需求量可能比 2021 年下降 20.64%。

德尔菲法能充分发挥各位专家的作用，集思广益，准确性高。取各家之长，避各家之短。同时，德尔菲法又能避免专家会议法中不能充分发表意见的缺点。然而，德尔菲法实施过程比较复杂，耗资较多，持续时间较长。

第三节 常用的商业分析工具

如果把商业方案分析过程提炼为一个思维模式,可以概括为"提出问题——分析问题——解决问题"。会提问是关键,决定了分析的方向;会分析是核心,决定了商业最终的抉择方案。各种科学的手段和工具,决定了分析方案的选择和问题的解决。以下三种分析方法在商业分析过程中经常被使用,是常用的思维分析模型。

一、SWOT 分析

SWOT 分析模型,即态势分析法。正如《孙子兵法》所云:"知己知彼,百战不殆",SWOT 分析就是掌握了知己又知彼的精髓分析方法。SWOT 分析包括 S(Strengths)优势、W(Weaknesses)劣势、O(Opportunities)机会、T(Threats)威胁四大内容模块,如图 1-8 所示。

图 1-8 SWOT 分析

SWOT 分析是基于内外部竞争环境和竞争条件下的态势分析,它将与研究对象密切相关的各种主要内部优势、劣势和外部的机会与威胁等,通过调查列举出来,并依照矩阵形式排列,然后用系统分析的思想,按照企业竞争战略的完整概念,把各种因素相互匹配起来加以分析,从中得出一系列相应的结论——企业"能够做的"(即组织的强项和弱项)和"可能做的"(即环境的机会和威胁)之间的有机组合。

优势(Strengths),是组织机构的内部因素,具体包括:有利的竞争态势;充足的财政来源;良好的企业形象;技术力量;规模经济;产品质量;市场份额;成本优势;广告攻势等。

劣势(Weaknesses),也是组织机构的内部因素,具体包括:设备老化;管理混乱;缺少关键技术;研究开发落后;资金短缺;经营不善;产品积压;竞争力差等。

机会(Opportunities),是组织机构的外部因素,具体包括:新产品;新市场;新需求;外国市场壁垒解除;竞争对手失误等。

威胁(Threats),也是组织机构的外部因素,具体包括:新的竞争对手;替代产品增多;市场紧缩;行业政策变化;经济衰退;客户偏好改变;突发事件等。

运用各种调查研究方法,分析出公司所处的各种环境因素,即外部环境因素和内部环境因素。外部环境因素包括机会因素和威胁因素,它们是外部环境对公司的发展直接有影响的有利和不利因素,属于客观因素。内部环境因素包括优势因素和劣势因素,它们是公司在其发展中自身存在的积极和消极因素,属主观因素。在调查分析这些因素时,不仅要考虑到历史与现状,而且要考虑未来发展的问题。

(一)机会与威胁分析(OT 分析)——外部环境分析

环境机会就是对公司富有吸引力的领域,在这一领域中,该公司将拥有竞争优势。

环境机会是影响公司战略的重大因素,公司经营者应当确认并充分把握每一个机会,评价每一个机会给企业带来的成长和利润空间。

环境威胁指的是环境中一种不利的发展趋势所形成的挑战,如果不采取果断的战略行为，这种不利趋势将导致公司的竞争地位受到削弱。政策、经济、社会环境、技术壁垒、竞争对手等对企业目前或未来造成威胁的因素，企业经营者应一一识别，并予以规避或采取相应的对策，降低企业经营的风险。

OT 分析属于外部环境分析。随着社会、经济、科技的发展，人们生活日新月异。互联网的普及、5G 技术的发展，使个人和组织生活发生巨大的变化。消费需求多样化，辅助手段多元化，环境影响着组织和个人，正因为如此，环境分析成为一种必要分析。环境的机会，是指对组织产生吸引力，代表新的领域的开始；威胁是指环境中不利于发展的趋势形成，会对组织原来的战略带来不利的影响。外部环境是宏观环境，代表了社会的发展趋势。任何企业和个人必须识别这种趋势，顺势而为而不能逆流而上。

（二）优势与劣势分析（SW 分析）——内部环境分析

竞争优势是指一个企业超越其竞争对手的能力，或者指公司所特有的能提高公司竞争力的方面。而竞争劣势是指一个企业与其竞争对手相比，做得不好或没有做到的方面，从而使自己与竞争对手相比处于劣势。

SW 分析属于内部环境分析。当识别了外部环境中的机会，能不能将这种机会转化为自己的竞争力，就需要看分析者是否清楚自己企业本身的优势与劣势了。

我们把自己的组织要素进行解构，横向比较每个要素和同类组织或者个人比是否更强。一般按照职能来检查营销、财务、生产和组织各项能力，对照着其他组织来比较，哪些是优势，哪些是劣势。竞争优势可以是消费者眼中一个企业/产品比其他企业/产品更优越的地方，如产品的性能、质量、风格、形象，及时热情的服务，周到的售后等。竞争优势是综合的优势，但要分析具体哪个方面更有优势，从而最大化优势。SW 分析从品质、成本、产品、人才、服务五个维度进行分析。

（三）SWOT 分析的操作步骤

1．确定当前的战略

确定当前的战略即确定分析目标。

2．确认企业内外部环境

（1）外部环境分析。综合政策信息、市场调查、竞争对手调查及其他市场渠道调查以获取信息对企业外部环境进行分析，如 PEST 分析法（见表 1-9）与五力分析法。

表 1-9 外部环境分析——PEST 分析法

模　　块	政策/法律（P）	经济（E）	社会环境（S）	技术（T）
具体内容	政府稳定性 劳动法 贸易法 税收政策 经济刺激方案 行业性法规等	经济周期 GNP 趋势 利率/汇率 货币供给 通货膨胀 失业率 可支配收入 经济环境 成本	市场需求增长强劲 竞争对手陷入困境 生活方式的变化 教育水平 消费方式/水平 区域特性	重大技术突破 技术壁垒 新技术的发明和进展 技术传播的速度 代替技术出现

（2）内部环境分析。通过组织会议、报告及内部沟通等渠道获得信息，从品质、成本、产品、人才、服务五个维度进行分析。

3. 构造 SWOT 矩阵

（1）将调查出的各种因素填入矩阵图。

（2）按轻重缓急或影响程度等排序方式，构造 SWOT 矩阵。将对公司发展直接的、重要的、大量的、迫切的、久远的影响因素优先排列出来，将间接的、次要的、少许的、不急的、短暂的影响因素排列在后面。其中，优先顺序中，可按照决策自己的分类标准进行制定，如都按照 5 级重要程度进行分类：非常重要、很重要、重要、不重要、很不重要，SWOT 矩阵因素分析表，见表 1-10。

表 1-10 SWOT 矩阵因素分析表

区分	内容	优先顺序			○	区分	内容	优先顺序			○
		重要度	紧急度	影响度				重要度	紧急度	影响度	
S						W					
O						T					

4. 制定战略计划

（1）确定战略方针与目标。绘制战略框架图与战略结构图。运用系统分析的综合分析方法，将排列与考虑的各种环境因素相互匹配起来加以组合，得出一系列公司未来发展的可选择对策，如图 1-9 所示。

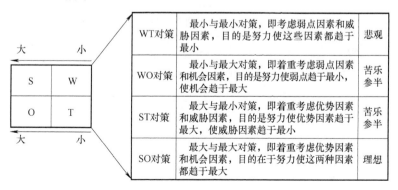

图 1-9 SWOT 战略决策确定分析

（2）绘制战术路线图。

（3）确定具体的战略实施步骤。具体的实施方法包括 KT 法（SA、PA、DA、PPA）、

PDCA，或其他管理工具。

小案例

我们以某炼油厂为例，运用 SWOT 分析法，最终获得的 SWOT 分析结果如图 1-10 所示。

		企业内部因素	
	对策	内部实力S 1. 研究开发能力强 2. 产品质量高、价格低 3. 通过ISO9002认证	内部弱点W 1. 营销人员和销售点少 2. 产品小包装少 3. 缺少品牌意识 4. 无形投资少
企业外部因素	外部机会O 1. 产品需求增加 2. 产品需求多样化 3. 产品优惠政策	实力+机会SO 1. 开发研制新产品（根据S1、O2） 2. 继续提高产品质量（根据S1、S2和O1、O2） 3. 进一步降低产品成本（根据S1、S2和O3）	弱点+机会WO 1. 制定营销战略（W3和O1、O2） 2. 增加营销人员和销售点（根据W和O1） 3. 增加产品小包装（根据W2、O1和O2）
	外部威胁T 1. 进口油品广告攻势强 2. 进口油品占据很大市场份额	实力+威胁ST 1. 通过研究开发提高竞争力（根据S1和T1、T2） 2. 发挥产品质量和价格优势（根据S2和T2） 3. 宣传ISO9002认证效果（根据S3和T1）	弱点+威胁WT 1. 实施品牌战略（根据W3、W4和T1、T2） 2. 开展送货上门和售后服务（根据W3、W4和T1、T2）

图 1-10 某炼油厂 SWOT 分析结果

二、波特五力模型

波特五力模型是迈克尔·波特（Michael Porter）于 20 世纪 80 年代初提出的。他认为行业中存在着决定竞争规模和程度的五种力量，这五种力量综合起来影响着产业的吸引力以及现有企业的竞争战略决策方案。五种力量分别为行业内现有竞争者的竞争能力、潜在进入者的威胁、替代品的威胁、供应商的议价能力与购买者的议价能力，如图 1-11 所示。

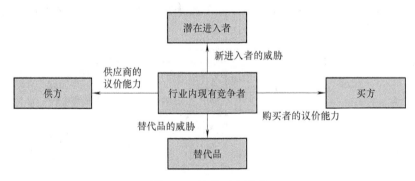

图 1-11 波特五力模型

（一）供应商的议价能力

供方主要通过提高投入要素价格与降低单位价值质量的能力，来影响行业中现有企业的盈利能力与产品竞争力。供方力量的强弱主要取决于他们提供给买主的是什么投入要素，当供方所提供的投入要素的价值构成了买主产品总成本的较大比例，对买主产品生产过程非常重要，或者严重影响买主产品的质量时，供方对于买主的潜在议价能力就大大增强。一般来说，满足如下条件的供方集团会具有比较强大的议价能力。

（1）供方行业为一些具有比较稳固市场地位而不受市场激烈竞争困扰的企业所控制，其产品的买主很多，以致每一单个买主都不可能成为供方的重要客户。

（2）供方各企业的产品各具有一定特色，以致买主难以转换或转换成本太高，或者很难找到可与供方企业产品相竞争的替代品。

（3）供方能够方便地实行前向联合或一体化，而买主难以进行后向联合或一体化（如简单按中国说法，店大欺客）。

（二）购买者的议价能力

购买者主要通过压价与要求提供较高的产品或服务质量的能力，来影响行业中现有企业的盈利能力。购买者的议价能力的主要影响因素有以下几点：

（1）购买者的总数较少，而每个购买者的购买量较大，占了卖方销售量的很大比例。

（2）卖方行业由大量相对来说规模较小的企业组成。

（3）购买者所购买的基本上是一种标准化产品，同时向多个卖主购买产品在经济上也完全可行。

（4）购买者有能力实现后向一体化，而卖主不可能前向一体化，如客大欺店。

（三）潜在进入者的威胁

潜在进入者在给行业带来新生产能力、新资源的同时，希望在已被现有企业瓜分完毕的市场中赢得一席之地，这就有可能会与现有企业发生原材料与市场份额的竞争，最终导致行业中现有企业盈利水平降低，严重的话还有可能危及这些企业的生存。竞争性进入威胁的严重程度取决于两方面的因素，即进入新领域的障碍大小与现有企业对于进入者的预期反应情况。

进入障碍主要包括规模经济、产品差异、资本需要、转换成本、销售渠道开拓、政府行为与政策、不受规模支配的成本劣势、自然资源、地理环境等方面，这其中有些障碍是很难借助复制或仿造的方式来突破的。现有企业对潜在进入者的预期反应情况，主要包括采取报复行动的可能性大小，则取决于有关厂商的财力情况、报复记录、固定资产规模、行业增长速度等。总之，新企业进入一个行业的可能性大小，取决于进入者主观估计进入所能带来的潜在利益、所需花费的代价与所要承担的风险这三者的相对大小情况。

（四）替代品的威胁

两个处于不同行业中的企业，可能会由于所生产的产品是互为替代品，从而在它们之间产生相互竞争行为，这种源自替代品的竞争会以各种形式影响行业中现有企业的竞争战略。

（1）现有企业产品售价以及获利潜力的提高，将因为存在着能被用户方便接受的替代品而受到限制。

（2）由于替代品生产者的侵入，使得现有企业必须提高产品质量，或者通过降低成本来降低售价，或者使其产品具有特色，否则其销量与利润增长的目标就有可能受挫。

（3）源自替代品生产者的竞争强度，受产品买主转换成本高低的影响。

总之，替代品价格越低、质量越好、用户转换成本越低，其所能产生的竞争压力就强。

而这种来自替代品生产者的竞争压力的强度,可以具体通过考察替代品销售增长率、替代品厂家生产能力与盈利扩张情况来加以描述。

(五)行业内现有竞争者的竞争能力

大部分行业中的企业,相互之间的利益都是紧密联系在一起的,作为企业整体战略一部分的各企业竞争战略,其目标都在于使得自己的企业获得相对于竞争对手的优势,所以,在实施中就必然会产生冲突与对抗现象,这些冲突与对抗就构成了现有企业之间的竞争。现有企业之间的竞争常常表现在价格、广告、产品介绍、售后服务等方面,其竞争强度与许多因素有关。

一般来说,出现下述情况将意味着行业中现有企业之间竞争的加剧,即行业进入障碍较低,竞争者势均力敌,竞争对手较多,竞争参与者范围广泛;市场趋于成熟,产品需求增长缓慢;竞争者企图采用降价等手段促销;竞争者提供几乎相同的产品或服务,用户转换成本很低;一个战略行动如果取得成功,其收入相当可观;行业外部实力强大的公司在接收了行业中实力薄弱企业后,发起进攻性行动,结果使得刚被接收的企业成为市场的主要竞争者;退出障碍较高,即退出竞争要比继续参与竞争代价更高。在这里,退出障碍主要受经济、战略、感情以及社会政治关系等方面的影响,具体包括:资产的专用性、退出的固定费用、战略上的相互牵制、情绪上的难以接受、政府和社会的各种限制等。

波特五力模型将大量不同的因素汇集在一个简便的模型中,以此分析一个行业的基本竞争态势。从一定意义上来说,它隶属于外部环境分析方法中的微观分析。波特五力模型用于竞争战略的分析,可以有效地分析客户的竞争环境。波特的"五力"分析法是对一个产业盈利能力和吸引力的静态断面扫描,说明的是该产业中的企业平均具有的盈利空间,所以这是一个产业形势的衡量指标,而非企业能力的衡量指标。通常,这种分析法也可用于创业能力分析,以揭示本企业在本产业或行业中具有何种盈利空间。

三、波士顿矩阵分析

波士顿矩阵是由美国大型商业咨询公司——波士顿咨询集团(Boston Consulting Group)首创的一种规划企业产品组合的方法。波士顿矩阵(BCG Matrix),又称市场增长率—相对市场份额矩阵。它是一种规划企业产品组合的方法。解决的关键问题是如何使企业的产品品种及其结构适合市场需求的变化,使企业产品战略与市场需求相匹配。同时,如何将企业有限的资源有效地分配到合理的产品结构中去,以保证企业收益,以为企业在激烈的市场中获取关键的竞争优势。

波士顿矩阵分析法,能够对不同产品进行分类管理;注意资金在不同产品间的最优配置;有利于企业业务组合的平衡;同时直观生动,含有较少的主观因素,可以用于战略研究初期阶段的分析工作。波士顿矩阵认为一般决定产品结构的基本因素有两个:即市场引力与企业实力。

市场引力。市场引力包括企业销售量(额)增长率、目标市场容量、竞争对手强弱及利润高低等。其中最主要的是反映市场引力的综合指标——销售增长率,这是决定企业产品结构是否合理的外在因素。

企业实力。企业实力包括市场占有率,技术、设备、资金利用能力等,其中市场占有率是决定企业产品结构的内在要素，它直接显示出企业竞争实力。销售增长率与市场占有率既相互影响，又互为条件：市场引力大，销售增长率高，可以显示产品发展的良好前景，企业也具备相应的适应能力，实力较强。如果仅有市场引力大，而没有相应的高销售增长率，则说明企业尚无足够实力，则该种产品也无法顺利发展。相反，企业实力强，而市场引力小的产品也预示了该产品的市场前景不佳。

通过上述两个因素相互作用，会出现四种不同性质的产品类型，形成不同的产品发展前景，如图1-12所示：①销售增长率和市场占有率"双高"的产品群（明星产品）；②销售增长率和市场占有率"双低"的产品群（瘦狗产品）；③销售增长率高、市场占有率低的产品群（问号产品）；④销售增长率低、市场占有率高的产品群（现金牛产品）。

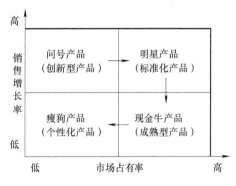

图1-12 波士顿矩阵

（一）定位方法

波士顿矩阵是将企业所有产品从销售增长率和市场占有率角度进行再组合。在坐标图上，以纵轴表示企业销售增长率，横轴表示市场占有率，各以10%和20%作为区分高、低的中点，将坐标图划分为四个象限，依次为问号、明星、现金牛、瘦狗。在使用中，企业可将产品按各自的销售增长率和市场占有率归入不同象限，保持问号、明星、现金牛、瘦狗产品的合理组合，实现产品及资源分配结构的良性循环。

（二）定位步骤

1. 核算企业各种产品的销售增长率和市场占有率

销售增长率是指企业本年销售增长额与上年销售额之间的比率，反映销售的增减变动情况，是评价企业成长状况和发展能力的重要指标。销售增长率可以用本企业的产品销售额或销售量的增长率。时间可以是1年或是3年以至更长时间。

其计算公式为：

A：销售增长率=本年销售增长额÷上年销售额

=（本年销售额-上年销售额）÷上年销售额

B：销售增长率=本年销售额/上年销售额-1（此公式为A公式的化简结果）

市场占有率，可以用相对市场占有率或绝对市场占有率来表示，但是需用最新资料。基本计算公式为：

本企业某种产品绝对市场占有率=该产品本企业销售量/该产品市场销售总量

本企业某种产品相对市场占有率=该产品本企业市场占有率/该产品市场占有份额最大者（或特定的竞争对手）的市场占有率

2. 绘制四象限图

以10%的销售增长率和20%的市场占有率为高低标准分界线，将坐标图划分为四个象限。然后把企业全部产品按其销售增长率和市场占有率的大小，在坐标图上标出其相应位置（圆心）。定位后，按每种产品当年销售额的多少，绘成面积不等的圆圈，顺序标上不同的数字代号以示区别。定位的结果即将产品划分为四种类型。

3. 确定战略对策

波士顿矩阵对于企业产品所处的四个象限具有不同的定义和相应的战略对策。

（1）明星产品（Popular Products）

它是指处于高增长率、高市场占有率象限内的产品群，这类产品可能成为企业的现金牛产品，需要加大投资以支持其迅速发展。采用的发展战略是：积极扩大经济规模和市场机会，以长远利益为目标，提高市场占有率，加强竞争地位。发展战略：投资明星产品的管理与组织最好采用事业部形式，由对生产技术和销售两方面都很内行的经营者负责。

（2）现金牛产品（Cash Cow）

现金牛产品又称厚利产品。因而成为企业回收资金，支持其他产品，尤其明星产品投资的后盾。对这一象限内的大多数产品，市场占有率的下跌已成不可阻挡之势，因此可采用收获战略，即所投入资源以达到短期收益最大化为限。发展战略：①尽量压缩设备投资和其他投资；②采用榨油式方法，争取在短时间内获取更多利润，为其他产品提供资金。对于这一象限内的销售增长率仍有所增长的产品，应进一步进行市场细分，维持现存市场增长率或延缓其下降速度。对于现金牛产品，适合于用事业部制进行管理，其经营者最好是市场营销型人物。

现金牛业务指低市场成长率、高相对市场占有率的业务，这是成熟市场中的领导者，它是企业现金的来源。由于市场已经成熟，如果市场环境一旦变化导致这项业务的市场份额下降，公司就不得不从其他业务单位中抽回现金来维持现金牛的领导地位，否则这个强壮的现金牛可能就会变弱，甚至成为瘦狗。

（3）问题产品（Question Marks）

它是处于高增长率、低市场占有率象限内的产品群。前者说明市场机会大，前景好，而后者则说明在市场营销上存在问题。其财务特点是利润率较低，所需资金不足，负债比率高。例如，在产品生命周期中处于引进期、因种种原因未能开拓市场局面的新产品即属此类问题的产品。

对问题产品应采取选择性投资战略。即首先确定对该象限中那些经过改进可能会成为明星的产品进行重点投资，提高市场占有率，使之转变成明星产品；对其他将来有希望成为明星的产品则在一段时期内采取扶持的对策。因此，对问题产品的改进与扶持方案一般均列入企业长期计划中。对问题产品的管理组织，最好是采取智囊团或项目组织等形式，选拔有规划能力，敢于冒风险、有才干的人负责。

（4）瘦狗产品（Dogs）

瘦狗产品也称衰退类产品。它是处在低增长率、低市场占有率象限内的产品群。其财务特点是利润率低、处于保本或亏损状态，负债比率高，无法为企业带来收益。

对这类产品应采用撤退战略：首先应减少批量，逐渐撤退，对那些销售增长率和市场占有率均极低的产品应立即淘汰；其次是将剩余资源向其他产品转移；最后是整顿产品系列，最好将瘦狗产品与其他事业部合并，统一管理。

（三）应用方法

按照波士顿矩阵的原理，一方面，产品市场占有率越高，创造利润的能力越大；另一方面，销售增长率越高，为了维持其增长及扩大市场占有率所需的资金亦越多。这样可以使企业的产品结构实现产品互相支持，资金良性循环的局面。按照产品在象限内的位置及移动趋势的划分，形成了波士顿矩阵的基本应用法则。

第一法则：成功的月牙环

在企业所从事的事业领域内各种产品的分布若显示月牙环形，这是成功企业的象征，因为盈利大的产品不止一个，而且这些产品的销售收入都比较高，还有不少明星产品。问号产品和瘦狗产品的销售量都很少。若产品结构显示散乱分布，说明其事业内的产品结构未规划好，企业业绩必然较差。这时就应区别不同产品，采取不同策略。

第二法则：黑球失败法则

如果在现金流区域内一个产品都没有，或者即使有，其销售收入也几乎为零，可用一个大黑球表示。该种状况显示企业没有任何盈利大的产品，说明应当对现有产品结构进行撤退、缩小的战略调整，考虑向其他事业渗透，开发新的事业。

第三法则：东北方向大吉

一个企业的产品在四个象限中的分布越是集中于东北方向，则显示该企业的产品结构中明星产品越多，越有发展潜力；相反，产品的分布越是集中在西南角，说明瘦狗产品数量大，说明该企业产品结构衰退，经营不成功。

第四法则：踊跃移动速度法则

从每个产品的发展过程及趋势看，产品的销售增长率越高，为维持其持续增长所需的资金量也相对越高；而市场占有率越大，创造利润的能力也越大，持续时间也相对长一些。按正常趋势，问号产品经明星产品最后进入现金牛产品阶段，标志了该产品从纯资金耗费到为企业提供效益的发展过程，但是这一趋势移动速度的快慢也影响到其所能提供的收益的大小。

如果某一产品从问题产品（包括从瘦狗产品）变成现金牛产品的移动速度太快，说明其在高投资与高利润率的明星区域的时间很短，因此对企业提供利润的可能性及持续时间都不会太长，总的贡献也不会大；相反，如果产品发展速度太慢，在某一象限内停留时间过长，则该产品也会很快被淘汰。这种方法假定一个组织由两个以上的经营单位组成，以前者为横坐标，后者为纵坐标，然后分为四个象限，各经营单位的产品按其市场占有率和业务增长率高低填入相应的位置。在本方法的应用中，企业经营者的任务，是通过四象限法的分析，掌握产品结构的现状及预测未来市场的变化，进而有效地、合理地分配企业经营资源。在产品结构调整中，企业的经营者不是在产品到了瘦狗阶段才考虑如何撤退，而应在现金牛阶段时就考虑如何使产品造成的损失最小而收益最大。

【案例分析】

IBM 几代传奇 CEO 推动的转型变革史

沃森时代

1911 年是中国历史上非常重要的年份，辛亥革命推翻了统治中国 2000 多年的封建君主专制制度，开始走向开放和民主。而在这一年，地球的另外一端，国际时间记录公司、计算尺公司和制表机器公司三家公司合并，成立了计算-制表-记录公司（Computing-

Tabulating-Recording Company，即 CTR 公司），IBM 公司官方认定这个时间为该公司发展的起点。如果再追溯这三家公司成立的时间，历史还要往前推 20 多年。从计算机的发展史来讲，可以说从这一刻人类开始踏上了机器智慧的征程。

1914 年 5 月，销售员出身的托马斯·沃森（Thomas Watson）进入 CTR 公司，随即接任公司总裁兼总经理。此后，沃森（Watson）这个名字便成为 IBM 的一个重要 IP 被重复出现，甚至 IBM 很多智能技术，均是以沃森进行命名。1915 年，沃森提出了著名的 "Think" 的口号，并开始在公司内部使用。多年以后，流行全球的 IBM 笔记本便以此命名为 "Thinkpad"。

1917 年，CTR 公司以国际商用机器有限责任公司（International Business Machines Co., Limited, IBM）的名义进入加拿大市场。这是 IBM 这个名字第一次出现，随即又在 1919 年进入欧洲市场。1924 年，CTR 公司正式改名为国际商用机器公司，即我们现在熟知的 IBM 公司。

沃森的上任极大地推动了 IBM 的发展。他擅长演讲，也喜欢宣扬自己和公司。《时代》杂志曾在 IBM 百年纪念缅怀沃森时说道："他是那个时代最伟大的推销员，而他最伟大的产品总是他自己。"为了宣扬自己的名字，在 20 世纪 30 年代很多的 IBM 国外子公司都被标记为 Watson 公司，而不是 IBM。

此外，沃森也有着精明的政治头脑，做成了很多跟政府相关的大型业务。这也是为何 IBM 一直擅长与政府和大型企业打交道的原始基因之一。凭借着天才的推销才能和政府关系，在美国 20 世纪 30 年代大萧条期间，当其他公司都在衰落时，IBM 却逆势增长。这段时间，IBM 的规模迅速从几百人壮大到 7 000 多人。其中的一个重要的原因，是沃森通过游说罗斯福政府使当时 IBM 公司主营的穿孔卡片设备，大面积进入了各地政府的社会保障系统。1935 年，美国颁布的《社会保障法》对会计服务带来了巨大的挑战。在穿孔卡片和 IBM 会计机的帮助下，社会保障委员会每天最多能为社保法首批覆盖的 2 600 万名工人处理 60 万次福利计算。

能取得这样的订单，与沃森重视研发投入是直接相关的。在 1932 年美国经济最艰难的日子里，沃森拿出 100 万美元在纽约建立了一个现代化实验室。这个实验室在整个 20 世纪 30 年代的研发上，让 IBM 在技术产品上获得领先。

凡是经历过世界大战的老牌公司，无一不受到战争的影响，IBM 也是如此。第二次世界大战期间，沃森与美国国防部签署合同，大量制造机枪、瞄准器、发动机等军火。IBM 生产了 M1 卡宾枪和勃朗宁自动步枪，盟军广泛使用 IBM 的设备，做军事计算、后勤和其他军需之用。公司工厂的 2/3 全部投入军需品生产，生产量扩大了 3 倍。

"二战"之后，沃森适时提出了"通过国际贸易实现世界和平"的口号，并不断宣扬自由贸易的好处。沃森本人是美国马歇尔计划的坚定支持者，他积极推动重振欧洲经济计划，并为此做了很多公关上的努力。为了表彰这些贡献，沃森后来还被法国授予了该国最高荣誉之一的荣誉军团勋章。

在战争期间，IBM 也真正开始进入计算机领域，其中重要的标志就是 1944 年出资 100 万美元在哈佛大学研制成功的著名的"Mark I"计算机。1947 年，又同样花了 100 万美元推出"选择顺序控制计算机"（SSEC）。

当美国大部分家庭开始拥有电话和收音机，预示着美国社会进入电子时代时，沃森顺应时代在此时把IBM变成一家"打卡机"公司,抓住了IBM百年历史中的第一次重要潮流与机遇。IBM早期的成功,得益于沃森对时代脉搏的把握、出色的与政治结合的商业能力。因为沃森在商界的声望,以至于在《美国名人录》里创下所占篇幅最大、词条最长的纪录。

小沃森时代

在沃森时代,打卡机成为IBM公司业务的重要标签。但随着电子计算机和磁带的出现,IBM迎来了第一次危机。那时很多管理者还是坚信:"IBM就是一家基于打孔卡片的公司,基础将永远是打孔卡片。"沃森面对要不要转型,虽然有所心动,但一直不够坚决,这预示着属于他的时代在此时已经走向尾声。

1952年,沃森的儿子小托马斯·沃森(Thomas Watson Junior)出任IBM公司总裁,IBM新一代领导集体诞生。当时小沃森邀请了计算机奠基人冯·诺依曼博士担任公司的科学顾问,并研制出了IBM第一台存储程序计算机。到1956年,随着老沃森去世,小沃森出任IBM董事长,全面掌控IBM。尽管打卡机业务曾经是IBM的现金流来源,但小沃森还是认为计算机才是未来发展方向,勇敢地宣布要进行自我颠覆,进入电子时代。

在小沃森的领导下,IBM以大型计算机作为目标,以此完全拥抱电子时代。IBM当时研制出闻名世界的第一代大型机"IBM360系统",开发耗资50亿美元的资金。这个投入是当年美国政府此前研发原子弹"曼哈顿计划"的25倍。

毫不夸张地说,"IBM360系统"的核心技术奠定了当今数据库、个人计算机、互联网和电子商务的基础。人类登上月球的"阿波罗11号"就是在5部"IBM360系统"上执行的。正是因为这样的投入,IBM后来才涌现出6个诺贝尔奖得主,6个图灵奖得主,19位美国科学院院士,69位美国工程院院士,拿到10个美国国家技术奖和5个美国国家科学奖。

"IBM360系统"于1964年推出后,获得了巨大成功,取得了压倒性优势,很快就成为市场领先的计算平台。1969年,IBM在计算机市场份额达到70%,成为第一家被称作"邪恶帝国"的大型IT公司。这个历史时期,IBM一家独大。当时的计算机市场被美国媒体戏称是"IBM和七个小矮人"(七个小矮人分别指Burroughs、UNIVAC、NCR、Control Data、Honeywell、通用电子和RCA七个公司)。

这次转型,不仅为公司发展带来质和量的突破,并且开创了计算科学这门代表人类发展最新阶段的学科。也是在小沃森时代,IBM在全球建立起了"蓝色巨人"(Big Blue)的形象。

1971年,小沃森退休,弗兰克·T.卡里(Frank T. Cary)接任。在卡里时代,IBM开始在人们日常生活中扮演着越来越重要的角色,出现在越来越多的场景中。

1971年,IBM公司生产的计算机引导"阿波罗14号"和"阿波罗15号"宇宙飞船成功登月。1973年,IBM最早推出自动柜员机,Union Trust是首家安装自助终端的银行。1975年,IBM推出首款型号为5100的"便携式"计算机。当时根据存储空间大小(16KB、64KB)和选购存储配件(如8英寸的软盘)的不同,售价从9 000美元到20 000美元不等。

在20世纪70年代,IBM的一名数据库专家发表了经典的关系型数据库论文,却被IBM束之高阁。这位数据库专家一气之下,出走IBM,创立了著名的数据库公司甲骨文(Oracle)。直到今天,Oracle仍是全世界最好最强的数据库之一,成为IBM在这项业务上最为强劲的对手。

1977年,苹果制造了首款非常成功且批量生产的个人电脑。4年之后,IBM也发布了让商务人士信服的第一代 PC，售价为 1 600~4 500 美元，存储容量为 16~256KB。这台计算机的缔造者名叫埃斯特利奇，也被人们称为 IBM PC 之父。后来 IBM 出产的个人计算机成为所有厂商生产 PC 的标准，因此这些计算机又统称为 IBM 兼容机。

IBM 在 20 世纪 80 年代准备生产并推广个人电脑时，找到了当时还名不见经传的微软，由后者为其编写合适的 PC 操作系统。当时比尔·盖茨的微软通过从蒂姆·帕特森手里收购了 SCP-DOS 后，进行适当改进，形成 MS-DOS 后安装到 IBM PC 机上。借助于 IBM 品牌的力量，微软一下子成为 PC 机操作系统的霸主。

20 世纪 80 年代末，IBM 帮助创建了一个名为 NSFNET（国家科学基金会网络）的网络，这是最先使用 TCP/IP 的网络之一。该项目从根本上引发了互联网的诞生，永远改变了全球范围内的商业和人们的生活。

约翰·埃克斯时代

1985 年，约翰·埃克斯（J.Akers）接任 IBM 总裁。埃克斯上任后业绩平平，更令他感到烦恼的是，被 IBM 扶植起来的兼容机厂商已经占领了 55%的全球市场，甚至超过了 IBM 公司本身。

为了防止其他计算机公司仿造，IBM 公司于 1987 年 4 月出人意料地走出一步"烂棋"，推出所谓"微通道结构"总线技术。这种技术的推出，本意是防止 IBM 兼容机仿造，结果却让 IBM 在计算机市场被其他厂商孤立，极大地削弱了 IBM 的市场地位。

20 世纪 90 年代后，由于个人电脑功能越来越强大，大型主机需求量剧减，IBM 的主要财源大型主机业务因此遭受到了重创，经营状况变得惨不忍睹，连续亏损额达到 168 亿美元，创下美国企业史上第二高的亏损纪录，一度被认为该公司已经无药可救。当时，比尔·盖茨甚至直接说："IBM 将在几年内倒闭。"

无奈之下，CEO 埃克斯于 1993 年 1 月向董事会递交了辞呈。之后董事会广发英雄帖，甚至成立"寻人委员会"，希望找到能人拯救危难中的"蓝色巨人"，但谁也不愿接收这个烂摊子。

郭士纳时代

出人意料的是，先前在烟草公司任职、几乎完全不懂计算机的郭士纳（Lou Gerstner）临危受命，被任命为 IBM 公司新 CEO。郭士纳尽管在就任 CEO 发布会上说，他有勇气采取严厉措施去改变 IBM 的现状，但同时也无奈地表示："我是新来的，别问我问题在哪儿或是有什么解答，我不知道。"

在阐述自己带领 IBM 扭转乾坤的自传《谁说大象不能跳舞？》一书中，郭士纳描述了 1993 年公司的糟糕处境："5 月末的时候，我看到了 4 月的业绩数据。利润又下降了 4 亿美元，前四个月共计下降了 8 亿美元。大型主机销量同期下降了 43%。IBM 其他的业务——软件、维护和金融基本上都依靠大型主机的销售，因此也出现下滑。"

郭士纳在接管 IBM 后，没有更换 IBM 绝大多数高级主管，但他通过自己的行动和强硬的言论力量扭转了 IBM"遗老遗少"们的作风和思维方式。他还采用股票期权和金钱奖励相结合的办法来激励下属。他打破了过去 IBM 等级森严的做法，直接用电子邮件和员工通信。

郭士纳提出了"胜利、执行和团队合作"的三条新的企业核心价值，对 IBM 进行了一系列业务和管理制度的改革与调整。这三个核心价值最终演变成 IBM 新的绩效管理系统，所有 IBM 的管理者和员工每年都要围绕这 3 个方面制定他们的个人业绩承诺（Personal Business Commitment，PBC），并列举出来年为了完成这 3 个方面的任务所需要采取的行动。为配合每年个人业绩承诺 PBC 的设定，IBM 公司还设计了一个相应的员工技能发展体系，称为个人成长计划（Individual Development Plan，IDP）。

上任后，面对着企业内部和外部的批评指责，郭士纳坚持大幅削减成本，裁员 3.5 万人，剥离利润低的业务，如 DRAM、网络、个人打印机和硬盘等，并大力投资软件和服务，并收购了 Lotus 软件。郭士纳带领 IBM 向 PC 市场发动攻击，最终从大型机转向包括个人电脑在内的分布式计算系统，Thinkpad 成为用户尤其是商务人士的第一选择。

两年之后，IBM 重新焕发昔日风采，营业额首次突破 700 亿美元。从 1993 年到 2002 年，郭士纳帮助 IBM 的股价翻了约 9 倍。

彭明盛时代

2000 年，互联网泡沫爆发；2002 年，郭士纳功成身退。之后，IBM 经历两次变革转型：一次是从智慧地球到 CAMSS，另外一次是正在进行中的从 CAMSS 跨越到"认知解决方案+云平台"。

2002 年第一季度，IBM 连续三季度出现利润及营收下滑，下滑幅度达到十年之最。这一年，彭明盛（Samuel Palmisano）接替郭士纳担任 IBM 的 CEO。

上任后，彭明盛提出要全面进入知识服务、软件和顾问等服务市场，向客户提供任何需求的任意解决方案。彭明盛将 IBM 的全球工作体系进行了整合，即在全球范围内重新设计和分配自己的资源和运营体系，使 IBM 运营成本极大地降低，资源分配尽可能得到优化。

2002 年，IBM 以 39 亿美元高价收购了普华永道咨询公司，又用 21 亿美元收购了 Rational 软件公司。这让 IBM 拥有了为客户提供咨询等多种后台服务，而不是局限于 IT 产品服务。此举标志着 IBM 从硬件科学技术进军到提供信息系统服务、企业管理和运营咨询服务的领域。IBM 在深入咨询、软件和技术服务的同时，也借此进一步增强全球执行能力，明确了以软件、硬件、IT 服务和咨询服务四轮驱动的高价值业务模式。

彭明盛令很多中国人记忆深刻的决策是在 2004 年决定将个人电脑业务卖给中国的联想集团。当时，上任 CEO 的彭明盛提出"随需应变"的战略：退出 PC（卖给联想）硬件业，把公司向为客户提供从战略咨询到解决方案的一体化服务公司转变。沃顿商学院管理教授兹巴拉基（Mark J. Zbaracki）就此评论说："IBM 的长处一直就是善于彻底改造自己。"

到 2006 年，转型后的 IBM 全年经营业务收入达到了 914 亿美元。三年后，IBM 的营收又进一步达到 1 036 亿美元。

彭明盛在 2008 年对外发布了他们新的方向：全球化的人类社会将复杂的自然系统转化为复杂的商业和社会系统，而这个系统基于统一的智能全球基础设施。为此，IBM 推出了著名的"智慧地球"战略。这个战略的提出，可以说比较准确地把握了物联网、云计算、大数据、移动互联的科技发展脉络，为 IT 产业的发展指出了新的方向。由此带动了几个产业链的发展，比如智慧城市、智慧医疗、智慧能源、智慧交通等。

为了实质性推动"智慧地球的战略"，IBM 又连续推出以创办人老沃森为名，史上第一台听懂人类自然语言的超级计算机（沃森）。沃森在美国老牌知识问答电视节目"危险边缘"（Jeopardy）中击败了两位人类冠军，被誉为 21 世纪计算机科学和人工智能方面的伟大突破。

由此,"人工智能"一词才开始大面积进入人们的视野。

吉尼·罗睿兰时代

2012 年,IBM 已经是美国雇员最多的公司,全球拥有 345 000 名员工。同时在这一年,以系统工程师的身份加入 IBM 公司 20 年之久的吉尼·罗睿兰(Virginia C. Rometty)开始担任公司董事长、总裁兼 CEO。她是 IBM 历史上第一位女性 CEO 兼董事长。

她接过上任的旗帜,转型方向是要让 IBM 从一家传统硬件、软件和服务公司转向为客户提供认知解决方案及云平台的公司。在她看来,"认知计算是改变一切的技术"。

我们无法判断这场正在进行中的转型是否成功,但回顾 IBM 一百多年的历史,这家公司在一次次面临危机时的经典转型为我们增强了信心。到目前为止,IBM 都应该是 IT 行业中战略转型最为顺畅的巨头。每一次战略转型均拥抱了科技产业发展的潮流,从而为自己赢得了先机和财富。

企业也是一个生命体,有其自己的生命周期性。IBM 公司一次次从危机到重返盛年期的历史,告诉我们对处在老化阶段的企业来说,转型变革既需要勇气,更需要智慧和眼光。IBM 的变革之旅远未结束,这种勇气、智慧和眼光将为这个百年老企不断注入永续的活力。

(资料来源:砺石商业评论 https://www.erhainews.com/n9412707.html 整理)

分析与讨论:

1. 基于 IBM 几代传奇 CEO 推动的转型变革史,你认为领导的特质对组织的战略会带来哪些影响?

2. 简单了解了 IBM 几代传奇 CEO 推动的转型变革史,请基于你自己的认知评价几代传奇 CEO 的转型决策?

【拓展思考】

1. 什么是商业,现代商业的价值何在?

2. 请问 SWOT 分析法的四个方面分别指什么?谈谈各种对策的实施要点。

3. 某公司计划未来 3 年生产某种产品,需要确定产品批量,产品市场状况预测情况见表 1-11。根据预测估计,这种产品的市场状况的概率是:畅销为 0.2、一般为 0.5、滞销为 0.3。现提出大、中、小三种批量的生产方案,请用决策树法求取得最大经济效益的方案。

表 1-11 某公司未来 3 年某种产品市场状况预测表

产品市场状况	概 率	损 益 值		
		大 批 量	中 批 量	小 批 量
畅销	0.2	40	30	20
一般	0.5	30	20	18
滞销	0.3	−10	18	14

4. 请以团队为单位,以教室、寝室或商业街等现实环境为观察对象,采用 POEMS 观察法(见表 1-12)和头脑风暴法提出某产品造型设计创意。

表 1-12　POEMS 观察法

一种基于现场调研的观察和信息收集法，用于构建创新项目	
P（People）	人口特征、角色、行为特质、调研场所中人的数量
O（Object）	调研场所中的物体和人之间的关系，例如：家具、公园凳子、设备、机器、工具、电器等
E（Environment）	观察场所的环境，包括：建筑、灯光、设备、温度、空气等
M（Messages）	调研场所中人们的语言、口音或是常用的时髦用语，或是专业的交流语言、提示语等
S（Services）	各种服务设施，比如：App、工具、构架等

【任务卡】

1. 请以小组（4~7人）的形式组建团队，选取一个小组擅长或感兴趣的商业主题，就选定主题确定小组后期商业策划报告的核心内容。

2. 试在波士顿矩阵、波特五力模型和 SWOT 分析法中选择合适的分析方法，分别对小组选定的商业主题方案在市场、行业与企业三个层面的环境情况进行分析。

第二章　商业管理基本职能

【学习目标】

（1）了解计划职能中企业核心竞争力与战略决策的内涵，并能够根据实际情境分析企业核心竞争力与战略决策。

（2）理解组织职能，掌握组织业务流程设计，组织结构设计的流程、原则，并理解组织制度与人力资源管理的内容与角色。

（3）认识控制的定义，熟悉相关分工控制、进度控制与质量控制的方法与步骤。

【导入案例】

超音速民航客机的失败

1962年，英法航空公司开始合作研制"协和"式超音速民航客机，其特点是快速、豪华、舒适。经过十多年的研制，耗资上亿英镑，终于在1975年研制成功。

十几年时间的流逝，情况发生了很大变化。能源危机、生态危机威胁着西方世界，乘客和许多航空公司都因此而改变了对在航客机的要求。乘客的要求是票价不要太贵，航空公司的要求是节省能源，多载乘客，噪声小。但"协和"式飞机却不能满足消费者的这些要求。首先是噪声大，飞行时会产生极大的声响，有时甚至会震碎建筑物上的玻璃。再就是由于燃料价格增长快，运行费用也相应大大提高。

这些情况表明，消费者对这种飞机需求量不会很大。因此，不应大批量投入生产。但是，由于公司没有决策运行控制计划，也没有重新进行评审，而且，飞机是由两国合作研制的，雇用了大量人员参加这项工作，如果中途下马，就要解雇大量人员。

上述情况使得飞机的研制生产决策不易中断，后来两国对是否要继续协作研制生产这种飞机发生了争论，但由于缺乏决策运行控制机制，只能勉强将决策继续实施下去。结果，飞机生产出来后卖不出去，原来的宠儿变成了弃儿。

（资料来源：人民网 http://news.sohu.com/52/80/news208368052.shtml）

思考：

1. 什么是控制管理？
2. 英法航空公司选择合作研制"协和"式超音速民航客机过程中，有哪些管理失误？

第一节　计划职能

计划职能是商业管理中首要和基础的职能，在正式制订计划之前，就必须对企业经营所关心的核心问题做出尽量全面的分析，而组织核心竞争力和战略计划选择则是重要内容。

一、企业核心竞争力

（一）核心竞争力概念

核心竞争力的概念最早是在 1990 年由美国学者普拉哈拉德（Coimbatore Krishnarao Prahalad）和哈默尔（Gary Hamel）在《哈佛商业评论》上发表的《企业的核心竞争力》中首次提出。普拉哈拉德和哈默尔认为核心竞争力就是"企业内部的积累性学习，尤其涉及如何协调多种生产技能和整合多种技术流的问题"。随后，核心经济力的概念得到众多学者的研究。

核心竞争力，又称"核心（竞争）能力""核心竞争优势"。核心竞争力是一个企业（人才、国家或者参与竞争的个体）能够长期获得竞争优势的能力。是企业所特有的、经得起时间考验、具有延展性，并且是竞争对手难以模仿的技术或能力，是组织具备的应对变革与激烈的外部竞争，并且取胜于竞争对手的能力的集合。

（二）核心竞争力的根源

企业核心竞争力的形成绝非一蹴而就，而是在企业核心能力基础之上逐渐积累。从普拉哈拉德和哈默尔，到梅约和厄特巴克，再到奎因、道赖和帕克特等众多学者对核心竞争力根源的研究中，学者们从各自研究的企业案例背景与视角，总结了较多的核心竞争力的根本来源。经过整理，本书梳理了以下五大企业核心竞争力根源，如图 2-1 所示。

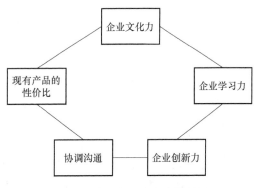

图 2-1　企业核心竞争力的根源

1. 企业文化力

文化的含义非常丰富，企业文化也被认为是现代管理理论发展的最高阶段。有人问世界前 10 强，为什么他们能在激烈的市场竞争中取得如此辉煌的成绩？获得的回答是："我们在留住一流人才的方面是成功的，也就是说我们在构筑留住人才的文化环境方面是成功的。"企业文化是一个复杂的系统，它通过企业成员价值观与企业价值观的高度统一，通过组织独特的管理制度体系和行为规范的确立，使管理的效率得以提升，使企业得以迅速发展。

文化作为一种可传承性的资产，本身就具有巨大的价值，当企业文化力作用到企业的产品时，这种价值更是难以估量的，从消费产品到消费文化，企业文化力的价值性越来越受到人们的重视。从文化的特征来看，企业文化力的形成是一个长期的动态过程。在长期的培育过程中，因为每个企业的员工、企业的发展过程、经营管理手段方法及成长的环境各不相同，企业文化具有鲜明的企业特征，伴随着企业的成长，独特的企业文化力也在动态地发展变化。

2. 企业学习力

企业学习力是企业文化力作用的结果，是将外部知识内部化的能力。企业文化力孕育下的学习力使知识内部化、隐性化，为企业创新力提供了知识源泉；同时，通过它对知识的沉淀，使企业获得新的价值、新的管理方法，使企业文化力更强大。普拉哈拉德和哈默尔最初在定义核心竞争力时也认为，核心竞争力是"企业内部的积累性学习"。在产业结构突变、游戏规则重写的新竞争时代，学习力是应变的根本，只有重视学习、用心学习，组织才能彻底改变，企业才具有竞争优势。

学习力的培养也是一个长期的过程，它是在一种先进的企业文化力的作用下，在工作中持续实践、持续再学习中动态形成的。在企业文化力作用下长期培养形成的学习力本身就具有极大的独特性，而它又使企业从外部获得的知识内部化，企业内部的知识隐性化。这种隐性化的知识也具有高度的不易模仿性，同时，这种隐性化的、不易模仿的知识在转移到产品中时，无疑增加了产品的价值。所以学习力同样具有价值性。能够看出企业文化力作用下的学习力同样具备核心竞争力的特征，它为创新力的产生奠定了知识基础。

3. 企业创新力

创新就是改变现状。我们所说的企业创新力的表现不只是技术创新，还包括组织的创新、管理的创新和价值的创新等，这些创新的综合结果是企业的核心专长。所以，创新力是核心竞争力中最易直观感受的。很多学者也认为创新力就是企业的核心竞争力，创新力只有在企业文化力的作用下，才能有准确的发展方向；学习力为创新力提供了知识基础；同时企业价值观、学习方法的创新，又使企业文化力和学习力得到了进一步的发展和升华。

创新力使企业能够结合自身的资源情况，发展具有本企业特色的核心专长，这个过程也是创新力的进一步延展。这些核心专长具有更高的独特性、不易模仿性，当创新力发展的核心专长转化为产品时，顾客会从中得到更高的价值，而企业可获得超过同行业水平的超值利润。所以，创新力具有更大的价值性。企业基本的竞争战略有总成本领先战略和差异化战略，企业要想真正成为该行业的领导者，最终还得归结于技术创新。创新力是在企业文化力的作用下，经过长期持续的学习、实践，再学习、再实践培育形成的。创新力在这个动态的发展过程中，为企业的核心专长在市场竞争中提供源源不断的能量，从这个角度看，它为企业带来的竞争优势更为明显和长久。所以，在企业文化力和学习力作用下的创新力，同样具备核心竞争力的特征，是核心竞争力中重要组成部分。

4. 协调沟通

协调沟通，即是参与，是对跨越组织界限协同工作的深度承诺。它涉及所有职能部门和很多级别的员工。世界级的研究项目，比如激光或陶瓷的研发工作，能够在公司的实验室中开展，但是不会对公司的任何业务部门产生影响。现代企业，人与人之间，部门与部门之间，企业上下级之间，以及对外交往的各个方面，特别需要彼此进行协调，互相理解、互通沟通。企业的发展涉及方方面面的问题，如管理、计划、组织等方面的工作，这些工作都需要协调沟通来维持整个组织体系的正常运行。

5. 现有产品的性价比

无论企业提供的是服务还是有形的产品，最终为企业实现盈利目标的都是企业的产品。产品价值的实现，源于企业对顾客需求的精准把握。在短期内，一个公司的竞争优势源于现有产品的性价比特性。顾客通过产品的质量、价值及服务衡量产品的综合性价比。能够在全球竞争中存活下来的企业，都已趋向于采用相似的严格的产品成本和质量标准。

(三)核心竞争力的特征

我们通过认识企业核心竞争力的特征,进一步理解核心竞争力的概念。

(1)价值性。企业核心竞争力具有战略价值,它能为企业带来长期的关键性利益,使企业长期保持竞争优势。企业的价值性有助于实现顾客所看重的价值,不在于创造短期的最大利润,而是长期的最佳利润。

(2)独特性。独特性不是指企业拥有的某一种技能或知识,单一的技能或知识很容易被模仿和超越。独特性是企业在长期发展中形成的自己特有的气质或风格,是一种区别于单一技能或知识的综合因素,不易被竞争对手模仿。

(3)难以模仿性。核心竞争力是竞争对手难以模仿和替代的,故而能取得竞争优势。

(4)延展性。企业核心竞争力是一种为适应市场变化而不断变化的应变能力,为企业提供了一个进入多种产品市场的潜在途径,支持企业不断开拓新的市场和业务领域。

(5)长期性。企业核心竞争力的形成来自企业在较长时期内逐渐积累起来的技能和知识,有一个渐进的演进过程,并且在演进的过程中也需要不断更新,才会具有持续性。

(6)组织化。企业核心竞争力是企业的"集体智慧"能力,是企业组织共同在文化、管理模式、发展目标等整个企业价值链管理中的隐性能力。

 小案例

通过资料收集与整理,现提供苹果公司的核心竞争力结构,如图2-2所示。

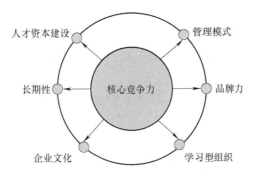

图2-2 苹果公司的企业核心竞争力分析

(四)核心竞争力的建立

企业核心竞争力就是企业的决策力,它包括把握全局、审时度势的判断力,大胆突破、敢于竞争的创新力,博采众长、开拓进取的文化力,保证质量、诚实守信的亲和力。重视企业自身核心竞争能力的培育与创造,是企业得以在市场竞争中生存与发展的根本。企业应认真识别和培育自身核心竞争力,并对其进行不断地深化和更新。具体地,可从人才资本建设、管理模式、品牌力、学习型组织、企业文化、长期性六个维度建立核心竞争力,如图2-3所示。

图2-3 企业核心竞争力的建立

（1）人才资本建设。人才资本建设是企业核心竞争力的基础。
（2）管理模式。培育适宜的管理模式是提高企业核心竞争力的途径。
（3）品牌力。提升公司品牌力是企业核心竞争力的体现。
（4）学习型组织。建立学习型组织是企业核心竞争力的有力保障。
（5）企业文化。培育先进的企业文化是企业核心竞争力的重要标志。
（6）长期性。培育核心竞争力不能急于求成。

二、战略规划

战略一词，最早是军事用语，即为了获取战争的胜利制定谋略的纲领。《辞海》中，战略是指一场战争或战斗背后所隐含的整体构想和谋略，起源于兵法，指将帅的智谋。在西方国家，起源于希腊文"Strategos"，含义是将军，指"指挥军队的科学和艺术"。

本书认为战略是企业根据其外部环境及内部资源和能力的状况，为求得企业生存和长期稳定发展，为不断地获得新的竞争优势，对企业发展目标、达成目标的途径和手段的总体谋划。战略规划是应用于整体组织的，为组织未来较长时期（通常是 5 年及以上）设立目标方向的规划，关注三个大方向的问题：企业的业务是什么（现在）、企业的业务应该是什么（未来）及为什么。

（一）战略规划决策步骤

战略规划主要包括战略定位规划、战略指标决策、业务战略决策三个步骤（如图 2-4 所示）。

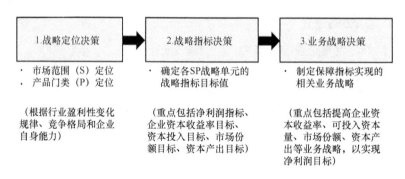

图 2-4　战略规划决策步骤

1. 战略定位规划

战略实施的首要任务是战略定位规划问题，相当于制定"做什么"的公司战略，重点包括市场范围（S）定位和产品门类（P）定位，二者密切联系，组合形成一定的 SP 战略单元。战略定位依据战略分析阶段所分析的不同 SP 战略单元的行业盈利性变化规律、竞争格局和企业自身能力来制定。

2. 战略指标确定

在企业战略定位之后，企业需要确定各 SP 战略单元的战略指标目标值，重点包括净利润指标、企业资本收益率目标、资本投入目标、市场份额目标、资本产出目标等。

企业要对不同 SP 战略单元相关指标值进行综合分析，包括不同战略单元净利润的构成比重、资本量的比重、相对竞争力比较等,以优化调整各战略单元的战略目标,促进整体经营最优化。

企业在战略指标确定时往往要受企业自身资源状况的约束,要综合权衡不同战略单元的机会和资源投入,要考虑资源获得的渠道以及投入的策略,要结合市场类型分析,如就大笔投资而言还要考虑自身决策对行业整体的影响。

3．业务战略决策

在战略定位和战略指标确定的基础上,企业需要制定保障指标实现的相关业务战略。重点包括提高企业资本收益率的业务战略,如成本领先战略、质量领先战略;提高可投入资本量的业务战略,如融资战略、并购战略等;提高市场份额的业务战略,如低价战略、渠道战略等;提高资本产出的业务战略,如精益生产战略、流程再造战略、信息化战略等。提高净利润的目标依赖以上各项业务战略的制定和实施。

业务战略实施需要业务职能领域的专业分析,此处的分析不同于战略管理循环中的战略分析,其分析内容要更为广泛和灵活。对业务战略决策要有其自身的目标和行动方案,对业务战略实施所制定的具体保障措施可不列为业务战略决策的内容,可作为战略实施阶段的内容。

(二)战略选择

战略环境分析了企业所面临的机遇与挑战,了解企业的优势与不足,战略选择是企业战略管理的重要内容之一,其实质是企业在恰当的机遇下做出科学合理的战略分析和决定,如图2-5所示。

1．基本经营战略

迈克尔·波特在《竞争战略》一书中指出,企业为了获取相对竞争优势,可以选择三种不同类型的一般经营战略,即成本领先战略、差异化战略和目标聚焦战略。企业的基本战略揭示企业如何为顾客创造价值。

(1)成本领先战略

成本领先战略也叫低成本战略,企业强调以低单位成本价格为用户提供标准化产品,其目标

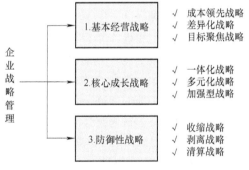

图2-5 企业常用的战略概览

是要成为其产业中的低成本生产厂商。企业采用低成本领先战略不但可以获得行业平均水平利润,也能有效防御竞争对手的竞争。带来低成本优势的方式主要有:规模化生产、采用先进设备、降低人工和原材料等成本。

(2)差异化战略

差异化战略又称别具一格战略,是指为使企业产品、服务,企业形象等与竞争对手有明显的区别,以获得竞争优势而采取的战略。这种战略的重点是创造被全行业和顾客都视为独特的产品和服务。实现差异化战略,可以培养用户对品牌的忠诚。因此,差异化战略是使企业获得高于同行业平均水平利润的一种有效的竞争战略。

差异化战略并不是简单地追求形式上的差异,而是深度挖掘顾客的需求和偏好,实现差异化战略可以有许多方式,包括产品差异化战略、服务差异化战略、渠道差异化战略、

人员差异化战略及品牌形象差异化战略。

 小案例

寻找差异化

因差异化战略的优势，许多企业都力求在行业中采用差异化发展战略。如，Mercedes Benz 在汽车业中声誉卓著（设计或品牌形象）、Coleman 在野营设备业中采用业界最高设计和质量标准（技术特点）、Jenn-Air 在电器领域中是全球知名的厨房用具设计和生产商（外观特点）、Caterpillar Tractor 在建筑设备业中是建筑机械、矿用设备、柴油和天然气发动机以及工业用燃气轮机领域的技术领导者和全球领先制造商（经销网络）。最理想的情况是公司使自己在几个方面都差异化。例如，卡特皮勒推土机公司（Caterpillar Tractor）不仅以其经销网络和优良的零配件供应服务著称，而且以其极为优质耐用的产品享有盛誉。

（3）目标聚焦战略

企业选择产业内一种或一组细分市场，并量体裁衣使其战略为他们服务而不是为其他细分市场服务，它的关键在于能够比竞争对手提供更高效的服务。虽然目标聚焦战略不追求在行业内取得低成本或者差异化优势，但它能在细分的市场范围内取得低成本或者差异化优势。合理运用目标聚焦战略能使企业在本行业中取得高于一般水平的收益。

2. 核心成长战略

企业成长战略的基础是核心能力，核心能力必须是企业创造顾客可以识别的和看重的且在顾客价值创造中处于关键地位的价值。核心能力不可模仿、复制或者转移，它对企业具有巨大的价值。

（1）一体化战略

一体化战略是以企业当前活动为中心，主要通过横向一体化或纵向一体化的行动取得经济规模的增长。纵向一体化包括两个方面：企业获得分销商或零售商的所有权或加强对他们的控制所实施的前向一体化；企业获得供应商的所有权或加强对他们的控制所实施的后向一体化战略。横向一体化，是指与处于相同行业、生产同类产品或工艺相近的企业实现联合，实质是资本在同一产业和部门内的集中，目的是实现扩大规模、降低产品成本、巩固市场地位。

（2）多元化战略

多元化战略又叫多种经营战略，是指企业在原主营业务以外的领域从事生产经营活动。主要包括两类：同质多元化和混合多元化。同质多元化是指企业增加新的，但与原有业务相关的产品和服务；混合多元化是指企业增加新的，但与原来业务不相关的产品或服务。

（3）加强型战略

加强型战略是指企业在原有业务范围内，充分利用企业潜力，加强对原有的产品与市场的开发和渗透来寻求企业未来发展机会的一种战略。是将企业的营销目标集中到某一特定细分市场，这一特定的细分市场可以是特定的顾客群，可以是特定的地区，也可以是特定用途的产品。加强型战略主要包括市场渗透、市场开发和产品开发三类。

市场渗透是指企业通过加强市场营销，提高现有产品或服务在现有市场上的市场份额；市场开发是指企业将现有产品或服务打入新的区域市场；产品开发是指企业通过改进产品或服务而增加销售。选择何种战略，必须根据企业所处的宏微观环境分析确定。

3. 防御性战略

在一个竞争性的市场上，所有的公司都会受到来自其他公司的挑战。防御性战略是指企业应付市场可能给企业带来的威胁。防御型组织常采用竞争性定价或高质量产品等经济活动来阻止竞争对手进入它们的经营领域，以此来保持自己的稳定。在企业成长的路上，经常需要采取一些防御性战略，以退为进、以迂为直，从而使企业更加健康地成长。防御性战略主要包括以下几个方面：

（1）收缩战略

收缩战略是指企业为了适应外部环境，在现有经营领域不能维持原有的产销规模和市场面，不得不减小经营规模，或者企业面临新的发展机遇，对原有的业务领域进行压缩投资、控制成本以谋求更好的发展机会，使有限的资源分配到更有效的使用场合的战略方案。

（2）剥离战略

在收缩战略无效时，企业可以尝试剥离战略，剥离战略是指将企业的一个或几个主要部门转让、出售或停止经营，以使企业摆脱那些不盈利、需要太多资金或与公司其他业务不相适宜的业务。

（3）清算战略

清算战略是指卖掉资产或停止整个企业的运行而终止一个企业的存在。显然，只有在其他战略都失败时才考虑使用清算战略。在确实毫无希望的情况下，应尽早地制定清算战略，早期的清算比被迫破产对股东来讲更有利。否则，企业在该领域中继续经营下去，只能耗尽自己的资源。

第二节　组织职能

一、组织业务流程

顾客到商场购买商品的过程为：进入商场——挑选商品——付款——离开商场。这其实就是顾客购买商品的流程。抽象地看，它是一系列相关的人类活动或操作，有意识地产生一种特定的结果。流程无处不在。研发有研发的流程，生产有生产的流程，计划有计划的流程，销售有销售的流程，服务有服务的流程，人事有人事的流程，财务有财务的流程，实际上，在企业应用的各种管理系统中，都会包含大量的业务流程管理工作。流程就是操作的方法或工作的结构，或是事物发展的逻辑状况，它包含了事情的始末、变化的过程，既可以为事件发展的时间顺序，也可为事件变化的空间过程。

（一）业务流程的概念

BPM（Business Process Management），即业务流程管理，是一套达成企业各种业务环节整合的全面管理模式。企业现行经营管理模式大多源于18世纪亚当·斯密的"劳动分工原理"和19世纪泰勒的"科学管理"，但进入20世纪80年代后，企业家和管理学家认为其存在分工过细、无人负责整个流程、组织机构臃肿、员工技能单一等问题。在这种背景下，20世纪90年代初，美国著名企业管理大师，原麻省理工学院教授迈克尔·汉默（Michael Hammer）提出了业务流程管理理论，认为企业流程是企业集合各种"原料"，制造出顾客所需要的产品的一系列活动，并引发了新的管理革命浪潮。其后，美国的一些大公司，如IBM、通用汽车、福特汽车和AT&T等纷纷开始推行业务流程管理。

企业业务流程，是指为完成某一目标（或任务）而进行的一系列逻辑相关活动的有序集合。成功的业务流程管理包括正确商业领导和技术的组合，可大幅缩短流程周期（有时高达90%）和降低成本。

（二）业务流程特性

（1）目标性。企业的业务流程是为完成某一任务而设置的。任何任务都有一个目标，目标不同，流程也不一样。

（2）整体性。企业的业务流程是由活动构成的，一个流程至少是由两个活动以一定的方式组成的。流程是有边界的，有起点，也有终点；边界以外定义为流程的环境，有输入和输出。流程的任务就是将输入转化为特定的输出。

（3）层次性。组成高层次流程的活动本身就是一个流程，主要涉及企业战略与决策方面的管理流程。高层次流程目标与任务分解后，获得中间层次流程的活动。中间层次流程又可以分解为更低一层的活动，主要涉及业务管理流程，如供应链管理流程。从高层次流程到中间层次流程，再到基础层次流程的不断细分，构成了企业流程的多层次特性。

（4）结构性。企业流程的结构指的是组成流程的各种活动之间的相互联系与相互作用方式。如流程的串联结构、并联结构及反馈结构等。

（三）业务流程分类

我们根据按照企业活动性质、流程的处理对象与流程实现的功能三种方式对企业业务流程进行了分类，如图2-6所示。

- 1. 按企业活动性质划分：管理流程、营运流程、活动流程与支持流程
- 2. 按流程的处理对象来划分：实物流程与信息流程
- 3. 按流程实现的功能划分：战略流程、经营流程、保障流程与基础结构

图2-6　企业业务流程分类

1. 按企业活动性质划分，业务流程可分为管理流程、营运流程、活动流程与支持流程

（1）管理流程。管理就是设计和保持一种良好环境，使人在群体里高效率地完成既定目标。

（2）营运流程。企业从事生产或提供服务的基本活动组成的流程，以及为这些基本活动提供支持的活动组成的流程构成了企业日常运作的营运流程。

（3）活动流程。企业从事生产或提供服务的基本活动组成的流程就是活动流程。

（4）支持流程。为基本生产活动提供支持的活动构成的流程为支持流程。

2. 按流程的处理对象来划分，业务流程可分为实物流程与信息流程

（1）实物流程。流程的输入和输出中均具有有形实物成分，这些有形成分经过系列活动的作用后会发生变化，这类流程就是实物流程。

（2）信息流程。信息流程是指流程的输入、输出成分中均只有信息类成分，即只有无形的成分。

3. 按流程实现的功能划分，业务流程可分为战略流程、经营流程、保障流程与基础结构

（1）战略流程。战略流程是组织规划和开拓未来的流程，如战略规划、新产品开发和新流程开发等等。

（2）经营流程。经营流程是用以实现组织日常功能的流程，如赢得顾客、满足顾客、顾客支持、收付款等。一般来说，经营流程包括原材料供应、生产加工、成品储运、市场营销、售后服务等五种基本流程。

（3）保障流程。保障流程是为战略流程和经营流程提供保障的流程，如人力资源管理、采购管理、技术开发、信息系统、会计统计、财务管理等。

（4）基础结构。基础结构是指企业的组织结构、高层管理人员、控制系统以及企业文化等活动。

（四）业务流程确定步骤

简单的业务流程确定步骤主要包括三个步骤：流程信息的收集、流程的量化分析、构建企业业务流程，如图 2-7 所示。

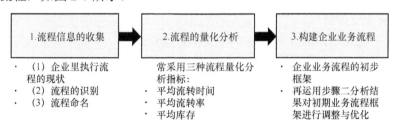

图 2-7 企业业务流程确定的步骤

1. 流程信息的收集

（1）企业里执行流程的现状。通常，企业是以部门的分工为基础来进行运作的，将流程的各项活动分到相关部门去完成。而企业的人财物等资源又隶属于各部门而非流程，这往往割裂了流程的各环节（活动）的有机联系，造成流程运行的不顺畅。

（2）流程的识别。通过时间结果逆行识别，即寻找流程的终点，然后再根据输入与输出的相应关系，逆向寻找和识别相应的流程。

（3）流程命名。在识别企业的各式各样流程时，应该对识别出来的流程命名，以便通过名称，就能了解流程的来龙去脉和先后状态的变化，以及整个流程的内容。

 小案例

IBM 公司定义的一份典型的产品开发业务流程包括：记录管理、声音控制设计、高级交流开发、电缆成分设计、可靠性管理、成本目标、设计测试、设计和原材料检查、工业设计、部门间联络、逻辑设计和确认、动力系统设计、产品管理、产品发布、系统层面的产品设计、系统可靠性和服务能力、系统要求、工具设计、用户系统的界面设计、竞争分析、设计系统支持、工程运作、信息开发、实物设计工具、系统设计、设计变更管理、产

品开发、工具开发、开发过程控制、电子开发等36项活动。

2. 流程的量化分析

任何流程的目标，都是把投入转换为产出以满足客户的需要。如何评价流程的质量和绩效，以综合反映客户满意度（外部评价）和流程财务绩效（内部评价）。在流程量化分析中，我们常采用三种流程量化分析指标：平均流转时间、平均流转率和平均库存。

（1）平均流转时间 T：一个普通的流程单元平均要在流程中花费多少时间。

（2）平均流转率 R：单位时间内通过流程中的某特定点平均有多少流程单元。

（3）平均库存 I（t）：任何给定的时间范围内流程中平均有多少流程单元。

 小案例

我们以某制造厂现金流（应收账款）分析为例，该制造厂每年出售3亿元的工程设备，平均应收账款数为4 500万元。流转速度 R=3亿元/年，平均库存 I=4 500万元=0.45亿元，平均流转时间 T=I/R=0.45/3=0.15（年）=1.8（月）。

从向客户开具发票到收回账款的时间间隔平均为1.8个月。任何有利于对这个时间进行缩减的措施都会导致制造商更快地取得收入。

3. 构建企业业务流程

通过流程信息收集，可获得企业业务流程的初步框架，再运用步骤二分析结果对初期业务流程框架进行调整与优化。如今构建企业业务流程已有较多计算机软件支持的智能流程构建方法，如常用的 IDEF 方法（包括 IDEF0 和 IDEF3），以及 BAM 和 RAD 方法等。

 小案例

运用 BAM 方法制定业务流程，如图2-8所示。

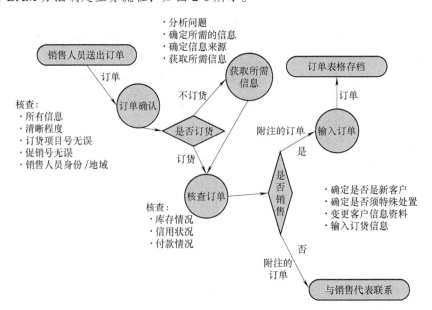

图2-8 基于 BAM 方法制定的业务流程案例

(五)业务流程设计原则

成功的企业流程设计,应遵循三个基本设计原则:

(1) 顾客导向原则

企业存在的理由是能为顾客提供所需的价值,进而实现企业自己的价值,而两类价值都是由流程创造的。只有改进为顾客创造价值的流程,企业的改革才有意义。建立能以最快的速度响应和满足顾客不断变化的需求的顾客—企业单点联系(Single Point of Contact)的运营机制及相关的业务流程。例如,很多跨国公司(如化工行业巨头 BASF)早期进入中国市场时,普遍采用按照企业自己的产品线来划分企业的组织流程,但很快就出现一个糟糕的局面,企业的不同产品部门团队同时与同一家企业进行不断的关系建设与配合,一方面导致企业自身资源不断重复浪费,另一方面导致顾客的关系成本、时间和资源浪费。于是,众多跨国公司迅速按照行业(即顾客)划分企业的业务流程与部门。

(2) 价值增值原则

对企业的业务流程进行设计时必须遵循价值增值原则,强化增值的环节,减少和消除不增值的环节,达到高效率运作的目的,实现企业价值的最大化。

(3) 资源约束原则

任何一个企业都是在一定的资源约束(Resources Constraint)下运行的,企业业务流程必然要受到资源的约束。要想消除约束,只能通过改善约束条件来实现。当旧的约束消除后,新的约束又产生了。不可能存在没有约束的理想状态。企业面临的资源约束主要包括企业外部资源约束与企业内部资源约束。企业外部资源约束,如客户资源和渠道资源(供应商、分销商);企业内部资源约束主要来自组织资源约束(决策者、员工、文化、组织结构)、知识资源约束(经营知识、管理知识),以及技术资源约束(信息技术、设计技术、生产技术、仪器设备)等。

二、组织结构

组织结构是组织的全体成员为实现组织目标,在管理工作中进行分工协作,在职务范围、责任、权利方面所形成的结构体系。组织结构其本质是为实现组织战略目标而采取的一种分工协作体系,必须随着组织的重大战略调整而调整。管理者在进行组织结构设计时,应正确遵循组织设计的原则:任务与目标原则、分工与协作原则、有效管理幅度原则、集权与分权原则,以及定型与适应性原则。

(一)组织结构的组成元素

组织结构一般分为职能结构、层次结构、部门结构和职权结构四个方面:

① 职能结构。它是指实现组织目标所需的各项业务工作以及比例和关系。其考量维度包括职能交叉(重叠)、职能冗余、职能缺失、职能割裂(或衔接不足)、职能分散、职能分工过细、职能错位、职能弱化等方面。

② 层次结构。层次结构是指管理层次的构成及管理者所管理的人数(纵向结构)。其考量维度包括管理人员分管职能的相似性、管理幅度、授权范围、决策复杂性、指导与控制的工作量、下属专业分工的相近性。

③ 部门结构。部门结构是指各管理部门的构成（横向结构）。其考量维度主要是一些关键部门是否缺失或优化。从组织总体形态，各部门一、二级结构进行分析。

④ 职权结构。职权结构是指各层次、各部门在权力和责任方面的分工及相互关系。主要考量部门、岗位之间权责关系是否对等。

（二）组织结构类型

在实践中，根据组织结构大小与企业业务种类的复杂性，企业的组织结构常见类型有：直线制组织结构、职能制组织结构、直线职能制组织结构、事业部制组织结构、矩阵制组织结构。

1．直线制组织结构

（1）基本特点

直线制是最早也是最简单的组织形式。它的特点是企业各级行政单位从上到下实行垂直领导，下属部门只接受一个上级的指令，各级主管负责人对所属单位的一切问题负责，如图 2-9 所示。厂部不另设职能机构（可设职能人员协助主管人员工作），一切管理职能基本上都由行政主管自己执行。

（2）优缺点

直线制组织结构的优点是结构比较简单，责任分明，命令统一。但它要求行政负责人通晓多种知识和技能，亲自处理各种业务。但在业务比较复杂、企业规模比较大的情况下，把所有管理职能都集中到最高主管一人身上，显然是难以胜任的。

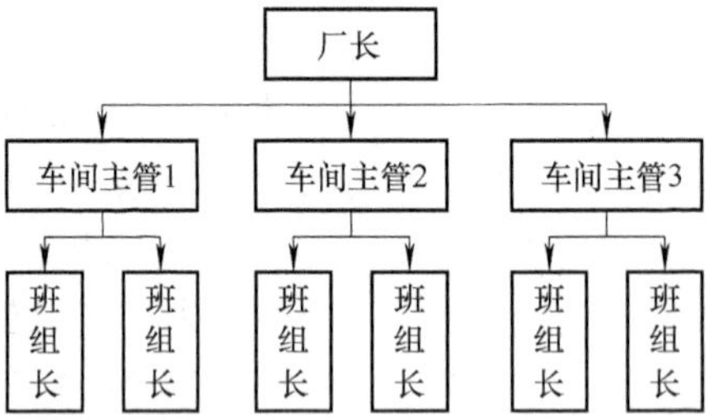

（3）适用范围

图 2-9 直线制组织结构

直线制组织结构一般用于规模较小、生产技术比较简单的企业，对生产技术和经营管理比较复杂的企业并不适宜。

2．职能制组织结构

（1）基本特点

职能制组织结构，是各级行政单位除主管负责人外，还相应地设立一些职能机构。如在总经理下面设立职能机构和人员，协助总经理从事职能管理工作，如图 2-10 所示。这种结构要求行政主管把相应的管理职责和权力交给相关的职能机构，各职能机构就有权在自己业务范围内向下级行政单位发号施令。因此，下级行政负责人除了接受上级行政主管人指挥外，还必须接受上级各职能机构的领导。

（2）优缺点

职能制的优点是能适应现代化工业企业生产技术比较复杂，管理工作比较精细的特点；能充分发挥职能机构的专业管理作用，减轻直线领导人员的工作负担。但缺点也很明显：它妨碍了必要的集中领导和统一指挥，形成了多头领导；不利于建立和健全各级行政负责人和职能科室的责任制，在中间管理层往往会出现有功大家抢、有过大家推的现象；另外，在上级行政领导和职能机构的指导和命令发生矛盾时，下级就无所适从，影响工作的正常进行，容易造成纪律松弛、生产管理秩序混乱。

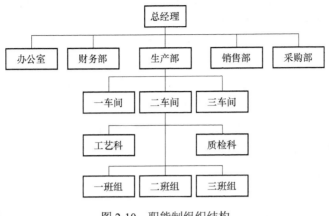

图 2-10 职能制组织结构

（3）适用范围

职能制组织结构形式适用于任务复杂的社会管理组织和生产技术复杂、各项管理工作需要专门知识的组织。

3. 直线职能制组织结构

（1）基本特点

直线职能制，也叫生产区域制，或直线参谋制。它是在直线制和职能制的基础上，取长补短，吸取这两种形式的优点而建立起来的。我们绝大多数企业都采用这种组织结构形式。这种组织结构形式是把企业管理机构和人员分为两类：一类是直线领导机构和人员，按命令统一原则对各级组织行使指挥权；另一类是职能机构和人员，按专业化原则，从事组织的各项职能管理工作。直线领导机构和人员在自己的职责范围内有一定的决定权和对所属下级的指挥权，并对自己部门的工作负全部责任。而职能机构和人员，则是直线指挥人员的参谋，不能对直接部门发号施令，只能进行业务指导，如图 2-11 所示。

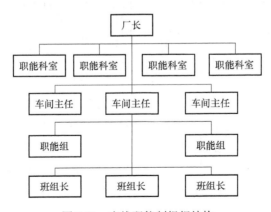

图 2-11 直线职能制组织结构

（2）优缺点

直线职能制组织结构形式保持了直线制和职能制的优点，既保证了企业管理体系的集中统一，又可以在各级行政负责人的领导下，充分发挥各专业管理机构的作用。但是，直线职能制组织结构形式的专业分工必然会带来协作配合的难题。职能部门之间的协作性和配合性较差,职能部门的许多工作要直接向上层领导报告请示才能处理,这一方面加重了上层领导的工作负担,另一方面也造成办事效率低。为了克服这些缺点,可以设立各种综合委员会,或建立各种会议制度,以协调各方面的工作,起到沟通作用,帮助高层领导出谋划策。

(3) 适用范围

直线职能制是目前中大型企业和各级组织采用较多的结构之一。尤其是适合产品品种比较简单、工艺比较稳定、市场销售情况比较容易掌握的企业。

4. 事业部制组织结构

(1) 基本特点

事业部制最早是由美国通用汽车公司总裁斯隆于1924年提出的,故有"斯隆模型"之称,也叫"联邦分权制",是一种高度(层)集权下的分权管理体制。事业部制是分级管理、分级核算、自负盈亏的一种形式,即一个公司按地区或按产品类别分成若干个事业部,从产品的设计、原料采购、成本核算、产品制造,一直到产品销售,均由事业部及所属工厂负责,实行单独核算、独立经营,公司总部只保留人事决策,预算控制和监督大权,并通过利润等指标对事业部进行控制,见图 2-12。也有的事业部只负责指挥和组织生产,不负责采购和销售,实行生产和供销分立,但这种事业部正在被产品事业部所取代。还有的事业部则按区域来划分。

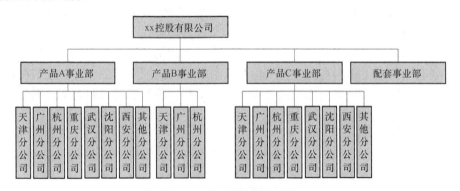

图 2-12 事业部制组织结构

(2) 优缺点

在事业部制下的组织结构,各事业群下的分公司各自占有独立的产品市场、独立核算(利润中心)与自主经营。事业部组织结构能够有效实现权力下放,提高企业适应能力,实现高度专业化,同时责任和权利明确。但事业部制组织结构也容易造成机构重叠,管理人员膨胀;容易产生内耗,忽视企业整体利益。

(3) 适用范围

它适用于规模庞大、品种繁多、技术复杂的大型企业,是国外较大的联合公司所采用的一种组织形式,近几年,中国一些大型企业集团或公司也引进了这种组织结构形式,如安徽建工集团。

5．矩阵制组织结构

（1）基本特点

在组织结构上，把既有按职能划分的垂直领导系统，又有按产品（项目）划分的横向领导关系的结构，称为矩阵组织结构，如图2-13所示。矩阵制组织是为了改进直线职能制横向联系差、缺乏弹性的缺点而形成的一种组织形式。它的特点表现在围绕某项专门任务成立跨职能部门的专门机构上，例如，组成一个专门的产品（项目）小组去从事新产品开发工作，在研究、设计、试验、制造各个不同阶段，由有关部门派人参加，力图做到条块结合，以协调有关部门的活动，保证任务的完成。

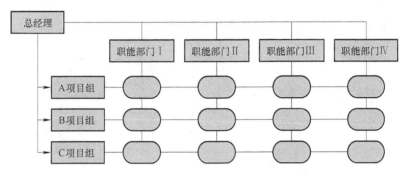

图 2-13　矩阵制组织结构

（2）优缺点

矩阵结构的优点是横向联系强、机动灵活、人力物力利用率高、互相激发与思路开阔。由于这种结构是根据项目组织的，任务清楚、目的明确，各方面有专长的人都是有备而来。因此在新的工作小组里，能沟通、融合，能把自己的工作同整体工作联系在一起，为攻克难关、解决问题而献计献策，由于从各方面抽调来的人员有信任感、荣誉感，使他们增加了责任感，激发了工作热情，促进了项目的实现；它还加强了不同部门之间的配合和信息交流，克服了直线职能结构中各部门相互脱节的现象，能够较好地解决组织结构相对稳定和管理任务多变之间的矛盾。

相应地，因为参加项目的人员都来自不同部门，隶属关系仍在原单位，只是为"会战"而来，所以项目负责人对他们管理困难，没有足够的激励手段与惩治手段，这种人员上的双重管理是矩阵结构的先天缺陷；由于项目组成人员来自各个职能部门，当任务完成以后，仍要回原单位，因而容易产生临时观念，对工作有一定影响，容易出现双重领导、责任不清与临时观念。

（3）适用范围

矩阵结构适用于一些重大攻关项目。企业可用来完成涉及面广的、临时性的、复杂的重大工程项目或管理改革任务。特别适用于以开发与实验为主的单位，例如科学研究尤其是应用性研究单位等。矩阵制组织结构的两个维度不是一成不变的，根据组织本身的规模、地域分布、客户特征与技术特征，有的企业是按照产品与职能机构进行划分，而有的企业是按照行业与地区进行划分。

小案例

图 2-14 所示是 IBM 的矩阵制组织结构。

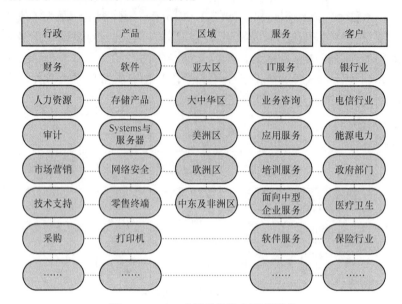

图 2-14　IBM 公司的矩阵制组织结构

三、组织制度

（一）组织制度的概念

组织制度是组织管理中借以约束全体组织成员行为、确定办事方法、规定工作程序的各种章程、条例、守则、规程、程序、标准、办法等的总称。广义的组织制度包括组织管理中所有具有稳定性和约束力的、体系化的标准和规程。狭义的组织制度是指组织结构和计划与控制规范基础上用来约束和协调企业全体员工行为、规定活动程序和方法的制度规范。

（二）组织制度的种类

在组织中，常见的组织制度主要有五类：

（1）企业基本制度。企业基本制度是企业的"宪法"，是企业制度规范中具有根本性质的、规定企业形成和组织方式、决定企业性质的基本制度。企业的基本制度由企业所有者和主要经营管理人员根据法律规定，在与有关政府机关磋商的基础上制定。

（2）管理制度。管理制度是对企业管理各基本方面规定活动框架，调节集体协作行为的制度，一般由制度涉及的部门、管理者和有关组织成员确定。

（3）技术规范。它是对企业涉及的技术标准、技术规程的规定。技术规范有些直接由国家制定标准和规定，有些以技术专家为主会同约束对象和管理者协商制定。

（4）业务规范。业务规范是针对业务活动过程中那些大量存在、反复出现，又能摸索出科学处理方法的事物所规定的作业处理规定。制定业务规范的人员主要是直线操作人员和管理人员。

（5）个人行为规范。它是企业组织中层次最低、约束最宽，但也是最具基础性的制度规范。个人行为规范通常是在充分征求企业组织成员意见的基础上由高层管理人员确定。

(三) 组织制度化管理的主要特征

没有规矩不成方圆,组织制度是组织中的有效约束机制与手段,其主要特征为:

(1) 在劳动分工的基础上,明确规定每个岗位的权力和责任,并且把这些权力和责任作为明确规范而制度化。

(2) 按照各机构、各层次不同职位权力的大小,确定其在企业中的地位,从而形成一个有序的指挥链或等级系统,并以制度形式巩固下来。

(3) 以文字形式规定职位特性及该职位对人应有素质、能力等的要求,根据通过正式考试或者训练和教育而获得的技术资格来挑选组织中所有的成员。

(4) 在实行制度管理的企业中,所有权与管理权相分离。

(5) 管理人员在实施管理时有三个特点:①根据因事设人的原则每个管理人员只负责特定的工作;②每个管理者均拥有执行自己职能所必要的权力;③管理人员所拥有的权力要受到严格的限制,要服从有关章程和制度的规定。

(6) 管理者的职务是管理者的职业。管理者有固定的报酬,具有按资历、才干晋升的机会,他应忠于职守,而不是忠于某个人。

四、组织人力资源管理

(一) 组织人力资源管理的含义

人是组织最积极、最活跃的因素,对组织人员做到充分合理的管理,就抓住了管理的关键与核心。企业的人力资源管理决策、专业职能主要包括人力资源规划、员工招聘、培训与开发、绩效管理、薪酬管理、员工关系管理及职业生涯规划管理等,即涉及企业获取人力资源、回报人力资源、开发人力资源,以及维持和保护人力资源的四个过程决策,如图 2-15 所示。

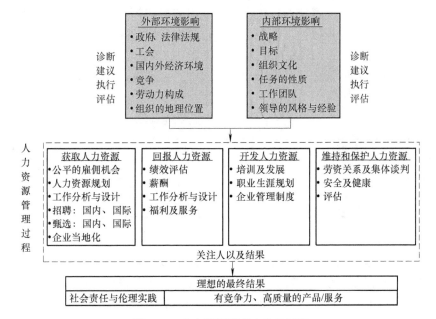

图 2-15 人力资源管理内容及过程

（二）组织人力资源管理角色

现代人力资源管理在 20 世纪 90 年代发生了深刻的变化，逐步从传统的强调专业职能角色的人力资源管理向战略导向的人力资源管理转变。人力资源管理在组织中主要扮演四个关键角色：

（1）战略伙伴。人力资源管理是企业战略决策参与者，提供基于战略的人力资源规划及系统解决方案。将人力资源纳入企业的战略与经营管理活动当中，使人力资源与企业战略相结合。

（2）专家（顾问）。运用专业知识和技能研究开发企业人力资源产品与服务，为企业人力资源问题的解决提供咨询，以提高组织人力资源开发与管理的有效性。

（3）员工服务者。与员工沟通，及时了解员工的需求，为员工及时提供支持，有效提高员工满意度并增强员工忠诚感。

（4）变革的推动者。参与变革与创新，组织变革（如并购与重组、组织裁员、业务流程再造等）过程中的人力资源管理实践，提高员工对组织变革的适应能力，妥善处理组织变革过程中的各种人力资源问题，推动组织变革进程。

（三）组织人力资源管理相关经典理论

1. 公平理论

公平理论（Equity Theory）由行为科学家斯泰西·亚当斯（Stacy Adams）提出。公平理论主要立足于分配合理的视角，认为公司员工在工作报酬中所感受到的激励不仅来源于薪酬水平的绝对值，更取决于其相对水平。该理论的基本要点是：人的工作积极性不仅与个人实际报酬多少有关，而且与人们对报酬的分配是否感到公平更为密切。

所谓相对水平，将公平理论通过两个比较来判断，我们以员工 A 薪酬公平感知为例（见表 2-1）：横向比较，将个人与他人比较，如所得的工作报酬的公平性；纵向比较，可以从时间上区别，如目前自身的报酬与过去自身所获得的报酬相比较。这些比较都能影响组织中员工个体的工作行为和积极性。但是，公平理论在实际情况中，个体间的比较需要在一定的前提下，自身与他人的比较在某些方面需要类似或者相近，而纵向比较是自身的比较，多会出现个体的主观判断，在研究中会出现一定的不合理性，但是公平的报酬依然是管理者需要注意的。

表 2-1 员工 A 薪酬公平感知

觉察到的比率比较	员工的评价	行 为 结 果
（所得 A/付出 A）<（所得 B/付出 B）	不公平（报酬过低）	离职或降低工作投入
（所得 A/付出 A）=（所得 B/付出 B）	公平	正常
（所得 A/付出 A）>（所得 B/付出 B）	不公平（报酬过高）	积极性更高，增加工作投入

2. 心理契约理论

1960 年，心理契约概念由阿吉里斯（Argyris）首次使用。它是指员工与企业在正式的雇佣合同规定的内容之外存在的隐含的、非正式的、未公开说明的相互期望和理解。企业清楚地了解每个员工的需求与发展愿望，并尽量予以满足；而员工也为企业的发展全力奉献，因为他们相信企业能满足他们的需求与愿望。其可以描述为这样一种状态：企业的成长与员工的发展虽然没有通过一纸契约载明,但企业与员工却依然能找到决策的各自"焦点",如同一纸契约加以规范。

心理契约偏重的是心理层面,是雇佣双方默认的、内隐的交易(心理互动)。心理契约除了包含经济利益以外,主要是为促进员工实现个人追求、社交欲望,保持良好的团队关系和工作氛围,最终形成组织文化——共同愿景、共同使命及共同价值观。

心理契约是经济契约的一种补充,对员工心理方面的参与做出了一些规定:向组织贡献忠诚、创造能力及其他相关的心理努力,作为交换,员工也要求一些非物质的报酬,如工作的安全感、公平合理的待遇(人的尊严)、与同事之间的友谊以及自我发展、自我实现的机会等。

3. 目标设置理论

美国马里兰大学管理学兼心理学教授洛克(Edwin Locke)等人在研究中发现,外来的刺激(如奖励、工作反馈、监督的压力)都是通过目标来影响动机的。目标能引导活动指向与目标有关的行为,使人们根据难度的大小来调整努力的程度,并影响行为的持久性。洛克于1967年,提出了"目标设定理论"(Goal Setting Theory),认为目标本身就具有激励作用,目标能把人的需要转变为动机,使人们的行为朝着一定的方向努力,并将自己的行为结果与既定的目标相对照,及时进行调整和修正,从而能实现目标。

为实现企业的经营目标,企业工作中常常使用目标管理的方式。目标管理提倡民主、平等和参与的管理思想,不提倡管理者闭门造车而独断专行。目标的实现者同时也是目标的制定者,主张由上下级在一起共同商讨确定目标。因此,组织应该具备民主、平等和参与的宽松的组织氛围与文化。目标管理的主旨在于,用"自我控制的管理"代替"压制性的管理",它使管理人员能够控制他们自己的成绩。这种自我控制可以成为更强烈的动力,推动他们尽自己最大的力量把工作做好,而不仅仅是"过得去"就行了。推行目标管理有助于促使权力下放,有助于在保持有效控制的前提下,调动员工的想象力和创造力,发挥其主观能动性,把局面搞得更有生气一些和更有效率一些。目标管理注重成果第一,看重实际贡献。组织实行目标管理,由于有了一套完善的目标考核体系,从而能够按员工的实际贡献大小如实地评价一个人。

4. 人力资源管理工作价值与分工变革

以互联网、云计算、大数据、物联网、人工智能等为代表的数字技术,将使组织迅速实现数字化转型。数字技术正在打破传统的商业模式、业务流程和人才管理,从根本上改变组织运作的方式,使组织迅速数字化。伴随着数字化技术的发展,人力资源管理工作价值与职能发生了根本性的变化与变革,其在团队智慧协同,企业的敏捷经营,文化落地组织激活方面起到关键作用。

基于互联网技术,企业人力资源组织架构开始普遍性采用"三支柱模型"、如图2-16所示。三支柱模型本质上是基于互联网技术,改变多体公司传统的垂直分工。传统职能导向的人力资源管理组织模式,注重HR内勤工作但忽视了HR的服务性,导致人力资源工作内容对外无法形成价值。面对质疑和挑战,目前国内大部分企业开始通过数字化转型,将HR的职能分散到各个业务单元,HR从后台走向前台。在三支柱模型中,HRBP(Human Resource Business Partner,人力资源业务合作伙伴)扮演的是Discovery(即挖掘业务部门需求）的角色，COE（Center of Expertise，人力资源领域专家）和 SSC（Share Service Center，共享服务中心）的职能分别是 Design（设计方案）和 Deliver（交付/执行）。

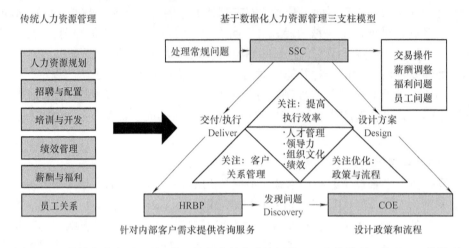

图 2-16 "传统人力资源"到"基于数据化的人力资源管理三支柱模型"的 HR 工作转型

第三节　控制职能

在管理实践中，人们都深切地体会到，没有控制就很难保证每个计划的顺利执行，而如果各个计划都不能顺利执行，组织的目标就无法实现，控制工作在管理活动中起着非常重要的作用。

一、控制的含义

制定出科学的战略执行方案后，我们需要对其进行灵活与精准的落地实施。为了保证商业方案的有效实施，必须在方案实施的全过程中，进行管理控制。控制，即核对或检查实际工作状况，并与预定的计划相比较，发现偏差时予以纠正，以保证计划的顺利实现。

可以从三个方面理解控制的含义：①控制的目的是确保组织目标的顺利实现；②实际工作的衡量与评价，偏差的纠正是实现控制的主要手段；③控制是一个内容丰富的复杂过程，控制与计划密不可分。

二、控制的类型

（一）按控制进行分类

管理中的控制手段可以在行动之前、行动之中，也可以是在行动结束之后，即我们常说的预先控制、现场控制和事后控制。

1. 预先控制

预先控制，又称事前控制或前馈控制，是指组织在工作活动正式开始前对工作中可能产生的偏差进行预测和估计并采取防范措施，将可能的偏差消除于产生之前。预先控制是一种面向未来的控制，强调防患于未然。

2. 现场控制

现场控制，也可叫同步控制或同期控制，是指在某项工作或活动正在进行过程中所实施的控制。它是一种面对面的领导，目的是及时处理例外情况、纠正工作中发生的偏差，主要有监督和指导两项职能。

3. 事后控制

事后控制是指在工作结束或行为发生之后进行的控制。把注意力主要集中于工作或行为的结果上，通过对已形成的结果进行测量、比较和分析，发现偏差情况，据此采取措施，防止之后再度发生。

（二）按控制职能分类

按照控制职能分类，可将控制分为战略控制、财务控制和营销控制。

1. 战略控制

企业战略管理者和一些参与战略实施的管理者，依据战略既定目标和行动方案，对战略的实施状况进行全面评价、发现偏差并进行纠正的活动。

2. 财务控制

传统的财务控制衡量标准有比率分析（流动比率、杠杆比率、活动性比率、收益率等）和预算分析（投资预算、现金预算、收益预算和资产负债预算等）。除了传统的财物工具，管理者还可使用经济附加值和市场附加值等工具。

3. 营销控制

营销控制是企业用于跟踪营销活动过程的每一个环节，确保能够按照计划目标运行而实施的一套完整的工作计划控制。主要包括年度营销计划控制、盈利控制、效率控制以及战略控制。

（三）按控制内容分类

按照控制的内容分类，可将控制分为制度控制、风险防范控制、预算控制、激励控制与绩效控制。

1. 制度控制

制度控制，即对企业中组织的制度进行控制管理，一般包括制度的制定、执行和考核。

2. 风险防范控制

风险防范控制一般包括风险的预警与辨别、风险的评估以及风险的预防。

3. 预算控制

预算控制是通过量化标准使管理者及员工们明确自身的目标，实现企业总体目标与个人目标紧密衔接。

4. 激励控制

企业的激励体制对员工的工作投入与工作满意度都影响显著。激励控制通过激励调动管理者及员工的工作积极性和创造性。

5. 绩效控制

绩效的有效实现保障了企业整体经营目标的实现。因此绩效控制的内容主要包括绩效考评指标和考评程序的制定、考评方法的选择、考评结果的分析和纠正偏差与奖励措施等关键环节。

三、常用的控制管理方法

（一）分工控制方法——工作分解结构法

在分工控制管理中，工作分解结构法（Work Breakdown Structure，WBS）是经常被采用的方法。工作分解结构，跟因数分解是一个原理，就是把一个项目，按一定的原则分解，项目分解成任务，任务再分解成一项项工作，再把一项项工作分配到每个人的日常活动中，直到分解不下去为止，即项目→任务→工作→日常活动。工作分解结构以可交付成果为导向，对项目要素进行分组，它归纳和定义了项目的整个工作范围，每下降一层代表对项目工作的更详细定义。WBS 总是处于计划过程的中心，也是制订进度计划、资源需求、成本预算、风险管理计划和采购计划等的重要基础。

建立一个 WBS 分为四个步骤：

（1）确定项目目标，着重于项目产生的产品、服务以及提供给客户的结果。

（2）准确确认项目所产生的产品、服务或提供给客户的结果（可交付成果或最终产品）。

（3）识别项目中的其他工作领域以确保覆盖 100%的工作，识别若干可交付成果的领域、描述中间输出或可交付成果。

（4）进一步细分步骤（2）和步骤（3）的每一项，使其形成顺序的逻辑子分组，直到工作要素的复杂性和成本花费成为可计划和可控制的管理单元（工作包）。

 小案例

我们以建造一个车库为例。

第一步，定义项目目标：建造一个能停放一辆车的车库，并美化现有场地，车库里外都应该有灯，还有水管。

第二步，确定特定的产品、服务或结果（可交付成果或最终产品）：车库和美化的场地。

第三步，确定其他的工作范围以确保 100%的工作被识别：这是一个需要完成如下事情的项目管理职能，如编制施工计划、获得许可、签订分包合同。

至此，该项目的 WBS 如图 2-17 所示。第一级是总项目，第二级是进一步分解成的最终产品（车库和美化场地）以及与项目相关的或辅助性的工作（如项目管理）。项目的总范围由第二级的三个部分工作之和来表示。

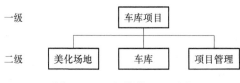

图 2-17　二级结构 WBS 图

第二章 商业管理基本职能 57

第四步，进一步细分元素，直到适用于计划和控制的层级，每个二级元素的下一级细分，如图 2-18 所示。

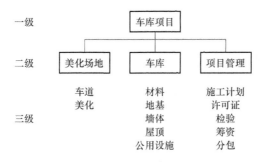

图 2-18 三级结构 WBS 图

有些三级元素还可以进一步分解。表 2-2 表示一个到达工作包级的完整的 WBS，工作包足以适用于计划和控制。在表 2-2 中，WBS 是一种大纲形式，而不是以前用的占用空间的图的形式。这两种形式都是可以使用的。在把 WBS 数据输入项目管理软件，或者为了节约文档空间时，通常使用大纲形式的 WBS。

表 2-2 车库项目的 WBS 结构

一级	二级	三级	四级
车库项目	美化场地	车道	
		美化	
	车库	材料	
		地基	
		墙体	墙面
			窗户
			车库门
			检修门
			组装
		屋顶	构架
			遮盖物
			排水槽
		公用设施	电
			水
	项目管理	施工计划	
		许可证	
		检验	
		筹资	
		分包	

WBS 是一种用标准形式表示项目范围，并在项目团队内部、项目团队与利益相关者之间进行协调的巧妙的沟通工具。在计划阶段的最后，计划和进度计划被冻结或确定为"基

线",成为执行项目工作的基础。同时,WBS 也将作为一个基线成为变更管理的关键机制之一。不包括在 WBS 中的工作需要通过正规的变更控制程序添加到项目和 WBS 中。

 小案例

以某民用飞机改装项目为例说明 WBS 法,此项目集中于产出的产品或可交付成果。该项目拟将客用飞机改装为运输机,输出的产品是一个保证飞行性能良好的改装飞机、技术手册和一系列需要的备件,如图 2-19 所示。

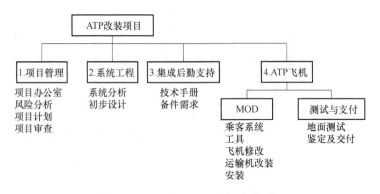

图 2-19　WBS 例子——飞机改装项目

(二)进度控制方法——甘特图

甘特图(Gantt chart),是亨利·甘特(Henry Laurence Gantt)在 20 世纪提出的图表系统法,后以他的名字来命名的管理图表。它被认为是管理工作上的一次革命,被社会历史学家视为 20 世纪最重要的社会发明。甘特图又称为横道图、条状图(Bar Chart),其通过条状图来显示项目、进度,和其他时间相关的系统进展的内在关系随着时间进展的情况。甘特图内在思想简单,基本是一条线条图,横轴表示时间,纵轴表示活动(项目),线条表示在整个期间计划和实际的活动完成情况。管理者由此可极为便利地弄清一项任务(项目)还剩下哪些工作要做,并可评估工作是提前还是滞后,抑或正常进行,是一种理想的进度控制工具。

甘特图把总的计划目标看成人们能够了解和执行的,具有相互关系的一系列计划或各项事件。它的主要内容包括三个:①以图形或表格的形式显示活动;②通用的显示进度的方法;③构造时间,含日历天和持续时间。

甘特图的主要绘制步骤是:

(1)明确项目牵涉到的各项活动、项目。内容包括项目名称(包括顺序)、开始时间、工期,任务类型(依赖/决定性)和依赖于哪一项任务。

(2)创建甘特图草图。将所有的项目按照开始时间、工期标注到甘特图上。

(3)确定项目活动依赖关系及时序进度。使用草图,并且按照项目的类型将项目联系起来,并且安排。

(4)计算单项活动任务的工时量。

(5)确定活动任务的执行人员及适时按需调整工时。

（6）计算整个项目时间。专业性软件可以自动完成该项工作。

 **小知识**

甘特图的绘制

日常工作中，有很多专业计算机软件都能进行甘特图绘制，如 Excel，Microsoft Office Project，Gantt Project 等。我们以 Excel 为例简单介绍如何绘制一份甘特图。

第一步：输入原始数据。

第二步：修改数据格式，一般 Excel 格式为时间格式的，需要调整成常规。

第三步：插入图表，选择数据，点击"插入"菜单，找到条形图—二维条形图—堆积条形图，点击选择即可。

第四步：逆转坐标轴，将时间条显示在上方，方便查看。点击生成图的 Y 轴，右键，设置坐标轴格式，勾选逆序类别。

第五步：设置 X 轴属性，让起始位置显示在原点，适当调节间距。

第六步：无填充，选择列表中的图像，选择蓝色部分，右键，设置数据系列格式为无填充。

第七步：还原之前设置的日期的单元格格式。则可以完成甘特图效果，适当拖动，调整。

（三）质量控制方法——六西格玛

企业要在激烈的市场竞争中生存和发展，仅靠方向性的战略性选择是不够的。任何企业间的竞争都离不开"产品质量"的竞争，没有过硬的产品质量，企业终将在市场经济的浪潮中消失。而产品质量最难以控制和最容易发生问题，往往让供应商苦不堪言，小则退货赔钱，大则客户流失，关门大吉。因此，如何有效地进行过程控制是确保和提升产品质量，促使企业发展、赢得市场、获得利润的核心。

σ 是希腊字母里的一个字母。专业术语"σ"定义为标准偏差，用来描述要研究的特性值相对于其平均值的偏离程度。对于一个过程来说，"σ"是一个度量单位，它显示过程的稳定性，如果"σ"越大，说明过程执行情况越不好，过程越不稳定。六西格玛（Six Sigma，6 Sigma）即 6σ，6 Sigma 管理是在提高顾客满意程度的同时降低经营成本和周期的过程革新方法，它是通过提高组织核心过程的运行质量，进而提升企业赢利能力的管理方式，也就是在新经济环境下企业获得竞争力和持续发展能力的经营策略。

六西格玛是一种管理策略，它是由当时在摩托罗拉任职的工程师比尔·史密斯（Bill Smith）于 1986 年提出的。这种策略主要强调制定极高的目标、收集数据以及分析结果，通过这些来减少产品和服务的缺陷。六西格玛背后的原理就是如果你检测到你的项目中有多少缺陷，你就可以找出如何系统地减少缺陷，使你的项目尽量完美的方法。一个企业要想达到六西格玛标准，那么它的出错率不能超过百万分之 3.4。六西格玛在 20 世纪 90 年代中期开始被通用电气公司从一种全面质量管理方法演变成为一个高度有效的企业流程设计、改善和优化的技术，并提供了一系列同等地适用于设计、生产和服务的新产品开发工具。继而与通用电气公司的全球化、服务化等战略齐头并进，成为世界上追求管理卓越性的企业最为重要的战略举措。六西格玛逐步发展成为以顾客为主体来确定产品开发设计的标尺，追求持续进步的一种管理哲学。

六西格玛业务流程改进遵循五步循环改进法，即 DMAIC 模式六西格玛质量管理，实施的步骤如图 2-20 所示。

（1）定义（Define）——辨认需改进的产品或过程，确定项目所需的资源。

（2）测量（Measure）——定义缺陷，收集此产品或过程的表现作底线，建立改进目标。

（3）分析（Analyze）——分析在测量阶段所收集的数据，以确定一组按重要程度排列的影响质量的变量。

（4）改进（Improve）——优化解决方案，并确认该方案能够满足或超过项目质量改进目标。

（5）控制（Control）——确保过程改进一旦完成能继续保持下去，而不会返回到先前的状态。

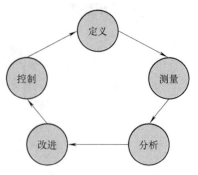

图 2-20　六西格玛的实施步骤

【案例分析】

胜利归来，还是铩羽而归

天盛是一家网络游戏运营商，曾代理运营的游戏主要有《魔霸》《奇幻之旅》等。2000 年年初天盛在美国上市后，该公司估计盘前大涨 35%。靠代理游戏崛起的天盛，对于风口的捕捉一直比较敏感。巅峰时期《奇幻之旅》对天盛的营收贡献超过 90%，天盛也凭借该游戏跻身国内网游四强。

2012 年，随着失去《奇幻之旅》的代理权，以及公司运营连续亏损，天盛股价一路下跌。究其原因，自拿下《奇幻之旅》代理权后，天盛收获了巨大的利益和人气，让其成为当红网游公司之一，但其结构、产品研发、人员管理等方面并未及时调整，致使后期失去《奇幻之旅》代理权后持续亏损。

（一）动作频繁，急于摆脱亏损命运

在失去《奇幻之旅》代理权后，2012 年的天盛已连续遭遇 3 个季度亏损，股价从 12 美元一路跌至 7 美元，市值至今不到 2 亿美元，成为国内网游行业典型的"现金超市值"公司。不仅如此，2018 年第三季度财报还显示，天盛以下滑 49% 的糟糕业绩，成为中国网游行业中唯一一家营收和利润双双下滑的上市公司，在网游上市公司阵营中，天盛风光不再。

失去代理权后，天盛急剧变革，完成了内部高管调整、外部投资网游公司与自主研发等工作，以期重拾投资人信心，稳固公司团队，尽快重返网游第一阵营。

同年，天盛宣布先后投资杭州游戏开发公司火雨、美国游戏开发商 RED 5，随后原总裁离职，由 CEO 李游接任。2013 年 3 月 22 日，新总裁立即公布了上任以来的三大战略，并将现有组织架构进行调整，分为三个不同的事业部。

在自主研发方面，天盛也在积极谋划，将公司自主研发人员扩大至原有规模的四倍。同期，其自主研发的横版格斗游戏《称霸天下》已开始公测，分析师预计年收入将在七八千万元。

（二）架构大调整，多名高管重新分工

2013 年，天盛在《奇幻之旅》复出后，考虑市场及业务环境变化随即推出了"全球应对"策略，对相关业务进行了结构调整，这三大战略包括：①在中国市场，通过自主研发、代理、合作等各种方式，执行网游业务的运营；②在全球范围内，整合全球合作伙伴的优势资源，进行产品的研发、运营及销售；③关注互联网新应用的业务开发。

在执行三大战略的考虑下，天盛将现有组织架构进行了调整，分为三个不同的事业部：网游事业部、新业务事业部、北美投资业务事业部。网游事业部包括客户端类网络游戏的研发、运营及商务发展等领域工作，天盛旗下自主研发的横版格斗游戏《称霸天下》即由这一部门运营。

（三）扩大经营范围，追加多项投资

2019年6月17日，天盛和电动车电池管理系统供应商新科签订投资协议，以换股方式获取从事锂离子动力系统和储能电池系统研发的新科股份，布局电动车动力电池、新能源储能系统及电池管理系统。

2020年3月，天盛首次投资电动车，向YY投资10亿美元成立合资公司，计划在中国生产、销售和运营YY旗下汽车。协议约定，天盛向YY投资的10亿美元将分三期支付，且后两期投资均对支付条件做了限制。

2020年4月，天盛通过旗下子公司和电动车充电设备及运营平台提供商深科公司成立合资公司，开发新能源电动车充电设备销售、充电站建设及运营等业务。天盛以现金入股，占合资公司75%的股份，负责合资公司的市场开拓、承建新能源充电站，以及新能源充电站运营服务。

资金、技术密集型的造车产业目前仍需较高的资金投入，而天盛已连续亏损八年，累计亏损金额达到20亿元。天盛2019年年报显示，截止报告期内天盛现金流比率减少97.02%，仅有425.6万元，总负债同比增长11.02%，达12.49亿元。

不仅是游戏，天盛2020年也尝试了区块链业务，成立了区块链技术公司，但尚未实现可观回报。

（资料来源：根据公司资料及现有新闻资料整理）

分析与讨论：

1. 2013年，天盛重整业务架构、人员调整并公布未来三大战略，也意味着天盛积极自救的举动有了更清晰的方向，试评价其战略计划调整、组织结构重构等管理方面的改进成效。

2. 试评价2019年、2020年两年调整经营范围、重定企业目标和计划等变革。

【拓展思考】

1. 试着按照甘特图的主要绘制步骤，利用表2-3中提供的原始数据在Excel里绘制一份甘特图。

表2-3 甘特图绘制练习——原始数据

任　　务	开始时间（年/月/日）	持续时间（天）
需求调研	2022/1/1	30
需求分析	2022/2/1	15
详细设计	2022/2/16	15

(续)

任务	开始时间（年/月/日）	持续时间（天）
制作原型	2022/3/1	15
原型审核	2022/3/16	5
系统开发	2022/3/21	30
系统测试	2022/4/21	30
系统上线	2022/6/25	5

2. 通过学习，我们认识到组织核心竞争力对组织的创立、发展及盈利能力等影响尤为关键，以小组为单位，根据小组感兴趣的行业知名企业为例，对其企业核心竞争力运营模式进行分析。

【任务卡】

模拟工作室——我们都是中国合伙人

我们在"第一章任务卡"环节，进行了小组商业方案策划选题，以及简单的行业、市场与企业环境分析。现假设小组要以创业为目的成立一间工作室，并将班级其他工作室视为本组的外部竞争对手，完成市场模拟活动。

请充分运用在前两章学习的商业基础知识，对小组工作室内外部环境、发展定位、组织结构、组织核心竞争力、组织发展战略等内容进行分析和策划，编制一套完整的模拟计划方案。

第三章 沟通与商务沟通

【学习目标】

（1）了解沟通的定义和类型。
（2）理解沟通模型、影响沟通有效性的因素。
（3）掌握商务写作的一般方法和商务会议的基本内容。
（4）掌握商务沟通的基础，即人际沟通的基本方法。
（5）运用所学知识，能系统分析并处理一般场景的沟通冲突。

【导入案例】

扁鹊见蔡桓公

有一次扁鹊进见蔡桓公，他在蔡桓公身旁站了一会儿，看了看蔡桓公的脸色后说："国君，您的皮肤有病，不治怕要加重了。"蔡桓公笑着说："我没有病。"扁鹊告辞后，蔡桓公对其臣下说："医生就喜欢给没病的人治病，以便夸耀自己有本事。"十天后，扁鹊再次进见蔡桓公，他仔细看了看蔡桓公的脸说："国君，你的病已经到了皮肉之间，不治会加重的。"蔡桓公没有理会。扁鹊走后，蔡桓公感到不悦。又过了十天，扁鹊再次进见蔡桓公，他看了看蔡桓公的脸色说："国君，你的病已经到了肠胃之间，不治会加重的。"蔡桓公仍未理会。扁鹊走后，蔡桓公仍是不太高兴。十几天后，蔡桓公出巡，扁鹊远远望见蔡桓公，转身就走。蔡桓公派人去问扁鹊为什么不肯再来进见，扁鹊说："皮肤上的病，用药物敷贴可以治好；皮肉之间的病，用针灸可以治好；肠胃之间的病，服用汤药可以治好；如果病入骨髓，那生命就掌握在司命之神的手里了，医生是无法治愈的。如今国君的病已深入骨髓，所以我不能再去谒见了。"五天之后，蔡桓公遍身疼痛，连忙派人去找扁鹊。此时，扁鹊已逃往秦国躲起来了，最后蔡桓公病死了。

思考：
1. 扁鹊为什么未能说服蔡桓公？
2. 有何建议能帮助扁鹊有效地说服蔡桓公？

第一节 沟通概述

一、沟通的内涵

（一）沟通的含义

古希腊哲学家亚里士多德曾说："一个生活于社会之外的人，与人不发生关系的人，不是动物就是神。"沟通无处不在，适用场景多样，大到国家管理、小到家庭交流。沟通是人与人之间进行信息传递的必经过程。

本书认为,沟通是通过各种载体实现人与人之间信息传递和反馈的过程。在此过程中,信息发送者和信息接收者都是沟通的主体,沟通活动可以借助语言与非语言的相关形式传递信息,目的是达成一致的目标。沟通的本质是建立连接和换位思考,并解决实际问题。

在商业活动中,沟通工作更不可忽视。无论管理层还是基层职员经历的工作场景,凡涉及商业活动的每一件事都包含着沟通,沟通作为目标任务达成的润滑剂,发挥着重要作用。"沟通"在英文中叫"Communication",翻译为"交流、传播、通信、沟通",这意味着沟通的过程也是信息交流的过程。有效的沟通能促使商业事务高效执行,也能一定程度上确保公司系统有效运作。

(二)沟通的类型

按照不同的划分标准和依据,可以将沟通分为不同的类型,沟通主体在进行沟通活动的时候应注意根据具体情况选择合适的沟通类型(见表3-1)。

表3-1 沟通的基本类型

划 分 标 准	具 体 类 型
沟通行为主体的不同	个体沟通、群体沟通
沟通的手段和方法的不同	语言沟通、非语言沟通
沟通的组织系统选择	正式沟通、非正式沟通
沟通的方向不同	下行沟通、上行沟通、平行沟通
沟通是否进行反馈	单向沟通、双向沟通

1. 个体沟通与群体沟通

按沟通行为主体来划分,可将沟通分为个体沟通和群体沟通。

(1)个体沟通

在组织中,个体沟通构成组织沟通最基本的内容。在一般意义上,组织中的个体间沟通是指组织中的个体与个体之间相互传递相关信息以促成行为与目标相互协调并与组织目标相一致的过程。个体沟通效率较高、速度较快。

(2)群体沟通

群体沟通指的是组织中两个或两个以上相互作用、相互依赖的个体,为了达到基于其各自目的的群体特定目标而组成的集合体,并在此集合体中进行交流的过程。群体有其自身的特点:成员有共同的目标;成员对群体有认同感和归属感;群体内有结构、有共同的价值观等。群体沟通耗时较长,但具有生产性功能和维持性功能。例如,很多大型商务谈判的场景为群体沟通,参与人数较多。

2. 语言沟通和非语言沟通

按沟通的手段和方法来划分,可将沟通分为语言沟通和非语言沟通。

(1)语言沟通

语言沟通是指以语词符号为载体实现的沟通,主要包括口头沟通、书面沟通和电子沟通等。口头沟通是指借助语言进行的信息传递与交流,口头沟通的形式很多,如会谈、电话、会议、广播、演讲等;书面沟通是指借助文字进行的信息传递与交流,书面沟通的形式也很多,如行政公文、信件、报刊、备忘录、总结报告等;电子沟通主要是借助电子设备展开的沟通,如电子邮件、传真、钉钉。

> 📖 **小故事**
>
> **快去接电话**
>
> 　　珍妮和索菲亚住在同一栋楼的上下层。一天,珍妮给索菲亚打电话,准备约索菲亚一起逛街,可是她等了很长的时间也没有人接听,珍妮把脑袋从窗口伸出去向楼上喊道:"索菲亚,你在家吗?"
> 　　"在,什么事?"索菲亚同样从窗口探出了脑袋。
> 　　"快去接电话!"珍妮说。

（2）非语言沟通

非语言沟通是指通过眼神、表情、肢体动作、体态、语气语调、空间距离等方式交流信息,展开沟通的过程。沟通中,信息的内容部分往往通过语言来表达,而非语言则作为提供解释内容的载体和补充,用以表达信息的相关部分。

非语言沟通常被错误地认为是辅助性或支持性角色,事实上,非语言沟通在整个沟通过程中承担着系统框架的任务,沟通时应把语言沟通和非语言沟通有效结合。非语言沟通的功能作用就是传递信息、沟通思想、交流感情,归纳起来主要有以下几点:

1）使用非语言沟通符号重复或强调语言所表达的意思,进而加深沟通印象。例如,人们使用语言沟通时,附带相应的表情和其他非语言符号。

2）使用替代语言也是一种重要的形式,有时候即使某一方没有说话,也可以从非语言符号上领会出对方要表达的意思。例如,面部表情是非常重要的沟通信号,有时非语言符号能起到代替语言符号表达意思的作用。

3）非语言符号作为语言沟通的辅助工具,又作为"伴随语言",能使语言表达更准确、生动、具体和全面。应适时应景地调整和控制语言,借助非语言符号来表示交流沟通中不同层次、不同阶段的意向,传递自己的意向变化的信息。

3．**正式沟通和非正式沟通**

按沟通的组织系统划分,可将沟通分为正式沟通和非正式沟通。

（1）正式沟通

凡是发生在组织中既定的工作安排场合,并按照一定的层级和组织链展开的沟通,都可定义为正式沟通。如公司的周例会、上级发布的工作指令。

正式沟通较为严肃,权威性高、易于保密、约束力强。但正式沟通所耗费的时间较长,有时会影响沟通的效率。

（2）非正式沟通

非正式沟通是指在非工作场合,不按照组织等级限定进行的沟通。如员工在咖啡厅、商场、体育场馆中展开的沟通。不在特定场合的沟通,往往氛围更轻松,大部分时候能反映沟通参与者的真实想法,提供重要信息参考。同时,非正式沟通需建立在良好的人际关系基础上,如果人际关系紧张,非正式沟通的信息失真度比较高,并且会影响组织的稳定性。

📖 **小资料**

周恩来的沟通艺术

1954 年,周恩来总理出席日内瓦国际会议,为了向外国人表明中国爱好和平,决定为外国嘉宾举行电影招待会,放映越剧艺术片《梁山伯与祝英台》。为此,工作人员准备了一份长达 16 页的说明书。

周恩来看后笑道:"这样看电影岂不太累了?我看在请柬上写上一句话就行,即'请你欣赏一部彩色歌剧电影:中国的《罗密欧与朱丽叶》'"。这句话果然奏效,外国嘉宾都知道了这部电影要讲述的故事。

4. 下行沟通、上行沟通和平行沟通

按沟通的方向划分,可将沟通分为下行沟通、上行沟通和平行沟通。

(1) 下行沟通

下行沟通是指信息的流动是由组织层次的较高处流向较低处,通常下行沟通的目的是指示、激励及评估。

下行沟通的形式包括下发红头文件、书写备忘录、安排口头任务等。有效的下行沟通并不只是传送命令,应该能让员工了解公司的战略规划、管理政策、各部门任务安排等,并以此获得员工的信赖和支持。有效的下行沟通有助于组织决策和计划的控制,达成组织的目标。在组织中,当下行沟通经过较多组织层级时,部分信息会遗失,最后接收者真正能收到的只是一小部分而已。因此精简组织,减少组织层次,能使沟通有效执行。

(2) 上行沟通

上行沟通是指下级将自己或部门的意见向上级反映,即自下而上的沟通。目的就是要有一条让管理者听取员工意见、想法和建议的通路。同时,上行沟通又可以达到管理控制的目的。上行沟通的形式丰富,如提问、倾听、员工座谈会、参与集体活动等。

(3) 平行沟通

平行沟通也称为横向沟通,是指在组织机构中具有同等职权地位或没有直接隶属关系的人或部门之间的沟通。由于横向沟通大多是发生在工作的求助上,所以相互推诿的情况容易存在,部分沟通易导致沟通困难。但由于平级之间的沟通一般威胁性小,没有类似上下级的控制和惩罚关系,所以大部分沟通较为顺畅。

5. 单向沟通和双向沟通

按沟通是否进行反馈划分,可将沟通分为单向沟通和双向沟通。

(1) 单向沟通

单向沟通是指发送者和接收者之间的地位层次不变,一方只发送信息,另一方只接收信息的过程。

单向沟通的速度快,信息发送者的压力小。但是接收者没有反馈意见的机会,不能产生平等感和参与感,不利于增加接收者的自信心和责任心,不利于建立双方的感情。

(2) 双向沟通

双向沟通是指发送者和接收者两者之间的位置不断交换而发生的沟通。发送者是以协商和讨论的姿态面对接收者,信息发出后需及时听取反馈意见,必要时双方可进行多次重

复商谈,直到双方共同明确和满意为止。

双向沟通的优点是沟通信息准确性较高,接收者有反馈意见的机会,产生平等感和参与感,提高理解度,增加自信心和责任心,有助于建立融洽的沟通氛围。

针对单向沟通和双向沟通的成效对比问题,心理学家曾做过不少实验,实验结果显示:从速度看,单向沟通比双向沟通信息传递速度快;从内容正确性看,双向沟通比单向沟通信息内容传递准确、可靠;从沟通程序上看,单向沟通安静、规矩,双向沟通比较混乱、无秩序、易受干扰;双向沟通中,接收信息者对自己的判断有信心、有把握,但对发出信息者有较大的心理压力,因为随时会受到接收者的发问、批评与挑剔;单向沟通需要较多的计划性;双向沟通无法事先计划,需要当场判断与决策能力;双向沟通可以增进彼此了解,建立良好的人际关系。

(三)沟通的意义

沟通的作用主要体现在以下几个方面:

1. 明确并分解组织目标

组织目标为组织发展的一系列决策指引了方向,高效的沟通能将组织的战略目标有效地下达,也能将整体目标分解到各部分乃至个人。沟通目标是对组织目标的深度解读。

2. 收集组织发展的相关信息

组织管理者要做出合理实用的决策,必须通过一些途径收集及时可靠的信息,而沟通是收集信息的必经路径。通过沟通,了解到有利于组织发展的宏观信息、行业信息和内部信息,有利于组织绩效和目标的达成。

3. 协调组织相关工作和关系

组织内部各个部门、各个层级都有自己的工作计划和相关安排,为了有效权衡部门、层级利益和组织整体愿景,需要通过不断地沟通协调工作。同时,通过沟通,还能使组织内的人员增进彼此的了解,减少摩擦,解除怨恨,建立良好的工作氛围。有效的沟通,能使组织内部各方面形成有机联系的整体,统一各部门的行动。

4. 增强组织发展的凝聚力

组织的发展离不开部门的发展,部门的业绩要靠个人支撑,所以,在管理活动中,应注重通过沟通活动将组织的高层、中层、基层紧密联系,激励并挖掘新员工和核心员工等的内在职业潜力。在此过程中,激发员工的主人翁意识,用沟通将员工的发展和组织的命运牢牢绑在一起,提升组织的凝聚力,以强大的合力实现组织的愿景使命。

5. 激活组织创造决策力

在有效融洽的沟通过程中,参与者通过头脑风暴、德尔菲法等方式进行相互的讨论和启发,往往能突破瓶颈,在棘手的问题上有所创意,产生新的创造力,从而促进组织发展的更新迭代。

二、沟通的基本模型及要素

沟通模型是指信息发送方(信源)将知识、思想、情感等信息送达信息接收方(信宿)的过程模型,主要包含信源、编码、媒介、信宿、解码、反馈和噪声七大要素,如图3-1所示。

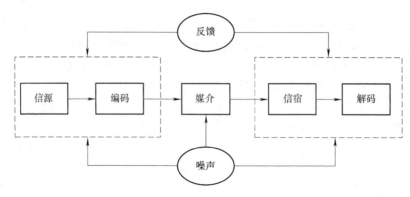

图 3-1 沟通模型图

1. 信源

信源即信息发送的源头,也称作信息发送方,信源可以提供用于交流的信息,在沟通过程中处于信息传递的主动地位,是整个沟通的起点。发送方可以是个人,也可以是群体。

2. 编码

编码就是发送方将信息以接收方能够正确接收并识别的方式表达出来的过程。由于沟通的主体是人,所以信息的表示形式可以是语言、文字、图形、动作或表情等,丰富多样。

3. 媒介

媒介是信息的传递方式。除了通过语言进行直接交流外,随着各种通信工具的产生和发展,人们还可以借助电话、传真、电子邮件、互联网聊天工具等形式传递信息。在实际沟通过程中,人们除了要选择适合的通信工具外,还要考虑恰当的时间和环境。比如重要的合同除了口头协议外,还必须选择书面方式等。

4. 信宿

信宿即信息接收方,相对于发送方,接收方是信息送达的对象,在沟通过程中处于被动地位。人们往往借助听觉、视觉、触觉等的活动感知信息。

5. 解码

解码是接收方把送达的信息经过"翻译",变成自身可理解的信息的过程,是编码的逆过程。编码和解码过程类似于电报传输中的加密和解密过程,双方如果要进行信息的准确传递,就必须遵循一定的规则。当然,在实际的沟通中,由于信息双方不同的主观意识和经验背景,接收方解码后获得的信息不一定就是发送方的本意,因此,有必要加强沟通。

6. 反馈

反馈是接收方接收并翻译信息后,向发送方求证理解是否正确的过程。它是沟通过程的最后一个环节。反馈使沟通过程变成一个闭合循环的过程,也使信息传递双方在发送方和接收方两个角色之间进行不断切换,是双方实现准确信息交换目的的重要环节。

在实际沟通过程中,信息接收方应积极向发送方做出反馈。另外,发送方也应该主动向接收方获取反馈,以达到最终信息传递的目标。

> **小故事**
>
> **荒岛求生**
>
> 一艘轮船经过一座荒岛,岛上有个穿着兽皮、满脸胡须的人,他一边狂叫一边拼命地挥手。
>
> 游客问船长:"那个人是谁?"
>
> 船长不耐烦地说:"不知道呀,可能是精神有问题,每年我们的船开过这里,他都要发狂一次!"

7. 噪声

对信息的传递有可能造成干扰的一切因素均可称作噪声。噪声越大,信息传递障碍越大,信息传递效率越低。所以,我们要尽量避免噪音的产生,减少或弱化噪声干扰的影响。

需要注意的是,在实际沟通过程中,噪声的形式多样,影响无处不在,我们无法将其彻底消除。常见的噪声有:不同的文化背景、沟通主体的情绪、表达不清的语言、个人的价值观和伦理道德观、认知水平高低等。

三、沟通的障碍

沟通的过程涉及沟通的主体和客体的关系,沟通活动也必须在特定的环境下展开。一般来说,有两大障碍阻止我们成功地进行沟通。

1. 生理障碍

当人们接收纷繁复杂的信息时,这些信息都要经过五官传递。人们依赖感官,希望能全面准确地告诉我们周围所发生的事情。在向他人发出信息的时候,一定要清楚地意识到,每个人的感官理解度和灵敏度是有差别的。

2. 心理障碍

沟通不仅仅是发送和接收信息,还涉及理解层面。由于沟通双方或多方的成长地域、所学专业、家庭背景、年龄等因素差异,往往会增加沟通层面的心理障碍。即便沟通方可以清晰地看到或听到对方的信息,但也不一定能够完全理解。

3. 客观环境障碍

在沟通的过程中,还可能因为客观环境的差异或变化带来一系列障碍。由于客观环境的变化不以人的意识为转移,所以沟通方尽量以适应客观环境的方式来处理问题。例如,新的战略规划导致工作内容和公司关系的变化;自然灾害带来工作环境的突变等。

四、有效的管理沟通策略

有效的管理沟通策略是指组织分析影响管理沟通有效性的主客观因素,为克服或减少各种障碍,使用的某些技术和方法。管理沟通中的每个环节、每个阶段都存在干扰因素,必须具体问题具体分析,选择适时适景的沟通管理策略解决存在的问题,从而实现高质量沟通。

(一)组织沟通环境的优化

虽然在沟通过程中存在各种各样的障碍,但在现实中仍然可以通过主观努力有效地跨越这些障碍。沟通不仅仅是一门科学,更是一门艺术。因此,学习和掌握有效沟通的方法和技巧就显得格外重要。在管理沟通中,要想实现有效沟通,首先必须进行组织沟通的优化与检查。

(1)具备基本的沟通知识。首先组织成员必须具备沟通概念的可操作性知识,在此理论背景下,他们应有能力把这些沟通知识运用到实践中去,理论背景包括沟通种类、沟通网络等,沟通活动可利用各种媒介展开。

(2)制定共同的目标。成员目标一致,能够同心同力为共同的目标而努力,也是许多上下级之间以及不同部门之间消除沟通障碍的有效途径。通过组织成员共同制定行动目标,并定期进行考察交流,可以有效消除沟通障碍。

(3)营造良好的组织氛围。营造一个具有支持性、值得信赖的和诚实的组织氛围,是任何改善管理沟通方案的前提条件。管理人员不应压制下属的感觉,而应耐心地处理下级的感觉和情绪。

(二)检查和疏通管理沟通网络

组织要经常检查管理沟通的渠道是否畅通,需要检查的管理沟通渠道包括四类网络:
(1)属于政策、程序和上下级之间关系的管理网络或共同任务有关的网络。
(2)包括公司出版物、宣传栏等指导性网络。公司要定期对组织的管理沟通网络进行检查,发现问题要及时处理和疏通,以实现管理的有效沟通。
(3)包括奖赏、提升以及联系企业目标和个人所需事项在内的整合网络。
(4)解决问题、提出建设性方案等方面的创新活动网络。

(三)明确管理沟通的目的

在进行沟通之前,信息发出者要明确进行沟通的目的。只有明确最初的目标才能让沟通更有针对性,从而使信息接收者能很好地理解进而达到沟通的目的。每次沟通的目的应聚焦、沟通的范围应集中,接收者才能注意力集中,从而使沟通顺利。

(四)调整沟通风格

在商务活动中,人们习惯于使用某种沟通方式,用这种方式与人交往,会使人感到得心应手且游刃有余,并逐渐发展成为一个人的沟通风格。如果具有不同沟通风格的人在一起工作,而彼此不能协调与适应,那不仅不能有效沟通,还会造成许多无谓的冲突和矛盾,阻碍管理工作的顺利进行。

所以沟通双方首先要尊重和顺应对方的沟通风格,积极寻找双方利益相关的热点效应,懂得倾听。其次,必须调整自己的沟通风格,基本原则是:需要改变的不是他人,而是自己。这方面的技巧主要有:

感同身受,站在对方的立场来考虑问题,将心比心、换位思考,同时不断降低习惯性心理防卫;高瞻远瞩,具有前瞻性与创造性,为了加强沟通的有效性,必须不断学习与持续进步;随机应变,根据不同的沟通情形与沟通对象,采取不同的沟通对策;自我超越,对自我的沟通风格及其行为有清晰的认知,不断反思、调整并超越现状。

(五）谨慎选择语言文字

信息发送者要充分考虑接收者的心理特点、知识背景等状况，因人而异调整自己的谈话方式、措辞以及服饰表情等，慎重选择语言文字，适用意义准确、对方容易接受的词句；叙事条理清楚、做到言简意赅。

(六）建立反馈

许多沟通问题是由于接收者未能把握发送者的意义而造成的，因此沟通双方及时进行反馈，确保接收者能准确理解，这样就会减少这些问题的发生，管理者可以鼓励接收者积极反馈来取得反馈的信息，这样既加强了沟通效果，又可使管理人员了解和评价自己的沟通能力。

(七）确保管理沟通的连贯性

重要的信息应该在接收者能够全神贯注倾听的时间段进行沟通，如果一个人忙于工作，正在接听电话或者情绪低落时就不利于其接收信息，因为他有可能听不进去，或者误解。因此在进行管理沟通时应尽量避免外界环境的干扰，如公司召开重大会议时，一般都选择专有、安静的场所，以避免被电话、请示工作打断。

(八）选择恰当的沟通时机

组织进行沟通时，沟通时机、方式和环境对沟通效果会产生重大影响。如领导在宣布某项任务时，应考虑何时、采用什么方式才能增加积极作用，减少消极作用，如人事任命，就宜采用公开的方式通过正式渠道进行传递，而有的消息适于以秘密的方式通过非正式渠道传播等。管理者应根据要传递的信息，对沟通的时间、地点、条件等都充分加以考虑。使沟通信息的形式与沟通的时机、方式和环境相适应，以增加沟通的效果。

(九）在组织中建立双向沟通机制

传统的组织主要依靠单向沟通，即在组织内从上到下传递信息和命令，下级无法表达自己的感觉、意见和建议。而以建议申诉系统为形式的双向沟通渠道对下级表达想法和建议是有很大帮助的，能提升管理沟通的效果。

1. 换位思考

有效的沟通者必须具有"同理心"，能够感同身受、换位思考，站在信息接收者的立场、以接收者的观点和视野来考虑问题。若信息接收者拒绝其观点与意见，那么信息发送者必须耐心、持续地做工作来改变信息接收者的想法，信息发送者甚至可以反思自己的观点是否正确。

2. 选择恰当的沟通节奏

面对不同的沟通对象，或面临不同的情境，应该采用不同的沟通节奏，这样方能事半功倍，否则可能造成严重的后果。如在一个刚组建的项目团队中，团队成员彼此会小心翼翼、相互独立，若此时采取快速沟通和参与决策的方式，可能会导致失败。一旦一个团队或组织营造了学习的文化氛围，即构建了学习型组织，就可以导入深度会谈、头脑风暴等开放性沟通方式。

3. 避免一味说教

有效沟通是彼此之间的人际交往与心灵交流。信息发送者一味地为传递信息而传递信息，全然不顾信息接收者的感受和反响，试图用说教的方式与人交往就违背了这个原则。信息发送者越投入，越专注于自己要表达的意思，越会忽略信息接收者暗示的动作或情绪、情感方面的反应，其结果必然是引发信息接收者对其产生反感，进而产生抵触情绪。

4. 以行动强化语言

用语言说明意图仅仅是沟通的开始，只有将语言转化为行动，才能真正加强沟通的效果，达到沟通的目的。言行不一致带来的沟通结果是可怕的，在组织中，传达政策、命令、规范之前，管理者最好先确定自己能否身体力行。唯有如此，才能在企业内部营造一种良好的相互信任的文化氛围，并使公司的愿景、价值观、使命、战略目标付诸实施。

5. 充分利用反馈机制

在沟通时要避免出现"只传递而没有反馈"的状况，信息发送者可采用提问、倾听、观察、感受等方式来获得信息接收者的反馈。一个完整的沟通过程必须包括信息接收者对信息所做出的反应，只有确认接收者接收并理解了信息发送者所发送的信息，沟通才算完整与完成。信息发送者只有通过获得信息接收者的反馈，才能检验沟通是否达到目标。

第二节 人际沟通

一、人际沟通的内涵

（一）人际沟通的定义

成功要靠"天时、地利与人和"，这里的"人和"就是良好的人际关系。求得"人和"，营造良好的人际关系，需要有效的人际沟通。美国的一所大学在研究诸多成功管理者的案例时发现，帮助一个人成功的要素中，智慧、专业能力和经验因素只占15%，其余85%则取决于人际沟通效果和工作氛围。

人际沟通是指人与人之间的信息交流过程。在商务活动中，特指组织的个体成员试图将个体目标和组织目标相联系、将所在组织目标和对方组织目标相连接的过程，双方或多方在共同的商务活动中彼此交流观念、思想、感情和商业情报。这种交流主要通过语言、表情、手势、体态以及社会距离等来表示，把人的观念、思想、情感等看作信息，把人际沟通看作信息交流的过程。人际沟通的效率在很大程度上会影响工作本身的效率。

（二）人际沟通的价值

（1）人际沟通构成组织沟通最普遍的形式，并确保组织目标的达成。每个组织都由数人、数十人、数百人甚至成千上万人组成，组织每天的活动也由许许多多的具体工作所构成。由于个体的地位、利益和能力的不同，他们对企业目标的理解、所感受的信息也不同，这就使得个体的目标有可能偏离企业的总目标，甚至完全背道而驰。为保障上下一心、不折不扣地完成企业的总目标，就需要相互交流意见，统一思想认识，自觉地协调各个体的工作活动。因此，人际沟通在组织中是最基本的协调工作，认识不到这一点，就不可能完全实现企业的目标。

（2）组织的日常管理活动是以人际沟通为基础展开的。人际沟通是由人的自利行为的客观性和多样性决定的，管理学中的人性理论以及多种激励理论，都是以协调人在组织中的行为作为出发点。

（3）人际沟通对组织的重要意义，还在于对组织中个体的管理与塑造。21世纪，随着组织经营外部环境发生巨大变化，已经由传统"把人当作成本中心"的观念向"把人当作人力资本中心"的观念转变。组织员工日益成为经营流程中专有的知识载体，成为产生企业竞争力的核心源。

 小案例

校园里的人际沟通

在校园生活里，每个人都置身于人际关系网中，如师生关系、同学关系。人际关系好坏往往是个人心理健康水平和社会适应力的展现。

某高校3栋205宿舍的章同学们最近可不太开心。入学第一个月，室友们会比较注意自己的言行举止，尽量把自己最好的一面呈现出来。但是两个月、半年过去了，室友很多不好的行为面展现了出来，影响同学间的人际关系。

章同学谈到了自己寝室最近出现过的矛盾：有同学在其他人休息的时候，经常大声接电话或视频聊天；有同学总在背后传闲话议论人，影响室友关系；有同学总是想窃取室友的成果，抄袭别人的作业。章同学感觉在这样的氛围中心情不太好，影响学习效果，同时自己也没有能力改变，所以找到了辅导员请求换寝室。

二、影响人际沟通有效性的因素

由于人的成长环境、学习环境、个性特质、价值观差异的客观存在，往往在很大程度上影响人际沟通的有效性。除此之外，人们在种族、性别、社会经济地位和其他方面的差别会影响沟通，甚至导致不同程度的沟通障碍。人际沟通障碍在工作中是普遍存在的。

（1）个人因素制约。信息沟通在很大程度上受个人心理因素的制约。如个体的修养、气质、态度、情绪、见解、记忆等差别，都会在信息过滤传递中不同程度地影响沟通效果。

（2）人际关系质量。有效的信息沟通要以相互信任为前提，这样才能使向上反映的情况得到重视，向下传达的决策迅速实施。管理者在工作中必须恰当地处理人与人之间的关系，沟通时不带成见地听取意见，在重视调查研究的同时，鼓励下级充分阐明自己的见解，做到思想和感情上真正沟通。

（3）工作态度差异。不同员工在工作沟通中态度会有所不同，一种是认识上的差异，即销售和管理工作中忽视信息的作用的现象还普遍存在；另一种是利益观念，有些员工只关心与自己利益相关的信息，而不关心公司目标、管理决策等方面的信息。

（4）知觉选择偏差。接收和发送信息都是知觉的一种形式，由于种种原因，人们总是习惯接收部分信息，而摒弃另一部分信息，即心理学上知觉的选择性。知觉选择性客观因素如组成信息的各个部分的强度不同，对接收人的价值大小不同等，都会致使一部分信息容易引人注意而为人接受，另一部分则被忽视。主观因素与知觉选择时的个人心理品质有关，在接收或转述信息时，符合自己需要的与自己有切身利益关系，很容易认可，而对自己不利的、有可能损害自身利益的,则不容易接受。类似情况都会造成信息歪曲,影响沟通效果。

三、人际冲突与管理

(一) 人际冲突概述

和谐的人际关系是一个人成功的必要条件。有效的沟通是构建和谐人际关系的关键。在沟通过程中要注重自身的修养,同时要注意采取适当的沟通方式与渠道与人交流,学会关心他人、尽量化解冲突。

人际冲突常常和人与人之间的心理距离有关,它类似于实际的物理距离。如果一个人对沟通对象的说话行事方式很反感,就会导致他们之间的心理距离扩大。

人际冲突管理是指角色期望对象和角色期望发出者之间的沟通等行为问题,可广义届定为两种冲突:

(1) 在某些实质性问题上有不相容的利益。如商业谈判的利益划分、工作成果利益的冲突。

(2) 沟通中包含某种负面情绪。如恐惧、拒绝、猜疑和愤怒等导致不相容的行为。

虽然两类冲突通常互相作用,混杂在一起,但处理两类冲突的方法却有很大的区别。处理前者必须着重问题的解决,如采取合作与谈判的方式,有利于增进冲突双方的利益;而对待后者则强调修正冲突双方的观点和正面关系的培养。一般来说,第三方的介入可以帮助解决上述冲突,例如,部门之间冲突中的总经理参与调解、学生冲突中老师的介入等,都是解决冲突的力量,冲突管理也有多种方式。

(二) 人际冲突管理

雪莱认为:"美德的最大秘密就是爱,或者是逾越我们自己的本性,而融入旁人的思想、行为或人格中存在的美。"现实生活中,每个人都有独属于自己的性格特质,在工作中发生人际冲突是普遍存在的事实。

寻求有效处理冲突的策略和途径,可按坚持程度(一个人努力满足自己所关心事的程度)和合作程度(一个人努力满足他人所关心事的程度)绘制一个矩阵模型,即"托马斯—基尔曼模型"。从这个模型可以看出,团队冲突有五种处理方式:回避、包容、强制、合作、妥协(见图3-2)。

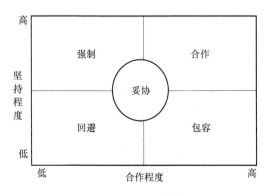

图 3-2 冲突管理模型图

1. 回避

回避是指在冲突的情况下采取退缩或中立的倾向，有回避倾向的管理者不仅回避冲突，而且通常回避担当冲突双方的沟通角色。当其被要求对某一争论表示态度时，他往往以多种理由推托。管理者采取这一态度并不能解决问题，甚至可能给组织带来不利的影响，但在以下情况下采取回避的管理方式可能是有效的。

（1）冲突的内容或争论的问题微不足道，或只是暂时性的，不值得耗费时间和精力来面对这些冲突。

（2）在分权管理的情况下，下级或各单位有较大的自主权。

（3）当管理者的实际权力与处理冲突所需要的权力不对称时，回避的态度可能比较明智。例如，作为一名中低层管理者面对公司高层管理者之间的冲突时，采取回避的方式可能会好一些。

2. 包容

包容是指在冲突的情况下尽量弱化冲突双方的差异，更强调双方的共同利益。采取这一方式的主要目的是降低冲突的紧张程度，因而是着眼于冲突的感情面，而不是解决冲突的实际面，所以这种方式自然成效有限，当以下情况发生时，采取包容的管理方式可有临时性的效果：

（1）当冲突双方处于一触即发的紧张局面。

（2）冲突的根源由个人的人格素质所决定，企业目前的组织文化难以奏效。

（3）在短期内为避免分裂而必须维护调和的局面。

3. 强制

强制是指利用奖惩的权力来支配他人，迫使他人遵从管理者的决定。在一般情况下，强制的方式只能使冲突的一方满意。经常采用此种管理方式来解决冲突是一种无能的表现，有此倾向的管理者通常认为冲突是一方输另一方必然赢，当处理下级的冲突时，经常使用诸如降级、解雇、扣发奖金等威胁手段；当面临和同级人员之间的冲突时，则设法取悦上级以获得上级的支持来压迫冲突对方，因此经常采用这种解决冲突的管理方式往往会导致负面的效果。在以下情况下，这种方式具有一定的作用：

（1）必须立即采取紧急的行动。

（2）为了组织长期的生存与发展，必须采取某些临时性的非常措施。

4. 合作

合作是指冲突双方愿意共同了解冲突的内在原因，分享双方的信息，共同寻求对双方都有利的方案，采用这一管理方式可以使相关人员公开地面对冲突和认识冲突，讨论冲突的原因和寻求各种有效的解决途径。在下述情况下适于采取合作的管理方式：

（1）相关人员具有共同的目标并愿意达成协议。

（2）一致的协议对各方都有利。

（3）高质量的决策必须以专业知识和充分的信息为基础。

同时，如果要保障合作的效果，采取合作管理方式时应遵守以下原则：

（1）在焦点问题上，双方要相互沟通和反馈。

（2）在分析问题和制定可行性方案之后考虑妥协。

（3）在认真检查自己想法的基础上，了解对方的想法。
（4）不要事先设定对方的人格，如缺乏涵养、粗暴无礼、神经病等。
（5）目前所做的永远比过去重要。

利用合作的方式有效管理冲突必须以上述原则为依据。虽然合作的方式被认为是最佳的方式，但前四种也有其适用的情况。对冲突的双方来讲，有时需要通过第三方的协助，才能达成满意的合作效果。

5. 妥协

妥协是指在冲突双方互相让步的过程中以达成协议的局面。在使用妥协方式时应注意适时运用，特别注意不要过早采用这一方式，如果过早会出现以下问题：

（1）管理者可能没有触及问题的真正核心，而是就事论事地加以妥协，因此缺乏对冲突原因的真正了解。在这种情况下妥协并不能真正地解决问题。

（2）可能放弃了其他更好的解决方式。

谈判是指两个以上的个人或团体彼此有着共同且相互排斥的利益，通过讨论各种可能达成协议方案的过程。妥协是谈判的组成部分。这种解决冲突的沟通方式适用于以下情况：对双方而言，协议的达成要比没有达成协议更好；达成的协议不止一个。

 小案例

沈凯的烦恼

沈凯从沈阳一所大学的机械工程专业毕业，来到大连的一家商务贸易集团公司工作。

刚刚入职的沈凯对工作充满热情，对自己也严格要求，由于缜密的逻辑思维能力和踏实、认真的做事风格，沈凯很快得到了集团领导的认可。三个月的见习期满后，按照沈凯的第一志愿，他被分配到了集团总部机关的综合部工作，负责集团下属各公司经营数据的统计分析工作，同时也负责综合部的日常行政工作。自从接触到实际工作后，沈凯更加谦虚谨慎，对部门领导安排的每一件工作都仔细思考、认真执行。同时，他也经常去图书馆借阅各种与工作相关的业务书籍，时常向部门内部的老员工和其他科室的领导请教工作方法，在理论和实践两个方面不断提升自己的业务能力，从而很快培养起了集团总部工作人员需要的宏观思考和微观控制相结合的工作意识，对集团下属各分公司的经营情况和数据有了一定的了解，得到了综合部孙部长的认可和好评。

经过不断的努力，毕业不到三年的沈凯已经可以独当一面，成为领导的得力助手，也得到了集团段副总经理的赏识。

2021年5月，沈凯的直接领导孙部长因个人原因离职。段副总经理原本希望沈凯能接替孙部长的职位，但是考虑到他入职后一直在总部机关工作，缺乏在经营管理一线的工作经验，就任命具有多年基层工作经验的杨部长接替孙部长的职务。同时，段副总经理特意叮嘱沈凯要多下基层，到经营一线去体验、锻炼，以提升自己对业务工作的把握能力。

杨部长具有经营管理一线的工作经验，但却没有总部机关工作的经验，而沈凯正好与之相反，两人在工作中优势互补，工作开展得有声有色。但经过一段时间后，由于杨部长习惯了经营一线的工作，很难静下心来坐在办公室，经常跑到一线的经营部门去，工作上也不讲究规划，缺少宏观思维，总是按照原来"上级部门安排什么就做什么"的工作思路，工作业绩没有大的起色，有人戏称杨部长的工作作风犹如不讲套路的"生产队长"。由于杨部长的工作作风，部门内部的部分工作都压在了沈凯身上。同时，工作思路的不同，使得两人经常意见不合。

2021年11月底，又到了年终岁尾，需要统计各单位全年的经营数据，起草年度工作总结和下年度的工作计划，这项工作由杨部长负责。杨部长找到沈凯，并对他说："小沈，你的文笔好，工作总结的开头部分、总部的工作开展以及结尾部分由你来写吧，我来负责各分公司工作的情况总结和点评部分。"

"好吧，但我也没有写过，我写完初稿后给你看看吧。"沈凯心中虽有些不情愿，但碍于领导的要求，只好承担了本不属于自己的工作。

"那就这样吧，你把今年各单位的经营数据统计一下，列一份表格，今天是星期四，你下周一把统计好的数据给我。"杨部长补充道。

沈凯说："好的。我把每月数据统计表中的数据汇总一下，没有的数据我下发一份统计表，让各单位填写完毕后一起报给你吧。"

当天下午，沈凯就把数据统计表下发到了各分公司，并要求各单位在周末前把填好的表格发回总部，同时开始汇总每月的数据统计表。为了能及时地完成工作，沈凯不得不加班加点，甚至牺牲了周末的时间。星期一的上午，他把自己承担的那部分年度工作总结和各单位数据统计结果交给了杨部长。这样杨部长顺利地完成了年度工作总结的起草工作。周五，杨部长必须把部门的工作总结上交到分管领导那里。沈凯想要利用新年前这一周的时间，把各分公司的各种相关经营数据全部汇总出来，以便为召开年度专业会议的数据统计和分析工作做好准备，于是便在前期工作总结数据统计的基础上进行了深化和审核，经过数据核对他发现一个新问题：汇总的各单位月度数据统计表中的数据得出的年度数据与各单位统计的年度数据不同，有的甚至差异很大。为了确保工作总结中数据的准确，沈凯给每个分公司打电话对年度经营数据进行了确认，结果发现很多分公司都有数据差异的问题。经过每月数据的逐一核对，沈凯发现差异产生的原因主要是今年集团更新了信息系统，各单位在每季度进行经营盘点后，在信息系统中对经营数据进行了调整，而每月报给沈凯的数据却是调整之前的数据。这样一来，按照月度数据统计表汇总出的年度数据就会出现差异，于是沈凯把经过核对的准确数据列了一份新的表格在周五的早晨报给了杨部长。

"杨部长，这是经过确认后的各单位年度经营数据。"沈凯说。

"怎么？这份数据和你周一报给我的数据不同吗？"杨部长反问道。

"有一些不同，你把总结中的数据改一改吧。"沈凯回应道。

"那你周一发给我的数据是错误的？为什么把错误的数据给我？有你这么干活的吗？"杨部长生气了，提高了嗓门。

沈凯认为为了这些数据自己已连续两周加班加点工作，并且正是自己的细心才发现了错误，况且又不是自己统计数据时算错了，因此心中觉得很委屈。于是，他也提高了嗓门回敬道："又不是我的错，下属公司的经营数据变来变去的，我怎么知道啊？"

"让你统计点数据你都干不明白！你现在更改数据，导致我不能及时上交年度工作总结！这个责任你负得起吗？"杨部长更加生气了。

"我怎么干不明白了？我统计错了吗？是分公司的数据变来变去才导致数据的差异。"沈凯也不甘示弱。

由于两人的声音都很大,引来了其他部门的同事。大家纷纷劝杨部长不要生气了,还是快点修改一下年度工作总结吧,不然真的无法按时上交了。

杨部长和沈凯都没有再说什么,各自去做分内的工作了。

杨部长和沈凯合作半年多了,这期间积累的不同的观点,甚至那些不愉快的争论似乎在这一瞬间全部爆发出来了,以后应该怎样继续合作呢?到底是谁错了呢?沈凯陷入了沉思。

(资料来源:https://max.book118.com/html/2016/0918/54994292.shtml)

第三节 商务沟通

一、商务会议沟通

(一)商务会议概述

会议是一种常见的沟通方式,甚至有时是必需的、不可替代的沟通方式,但是会议又常常成为低效耗时的沟通活动,不仅令人乏味,而且还起副作用。

商务会议是管理过程中一种无法取代的沟通方式,如果对会议进行有效的控制与协调,就可能产生其他沟通方式无法达到的效果。问题的关键是如何认识会议沟通的作用,如何提高会议的效率和效益,以及如何掌握会议沟通的技巧。

(二)商务会议注意要点

首先,必须明确开会是必要的沟通,因为会议具有独特的功能。包括传播或沟通信息、知识、情感的功能,协调和决策功能,培训和激励功能等。当公司需要通过会议沟通发挥以上功能时就可以开会。

其次,有效的会议沟通能杜绝浪费、创造效率和效益。如果能够科学、合理、规范地组织会议,提高会议的效率,从某种意义上说就是为组织节约成本、创造效率和效益。

最后,掌握会议的沟通技巧是管理人员的一项基本功,有效的会议组织与管理是塑造管理人员高效务实形象、展示个人魅力的一个舞台。

(三)商务会议的准备和实施

一场商务会议高效保质地开展,需要从前期开始全面准备,从内容方面来看,需要从会议的必要性、目的性、议题清晰度、开会时间、开会地点、参会人员、开会形式、会议预算等几方面思考着手。

1. 会议的必要性

每个企业或其他类型的组织在年度或季度、月工作计划中通常将必要的会议列入其中。如果此次会议属于计划外会议,则必须考虑其必要性。

一般情况下,在遇到以下情形时有必要开会:必须依靠集思广益才能解决的问题;按常规步骤来不及决定的事情;需要做出决定的事情;发生重大变革和实行新方法、新方案时;会议对参加者具有训练价值和激励作用等。在什么情况下需要开会,需要具体情况具体分析,特殊情况必须特殊处理。

2. 会议目的是否明确

会议的目的不明确，往往会造成会议效率低下，浪费组织资源。会议的目的最好是单一的，这样有助于会议聚焦于某一具体问题；多目的会议可能需要更多的会议时间。会议的目标必须明确、具体，甚至可以量化，有总目标、分目标，甚至落实到岗位目标，这样才能够围绕这些明确具体的目标研究问题。

3. 会议议题和重点是否清晰

会议的议题即会议的主题表述要简洁、清晰、易理解，会议的内容要丰富而有意义、清晰而完整。会议讨论或协商的重点问题必须清楚，避免出现偏离主题的倾向。

 小故事

> **笑话中的会议梗**
>
> 一天晚上，某公司在开会，会议已经进行了三个小时，仍然没有结束的预兆。一位中年女性实在耗得不耐烦了，突然起身走出了会议室。
> "你干什么，小刘？会议还没有开完呢！"
> "我得去接孩子，孩子已经放学了。"
> 会议又进行了半个小时，这时，一位年轻女职员也站了起来。
> "你要去哪里？小王！你家并没有孩子需要照顾啊！"
> "如果我总坐在这里开会，那么，我永远也不会有孩子的。"

4. 会议时间、地点和参会人员是否合理

会议的时间选择既要考虑组织者和参会对象方便，又要考虑时间的长度。生理学家研究认为，脑力的最佳状态只能保持45分钟，人在生理上产生疲劳感的临界点是1小时，所以一般会议的时间以1小时为宜，大型报告会也不应超过2小时。开会地点的选择也要遵循便利、实用的原则。参会人员必须是与会议内容密切相关者，否则既浪费又低效。

5. 会议召开的形式和预算成本

会议的形式很多，具体形式的确定取决于会议的类型、性质、会议内容、参会人员及其数量等。

会议有很多种类型，其性质和内容也各不相同。报告会议的性质是信息单向传递，一般不开展讨论，讨论通常另外安排时间；决策型会议一般只限于特定人员参与，组织严密，参与者必须深刻理解决策，对决策承担责任；谈判会议主要用于解决争端和冲突，目的在于经过讨论、协商，求同存异或求同化异，实现利益均沾的目标；解决问题会议要求充分发挥参会人员的主观能动性，集思广益，力争尽快找到解决问题的方法或举措；表彰、奖励、工作总结和布置任务等工作类会议一般具有公开性，目的明确，旨在起到激励和鼓舞士气、宣传动员等作用；信息收集、发布交流型会议具有沟通性质，互通信息，交流观点，鼓励讨论与提问、发表意见和建议等。

确定会议种类和目的，通过会议费用测算，一方面可以确定具体的成本开支，衡量召开会议的必要性；另一方面也有助于管理者提升对会议效率和效益的重视度。

二、商务文书沟通

（一）商务文书沟通概述

沟通形式和渠道多样，而书面沟通不可或缺。商务文书沟通是商务活动开展中非常重要的一部分，它能弥补商务合作过程中口头沟通带来的信息不对称、不完整、不正式、不易保存的弊端。

商务文书是指企业在经营运作、贸易往来、开拓发展等一系列商务活动中所使用的各种文书的总称，是企业专门用于市场经济活动中，处理企业商贸关系的一种文书，是企业实现由生产环节向交换和消费环节转换过程的重要手段。

（二）商务文书沟通类型

商务文书沟通的类型很多，可根据写作目的、沟通方式、载体差异等方面将其划分为多种类型，见表3-2。

表3-2　商务文书沟通类型

划 分 标 准	具 体 类 型
根据使用范畴不同	内部沟通、外部沟通
根据目的不同	通知型、宣传型、指导型、协商型、记录凭证型
根据载体类型不同	纸质书面沟通、电子书面沟通
写作材料的适用性和属性不同	通用性、技术性、专用性、事务性

（1）根据使用范畴不同划分，商务文书沟通可分为内部沟通和外部沟通两种类型。在企业内部，常见的书面沟通方式有文件、报纸、便函、报告、公告、海报、便条、员工手册、制度汇编、电子邮件、短信等；在企业外部，常见的书面沟通方式有商务信函、报告、建议书、合同、广告、产品说明、企业宣传册、新闻快讯等。

（2）根据目的不同划分，商务文书沟通可分为通知型（通知、通告、通报等）、宣传型（简介画册、产品说明书等）、指导型（用户手册、服务指南、工作流程等）、协商型（信函建议书、请示、报告等）、记录凭证型（会议记录、使用时间和次数记录、服务记录、工作总结、备忘录、合同、契约等）等。

（3）根据写作沟通的载体类型不同划分，商务文书沟通可分为纸质书面沟通和电子书面沟通两大类。纸质书面沟通包括利用纸质进行的书面沟通，如文件、书籍、海报、信函等；电子书面沟通包括利用电视、电影、互联网、电话、传真等开展的书面沟通，如电子邮件、电视字幕、电影画面字幕、照片说明、短信等。

（4）根据适用性和属性不同划分，商务文书沟通可分为通用性、技术性、专用性和事务性四种。通用性写作材料是指所有组织都在一定范围内使用的文书材料，是一种适用范围广泛的书面交流工具，包括通知、通报、请示函、报告、会议纪要等；技术性写作材料是指在科学研究、工农业生产、基本建设等活动中形成并使用的各种文书材料，包括调查报告、说明书、技术任务书、规划图、设计图等；专用性写作材料是指在一定的工作部门和业务范围内，根据特殊需要专门使用的文书材料，如备忘录、起诉书、公证书、涉外信函等；事务性写作材料是指从事某些具体项目、活动等形成的书面文书材料，如工作计划、工作总结、调查报告、讲话稿、工作简报介绍信、贺信、慰问信、海报、请柬等。

（三）商务文书写作的原则

对于文书写作中要把握的一些基本原则，一些书籍中有"ABC"这种说法，即准备（Accurate）、简洁（Brief）、清晰（Clear）。另外也有 4C 的提法，也即正确（Correct）、清晰（Clear）、完整（Complete）、简洁（Concise），以下从商务文书管理沟通这个角度，对 4C 沟通作简单分析（见图 3-3）。

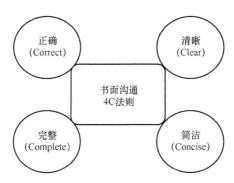

图 3-3　书面沟通 4C 法则

1. 正确

正确是写作的首要原则，即写出的文章材料要真实可靠，观点要正确无误，语言要恰如其分。尤其是对文章主旨的把握，在写作前一定要下一番功夫，明了写作的意图，正确地传递想要传达的信息，从而实现有效沟通。

2. 清晰

在正确表达的基础上，应该力求清晰，清晰的文章能引起读者的兴趣，更能使读者正确领会作者的含意。要做到清晰，除了选用符合文章的格式外，还应该注意文章的整体布置，包括标题、大小写、字体、页边距等，尤其是要留下适当的空白，若是把所有的文字都挤在一起，则很难阅读；如果是手写，则不能太潦草，这不仅影响读者的阅读，甚至还会影响到文章的正确性。

3. 完整

写作的一大优势就是使我们有充分的时间思考问题，完整地表达想要表达的思想、观点，完整地描述事实，完整是写作的一个重要原则。在电话或当面交谈时，常常会遗漏很多想要交流的事项，这是由这些沟通方式的特点决定的，在写作时，为了完整地表述，应该反复检查思考，不断增补重要的事项。

4. 简洁

简洁并不是要求将内容粗放地简化与省略，这是与完整相矛盾的，这里谈的简洁是关于凝练度的把握问题。完整是为了表达想要沟通的重要方面，但并不意味着要把所有的事实、观点罗列纸上，可以通过提取重要信息，按顺序的方法，把无关紧要的事项删除。时间充裕，也可以对每一字进行评估，把琐碎的、没有太大价值的文字精简掉，使得文章言简意赅。

三、商务危机沟通

（一）危机与危机沟通概述

1. 危机的定义

危机是突然发生或可能发生的危及组织形象、利益、生存的突发性或灾难性事故、事件等。危机类的事故、事件等一般都能引起媒体的广泛报道和公众的广泛关注，对公司正常的工作造成极大的干扰和破坏，使公司陷入舆论压力和困境之中。商务危机的发生，处理的方式直接影响后期的商业合作利益，所以应做好相应的预警工作，将损失降低或将危机逆转。处理和化解危机事件，将危机转化为塑造公司形象的契机是对公司公共关系工作水平最具挑战性的考验。

2. 危机的类型

准确认识和判断危机的类型，以明确危机处理的权限和责任主体，是危机管理的前提。从不同角度划分，危机存在不同类型：根据危机产生的原因，可分为人为的危机和非人为的危机；根据危机给组织带来损失的表现形态不同，可分为有形危机和无形危机；从危机同组织的关系程度及归咎的对象来看，可分为内部公关危机和外部公关危机。

根据《国家突发公共事件总体应急预案》，按照各类突发公共事件的性质、严重程度、可控性和影响范围等因素，将危机事件分为四级，即Ⅰ级（特别重大）、Ⅱ级（重大）、Ⅲ级（较大）和Ⅳ级（一般），依次用红色、橙色、黄色和蓝色来表示。根据"能力本位"和"重心下移"的分级管理原则，特别严重、严重、较严重和一般严重突发公共事件，分别由中央级、省级、市级和县级政府统一领导和协调应急处置工作。当然，在组织内部，也应该根据内外环境的客观现实制定一套危机预案，按照组织内部标准做好危机的预防工作。

 小案例

不可回避的危机沟通

菲克普是美国《危机管理》一书的作者，他曾对《财富》杂志排名前 500 强的大企业董事长和 CEO 做过专项调查，结果显示：80%的被调查者认为，现代企业面对危机，就如同人们必然面对死亡一样，已成为不可避免的事情，其中有 1%的人承认，曾经受到严重危机的挑战。企业在发展的过程中，不可能处于危机的真空中，当危机发生后，如果管理者没有采取及时有效的对策，危机的巨大破坏性在一瞬间可能将企业引上覆灭的不归之路。吴炳新、吴思伟父子所创办的三株帝国曾经显赫一时，公司曾创造出中国保健品行业最辉煌的历史，但是由于缺乏危机管理的技巧，来自湖南常德陈伯顺家人的一纸诉状直接导致三株帝国瞬间倾覆。

由此可见，应对危机的能力决定着企业是否会将十年之功毁于一旦，在进行危机管理时，加强信息的披露、与公众保持积极的沟通是基本的对策。危机产生时，小道消息盛行，企业只有积极披露公司的最新消息，才能减轻公众的躁动与不安，使公众感知到企业被危机所胁迫后的真诚。不过，在这个前提下，如果管理者能将一些创新性解决方案融进危机管理的过程中，除了能减轻客户、公众的对立情绪外，还可能使危机变为企业发展的又一个转机。

3. 危机产生的原因

（1）外部原因

外部原因主要是指主观意志不能随意改变的因素，如政治制度、经济政策、法律法规等因素变化，对组织既得利益的影响而造成的危机。当然，其他谣言和敲诈者的破坏等也会给组织带来危机。

失实报道引起的危机。社会公众对事件本身缺乏详细而全面的了解，对事情的本质也很难进行科学的分析。公众对新闻媒体的信任度高，他们的报道习惯上被理解为事实。由于新闻媒体报道失实、不全面，甚至曲解事实、报道失误，从而导致公众对组织的误解，使组织形象受损。

不可抗力或人为原因引起的危机。不可控的灾难或重大事件、事故，如火灾、地震、台风、水灾造成的自然灾难，或由人为原因造成的重大事件、事故，如恐怖活动。处理这类危机要尽快做好抢救和善后工作，以最大限度减少损失，争取受害者及社会的理解；同时要及时将事实真相告知公众，消除谣言。

（2）内部原因

组织内部的管理机制。管理者缺乏危机意识。当组织利益与社会利益发生矛盾时，管理者社会责任、公众利益意识淡薄，只顾维护组织自身利益，损害公众利益，导致危机出现。产品、服务质量有问题。产品质量是企业形象的基础。如食品、药品、饮料行业发生的中毒事件使组织在一段时间里给公众留下很差的印象，组织要为此花费大量的时间和资金。

组织内部的人为因素。一方面，组织人员素质低下，领导者缺乏公关意识，对公众的正当权益置若罔闻，甚至粗暴对待公众，易引发组织形象危机；另一方面，公众是通过员工的行为举止了解、认识组织形象的，员工的不当行为会给组织形象带来恶劣后果。

（二）商务危机管理与沟通

1. 商务危机管理

商务危机管理是组织为应对各种危机情境所进行的规划决策、动态调整、化解处理及员工培训等活动过程，其目的在于消除或降低危机所带来的威胁和损失。通常可将危机管理分为两大部分：危机爆发前的预计、预防管理和危机爆发后的应急善后管理。

危机沟通管理是为了应对突发的危机事件，抗拒突发的灾难事变，尽量使损害降至最低点而事先建立的防范、处理体系和对应的措施。对一个企业而言，可以称为企业危机的事项是指当企业面临与社会大众或顾客有密切关系且后果严重的重大事故，而为了应付危机的出现在企业内预先建立防范和处理这些重大事故的体制和措施，则称为企业的危机管理。

危机既包含"危"也包含"机"，沟通时应处理"危"，极力将其转化为"机"。普林斯顿大学的诺曼·R.奥古斯丁教授认为，每一次危机本身既包含导致失败的根源，也孕育着成功的种子。发现、培育，以便收获这个潜在的成功机会，就是危机管理的精髓。而习惯于错误地估计形势，并使事态进一步恶化，则是不良的危机管理的典型。简言之，如果处理得当，危机完全可以演变为"契机"。

> **小故事**
>
> **明智的决策**
>
> 一位富商买了一块地皮,可是没过多久就被大水淹了,她怒不可遏地找到房地产公司,要求他们退钱。公司不愿意答应富商的要求,双方为此争执不下。
>
> 于是,公司开了一个紧急会议,特别讨论该不该退钱的问题。
>
> 公司的职员各执己见,有的认为应该退钱,这样可维护公司的声誉;有的说不应该退钱,因为这笔生意对公司的经营业绩有举足轻重的影响。老板一筹莫展,不知道该采取哪方的意见,他绞尽脑汁后终于想出了一个两全齐美的办法,说道:"最明智的决策就是买一艘汽艇送给她!"

2. 商务危机沟通与处理

危机事件往往时间紧,影响面大,处理难度高。因此,危机处理过程中要注意以下事项:

(1)沉着镇静。危机发生后,当事人要保持镇静,采取有效的措施隔离危机,不让事态继续蔓延,并迅速找出危机发生的原因。

(2)策略合理。策略定位即选择适当的危机处理策略,下面以经营企业为例说明策略的种类:

1)中止策略。企业要根据危机发展的趋势,审时度势,主动承担某种危机损失。例如,关闭亏损部门,停止生产滞销产品。

2)隔离策略。由于危机发生往往具有关联效应,一种危机处理不当,就会引发另一种危机。因此,当某一危机产生之后,企业应迅速采取措施,切断危机同企业其他经营领域的联系,及时将爆发的危机予以隔离,以防扩散。

3)分担策略。将危机承受主体由企业单一承受变为由多个主体共同承受。如采用合资经营、合作经营、发行股票等办法,由合作者和股东来分担企业危机。

4)利用策略。在综合考虑危机的危害程度之后,造成有利于企业某方面利益的结果。例如,在市场疲软的情况下,有些企业不是忙着推销、降价,而是眼睛向内,利用危机造成的危机感,发动职工提合理化建议,搞技术革新,降低生产成本,开发新产品。

5)排除策略。采取措施,消除危机。消除危机的措施按其性质有工程物理法和员工行为法。工程物理法以物质措施排除危机,如投资建新工厂,购置新设备,来改变生产经营方向,提高生产效益。员工行为法是通过公司文化、行为规范来提高士气,激发员工创造性。

(3)应变迅速。以最快的速度启动危机应变计划。应刻不容缓,果断行动,力求在危机损害扩大之前控制住危机。如果初期反应滞后,就会造成危机蔓延和扩大。

(4)着眼长远。危机处理中,应更多地关注公众和消费者的利益,关注公司的长远利益,而不仅仅是短期利益。应设身处地地、尽量为受到危机影响的公众减少或弥补损失,维护企业良好的公众形象。

(5)信息通畅。建立有效的信息传播系统,做好危机发生后的传播沟通工作,争取新闻界的理解与合作。这是妥善处理危机的关键环节,主要应做好以下工作:

1）掌握宣传报道的主动权，通过召开新闻发布会以及使用互联网、电话、传真等多种媒介，向社会公众和其他利益相关人及时、具体、准确地告知危机发生的时间、地点、原因、现状、公司的应对措施等相关的和可以公开的信息，以避免小道消息满天飞和谣言四起而引起的误导和恐慌。

2）统一信息传播的口径，对技术性、专业性较强的问题，在传播中尽量使用清晰和不产生歧义的语言，以避免出现猜忌和流言。

3）设立24小时开通的危机处理信息中心，随时接受媒体和公众访问。

4）要慎重选择新闻发言人。正式发言人一般可以安排主要负责人担任，因为他们能够准确回答有关企业危机的各方面情况。如果危机涉及技术问题，就应当由分管技术的负责人来回答。如果涉及法律，那么，企业法律顾问可能就是最好的发言人。新闻发言人应遵循公开、坦诚、负责的原则，以低姿态、富有同情心和亲和力的态度来表达歉意，表明立场，说明公司的应对措施。危机沟通时，应特别注意沟通的礼貌。

（6）运用权威说服。为增强公众对企业的信赖感，可邀请权威机构和新闻媒体参与调查和处理危机，如政府主管部门、质检部门等。

【案例分析】

人际冲突还是业务冲突

熊凯今年35岁，在一家互联网技术公司工作。由于工作出色，不久前他被公司任命为市场部经理，这是一个受到高度重视的部门。走马上任后，熊凯了解到在自己谋求市场部经理这一职位的同时，另外还有两名业务能力很强的同事刘斌和张丽也曾申请这个职位。他确信公司之所以安排他到这个位置，部分原因也是为了避免在两个有同等能力的员工中做出选择。

熊凯到市场部后第一个月的业绩很不错，因此他对部门员工的素质及能力感到十分满意。与刘斌和张丽的合作也很愉快。于是，熊凯信心百倍地决定用培训员工及安装新的技术系统的计划来推动部门快速发展。

然而当熊凯提出实施这一计划时，张丽却埋怨他在还没有完全了解部门运作程序前就这样干，显得有些操之过急。熊凯认为张丽可能还没有完全接受他担任市场部经理的事实，当刘斌来找熊凯的时候这一点似乎得到了证实。刘斌说，在面对即将到来的变革时要关注一下员工的士气，他甚至对熊凯暗示说某些人正考虑要提出调走。尽管刘斌没有指名道姓，熊凯仍确信张丽是问题的根源。

于是，熊凯一方面谨慎地推出新计划，另一方面对张丽的言行保持一定的警惕。在日后的工作中，张丽隐约地觉察到这位新上任的熊经理在疏远她，这使她陷入苦恼之中。

作为一名新上任的管理者，熊凯正面临管理工作中极其重要且不可避免的冲突问题。熊凯为此也很矛盾，不知所措，因为他处理问题的决定将会影响到整个部门，而且可能影响到他未来的职业生涯。

分析与讨论：

1. 熊凯和张丽的冲突点在哪里？这是员工矛盾还是业务纠纷？
2. 刘斌是如何卷入此冲突中的？

3．如果你是熊凯、刘斌或张丽，你将如何处理此问题？

【拓展思考】

1．什么是沟通？沟通的内涵是什么？

2．沟通的基本模型包含哪些内容？

3．采用商务会议进行沟通时，需要注意哪些细节要点？

4．危机沟通产生的原因可能有哪些？一般采用什么样的方式处理？

5．作为一位大学生，请回顾所遇沟通不畅的情形，分析自身在沟通方面存在的问题，并思考解决对策。

【任务卡】

1．个人任务：写一封信。请针对某一事件，给你的父母、同学或朋友写一封信，展开写作沟通，达到顺畅沟通的目的。

2．团队任务：我做你猜。请组成3~5人的小组，并以小组为单位，展开家庭、校园、职场情境的非语言沟通模拟，请组员识别非语言背后的内涵，最后用语言沟通核实信息的识别准确度。组员轮流交换模拟。

3．班级任务：请以班级为单位模拟成立一家公司，班委团队担任管理层，分工协作完成一次商务会议的召开。会议主题：外观专利申请研讨会或某商务合作项目推进会。请确定会议相关细节后展开模拟。

第四章　市场营销

【学习目标】

（1）了解市场的定义和内涵。
（2）理解目标市场定位的理论和步骤。
（3）掌握市场营销的4P策略并学会运用。
（4）能综合运用所学知识，展开调研，挖掘市场需求，做出市场分析。

【导入案例】

宝洁的产品定位和品牌策略

佳洁士、海飞丝、舒肤佳、飘柔、护舒宝这些品牌你一定听说过，甚至使用过它们的产品，但是你是否知道这些品牌都属于同一个公司？这个公司就是宝洁，宝洁是全球最大的日用护理品提供者，是世界上市值第6大公司，世界上利润排名前20的公司。它同时是财富500强中第十大最受赞誉的公司。

为什么宝洁能收割这么多财富呢？最大的原因是宝洁懂得为品牌市场定位，懂得如何为每个产品、每个品牌做好差异化管理。自始至终宝洁坚定执行的战略只有一个：创造新品类，抢先占位。

一、宝洁产品的目标市场定位解读

宝洁是全球最大的日用消费品公司之一，始创于1837年。1988年，宝洁携着第一款产品海飞丝进入中国，给还在用粗糙肥皂的中国用户带来了洗发水、洗衣粉、沐浴露等产品。除了新奇的产品，你一定还记得郭冬临在汰渍广告片中，在各种场合对比洗衣效果的广告，这种科学实验一般的广告效果，让宝洁产品深入人心。

宝洁是第一家面向消费者进行有针对性、基于数据的市场调查的公司。立足于市场和消费者，这种前瞻性的思维方式加深了宝洁对消费者的了解，让宝洁能预测消费者的需求并相应对产品做出改进，使宝洁的产品更容易走入消费者的生活中。

依据大众化的产品和清晰的产品定位，宝洁获得中国日化市场第一的地位，玉兰油、潘婷、飘柔、舒肤佳、汰渍……几乎每一个占据商超最显眼位置的品牌，都共同属于这个日化巨头家族。

二、宝洁的"洗衣粉"品牌策略案例

宝洁在洗衣粉市场上通过市场细分，划分出11个不同的细分市场，并运用自身的技术优势研制出若干种适应不同细分市场的产品配方。其采用多品牌策略，形成了对洗衣粉市场的全面控制，在美国的市场份额一度达到50%。宝洁洗衣粉各品牌的名称及其功能如下：

（1）"汰渍"。它是针对洗衣格外费力使用环境下的全能家庭洗衣粉，功能强效，能洗净纤维内层。

（2）"护色快乐"。它具有卓越的清洁和保护功能，适用于热水、温水和凉水。它不含刺激性香味,不具有染色作用。

(3)"波德"。它是带有织物柔顺剂的洗衣粉,具有清洁、柔顺和除静电三大功能。液态"波德"还能使洗涤后的衣物带有怡人的清香。

(4)"甘原"。它是含酶洗衣粉,洗后衣物不但干净,还带有淡淡的香味。

(5)"时代"。它是"天生去污手",能去除顽固污渍。

(6)"达诗"。它可洗去顽固污渍且"只要很低的价格"。

(7)"奥克多"。它含有漂白剂,使衬衫更加洁白。

(8)"卓夫特"。它含有天然的清洁剂,适于洗涤婴儿尿片和衣物。

(9)"象牙雪"。它是高纯度的中性肥皂,洗涤后不会使人身体产生任何不适,尤其适用于洗涤尿片和婴儿衣物。

(10)"碧浪"。它是针对西班牙裔消费者的高效清洁剂。

宝洁精准的产品定位给其带来了极大的市场红利,获利丰厚。2010年8月18日,宝洁最大的研发中心在北京成立。就研发领域及品类规模而言,北京研发中心居于六大中心首位,甚至超过了宝洁在美国的"大本营"。

(资料来源:https://www.sohu.com/a/412524426_120278400)

思考:
1. 什么是市场定位?如何做好市场定位?
2. 宝洁的品牌定位特色是什么?同一公司如何打造产品的差异化?

第一节 市场调研

一、市场的内涵

(一)市场的定义

市场是社会分工和商品生产的产物,是组织经营活动的出发点和归宿。哪里有社会分工和商品交换,哪里就有市场。根据杰罗姆·麦卡锡《基础营销学》的定义,市场是指一群具有相同需求的潜在顾客愿意以某种有价值的东西来换取卖主所提供的商品或服务,这样的商品或服务是满足需求的方式。

市场起源于古时人类对于固定时段或地点进行交易的场所的称呼,"日中为市,致天下之民,聚天下之货,交易而退,各得其所"即是对空间意义上市场的解读,所以狭义上的市场是指买卖双方进行商品交换的场所。现代经济学和管理学则将市场的内涵拓宽,市场的关系也更加复杂。现代营销学之父菲利普·科特勒指出:"市场是由那些具有特定需求或欲望,而且能够通过交换来满足需要或欲望的全部潜在顾客所组成。"本书认为,广义的市场是指为了买卖商品而与其他组织或个人发生联系的群体和个人。

市场的规模即市场的大小,是购买者的人数。决定市场规模和容量的三要素:购买者(人口)、购买力、购买欲望,如图4-1所示。这三个要素相互制约、缺一不可,只有三者

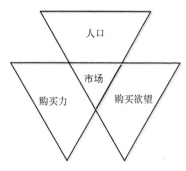

图4-1 市场的三要素

结合起来，才能构成现实的市场。同时，市场在其发展和壮大过程中，也推动着社会分工和商品经济的进一步发展。市场通过信息反馈，直接影响着人们生产什么、生产多少以及上市时间、产品销售状况等。

（二）市场的类型

市场的类型多样，按照不同的划分标准，可将市场分为不同的类型。主要的市场类型如下：

1. 按购买者的购买目的和身份划分

市场可分为消费者市场、生产商市场、中间商市场、政府市场。消费者市场是指为满足个人消费而购买产品和服务的个人和家庭所构成的市场；生产商市场是指工业使用者市场或工业市场；中间商市场即转卖者市场；政府市场是指各级政府为了开展日常政务活动或为公众提供服务，在财政的监督下，以法定的方式、方法和程序，通过公开招标、公平竞争，由财政部门直接向供应商付款的方式，从国内市场为政府部门购买货物、工程、劳务的行为。

2. 按照供需双方的角色划分

市场可分为买方市场和卖方市场。买方市场是指企业在市场上是购买者，购买需要的产品。卖方市场是指企业在市场上是销售者，出售自己的产品或服务。买方市场一般处于交易中的主导地位，卖方则处于次要地位。市场上的供需关系也直接影响买卖双方的地位。

3. 按购买者需求能否立即满足划分

市场可分为现实市场和潜在市场。现实市场是指消费者有购买的欲望并具备购买的能力，可以立即实现需求的市场；潜在市场是指因缺乏实际产品、购买意愿或者购买力等因素而导致暂时无法实现需求的市场。

（三）市场的作用

1. 市场对企业的生产经营活动具有直接导向作用

市场运用供求、价格等调节机制引导企业生产方向，企业也根据市场供求信息决定生产什么、生产多少。在社会主义市场经济体制下，企业的生产经营活动直接取决于市场的调节和导向。企业要遵照公平竞争的市场法则、积极参与竞争，实现优胜劣汰。在市场决策活动中，同样要依照市场导向制定经营战略，选择市场组织，获取最佳的市场经营效果。

2. 市场是社会资源的主要配置者

资源的内涵非常丰富，指社会经济活动中人力、物力、财力的总和。资源配置是对相对稀缺的资源在各种可能的生产用途和使用细节上做出选择，以获得最佳效率的过程。资源配置合理才能使其得到充分利用，避免不必要的闲置和浪费，是任何社会经济活动的中心问题。

市场配置是市场经济中资源配置的主要方式，即各种资源通过市场调节实现组合和再组合。具体表现为，各种资源通过参与市场交换在全社会范围内自由流动；按照市场价格信号反映的供求比例流向最有利的部门和地区；企业作为资源配置的利益主体通过市场竞争实现各项资源要素的最佳组合。在市场机制自动配置组合资源的基础上，推动实现产业结构和产品结构的合理化。除了市场配置，还有自然配置、计划配置。

3. 市场是国家对社会经济实行间接管理的中介、手段和直接作用对象

市场作为全社会微观经济活动的场所和总体形式，可以成为连接宏观管理主体与微观经济活动的中介。在我国，国家作为全民利益的代表者，担负和行使管理社会经济的职能。按照市场经济的内在要求，国家采取间接调控方式进行宏观管理。国家运用各种宏观调控手段，直接调节市场商品供求总量及其结构的平衡关系，通过市场发出信号，间接引导和调节企业的生产经营方向，从而实现对社会经济活动全面和有效的控制。

 小故事

发明家的烦恼

节能发明能在一定程度上缓解能源危机带来的影响。这些发明都是为了节省矿物燃料或开辟新的能源，比如，用玉米制成生物燃料、利用太阳能和风能发电等。

有位发明家研制了一种节能的小汽车。他将汽油箱改为一个高效能的快速甲烷发生器，该发生器可把杂草等有机物随时转化为燃料；汽车棚顶装有太阳能电池板，当甲烷用尽时可由电池驱动，而在平时电池板给蓄电池充电；另外，车上还装有一对风翼，以便风向和风速适宜的条件下使用。这种汽车采用最先进的设计、材料和工艺技术，不仅重量轻，而且装有十分理想的气动装置。

这位发明家认定这是一个成功的创造，因此便回到墨西哥老家的一处深山里。他自信世界上所有的厂商都会蜂拥而至，坐等在家也有人踏出一条通向他家的路来。可最后什么人也没等到，那项杰出的发明放在那里布满了尘埃。

为什么没人来买这位发明家的小汽车呢？因为他没有对其产品进行广告宣传和定位，最糟的是他没有考虑市场是否有需求，更没有考虑到影响市场的环境。首先，由于墨西哥发现了大量的油田和天然气，不存在能源危机问题，以致对他发明的汽车需求量不大。其次，他没考虑到环境保护者的干预，因为甲烷发生器会产生污染。他主观地认为这种汽车在美国会有可观的市场，因为那里汽油短缺且价格高，可他没料到墨西哥政府和某些官员会反对向美国出口这种汽车，因为向美国出口这种汽车，会减少美国对墨西哥石油的潜在需求量。

二、市场调研及问卷设计

（一）市场调研的概述

1. 市场调研的定义

市场调研是指运用科学的方法，有目的、系统地收集、记录、整理有关市场经营信息和资料，分析市场的现状及其发展趋势，为市场预测和营销决策提供客观的、正确的资料的过程。市场调研的最终目的是通过提供比竞争者更好的能满足市场需求的产品或服务，赢得竞争优势。

2. 市场调研的方法

市场调研常用以下三种方法获取相关资料和数据：

(1) 文献资料分析法

文献资料分析即收集现有内外资料并进行分析,收集的资料主要是二手资料,对资料本身的质量筛选应有较强的判定辨识力。

(2) 市场调查法

市场调查更易获取一手数据,是系统地设计、收集、分析并报告与公司面临的特定市场营销状况有关的数据和调查结果。一般指市场实际调查,即通过抽取实际的市场和顾客对象作为样本并对该样本进行调查访问或观察研究其行为,据此取得有关数据和调查结果的方法。市场调查法通常有以下几种:

1) 问卷和访谈法。指通过直接访问、电话调查或利用网络发放问卷等方式从被访问者处获得数据资料的调查方法。市场调查中,可以直接访问被调查的相关个体,也可以以电话或邮件的形式调研,同时可以通过座谈会、参观等形式展开集中调查或深度分析。

2) 观察法。即亲临现场观察或通过机器设备观察消费者行为的方法。包括:人员观察法、机器观察法,例如,宝洁公司曾派出经理人员在卖场观察消费者的购买举动,有的公司则借助摄影设备将被观察对象的消费过程记录并展开分析研究。

(3) 实验法

实验法是指通过先观察条件相同的实验群体和对照群体的反应,再在一定时期内对实验群体开展市场经营活动,然后对两群体进行事后调查的方法。实验法也称为市场试销,是新产品导入市场时常采用的一种检验产品、了解市场反应的重要方法,例如,企业自行设立试销店、选定区域内新产品的试销。

3. 市场调研的核心环节

市场调研的重要环节主要包括信息获取和调研结果分析两方面,信息获取是为调研分析提供数据;调研结果分析是对信息数据的剖析并写出调研报告,企业战略目标、管理计划等管理方案就是根据调研的报告来制定的。

(1) 信息获取

信息获取是对市场信息资料的采集,采集资料的真实性和有效性对调研分析的科学性产生着直接的影响,而采集资料的真实性和有效性直接取决于信息获取的调研方法。

市场调研是一门单独的学科,书本中的市场调研方法比较系统和专业,但市场调研贯穿在企业管理之中,一个企业受人力、场景、物力的局限,不可能依据系统的方式去获取资料,最有效的信息收集方式是深入市场,现实性管理称之为深入调研法。

深入调研是根据调研目的,通过深入市场来采集信息资料的一种实效性调研方法,该调研方法具有针对性、经济性、实效性等特点。企业管理需要的信息资料很多,而市场正是一个庞大的信息系统,为了信息收集的针对性,深入调研法和专业调研标准一样,也要求进行信息收集时根据调研目的制定调研课题、确定调研范围,最科学的标准是拟订详细的调研计划,调研计划包括调研课题、调研时间、调研人员、调研地点、调研费用、调研对象、调研方法等相关内容。

深入调研同常规调研法的不同之处在于强调信息收集过程中调研人员的调研技巧和行业领悟能力,通常调研技巧包含调研人员的处事风格和对调研渠道的把握。在调研技巧上,要求根据调研课题选择出有代表性的专业渠道和辅助渠道,并根据调研效果来设定合理的渠道比例来进行信息采集，行业卖场、经销商、行业展会等渠道为专业渠道，构成信息采集的重点；报纸、书店、网络、电话簿、电视等渠道为辅助渠道，构成专业渠道的补充渠道，通过辅助渠道的选择，有利于促进对专业渠道采集信息的充实和论证。同时调研者在信息收集过程中要善于采用观、记、问、领会等调研手法，收集信息的同时分析市场，透过表面的市场现象捕捉真实的市场资料。

（2）调研结果分析

调研结果分析是对调研信息资料进行汇总和解析，并根据分析结论写出调研报告。调研报告是针对调研课题在分析基础上拟定的总结性汇报书，可以根据调研分析提出一些看法和观点。调研报告是通过调研资料对调研实效价值的具体体现，对调研结果的充分解读可以促使决策者调整前期决策风向标，做出更适宜市场行情的市场决策。

调研是科学管理的基本要求，但科学管理对调研的要求不是一个企业有了调研的行为，而是在于能否确保管理者根据调研报告对管理行为做出正确的选择，如果信息收集是调研质量的安全线，那调研分析就是调研质量的生命线，因为分析提炼了调研的价值成分，它更深刻地反映为对市场的一种审视和剖析，很多企业信息采集的资料都很标准，但由于缺乏审视和剖析能力，调研的价值就无从估计，甚至误导了企业、牵制了管理。

主要的分析方法可以分为定性分析和定量分析两种。在此基础上，现实性管理增加了理性分析法，即运用管理思想和专业的眼光，基于远景市场展望对调研信息资料进行剖析和思考，从而制定出对企业有实效价值的调研分析报告。通常调研分析应注意时间反馈的即时性，并由专家级的人物团队完成。

 小资料

市场调研的失误

20 世纪 80 年代之前，可口可乐一直是美国饮料市场上的霸主，市场占有率一度达到 80%。但由于百事可乐公司的崛起，可口可乐面对更多挑战和威胁。

为此，可口可乐公司试图以改变可口可乐的口味来应对百事可乐对其市场的侵吞。对新口味可口可乐饮料的研发，公司投入了 400 多万美元的资金，花费了两年多的时间在全国 10 个主要城市进行了口味调研，最终开发出了新可乐的配方。之后，公司又在 13 个城市进行了口味测试，邀请 20 万人品尝，结果让决策者们更加放心，60%的顾客表示新可口可乐的味道比老可口可乐好，52%的顾客表示新可口可乐比百事可乐的味道好。

1985 年 5 月，可口可乐公司在大量广告宣传下将口味较甜的新可乐投放市场，同时放弃了原配方的可乐。在新可乐上市初期，看似一切都很顺利，新产品的市场销售不错，但不久就销量平平，并且公司每天都会收到超过 1 500 个投诉电话和信件。有的顾客甚至宣扬再也不买可口可乐。

可口可乐公司迫于巨大的市场压力，在 1985 年 7 月中旬，即在新可乐推出的两个月后，恢复了原口味的可乐，从而新口味可乐与原口味可乐在市场上共存销售。

（二）**市场调研的问卷设计**

1. 问卷设计概述

问卷调查是目前调查业中广泛采用的调查方式，即由调查组织根据调查目的设计各类调查问卷，然后采取抽样的方式（随机抽样或整群抽样）确定调查样本，通过调查员对样本的访问，完成事先设计的调查项目，最后由统计分析得出调查结果的一种方式。它严格遵循概率与统计的原理，因而，调查方式具有较强的科学性。这一方式对调查结果的影响，除了样本选择、调查员素质、统计手段等，问卷设计水平是其中一个重要的条件。

问卷是一种以书面形式了解被调查对象的反应和看法，并以此获得资料和信息的载体。问卷设计是依据调研与预测的目的，开列所需了解的项目，并以一定的格式，将其有序地排列组合成调查表的活动过程。

2．问卷设计的程序

科学的调研需要有强有力的问卷作为支撑，很多时候，问卷本身的质量往往决定了问卷最后的效果，所以在开始设计问卷时，就需要考虑运用科学的程序展开调研，如图 4-2 所示。

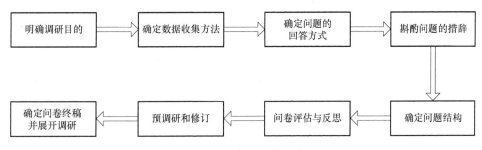

图 4-2　问卷设计的程序

（1）明确调研目的。在确定调研目的之前，可以采用访问行业专家、收集分析部分二手资料、与决策者会务定性研究等方法。

（2）确定数据收集方法。获得一手资料有多种方法，例如，小组讨论法、电话访问法、邮寄访问法等。每一种方法对问卷设计都有不同的要求。

（3）确定问题的回答方式。这一阶段首先关心的是询问中所使用的问题类型。在市场调研中，有三种主要的问题类型：开放式问题、封闭式问题、李克特量表式问题。可以根据调研的具体情况选择适合的问题设置。

（4）斟酌问题的措辞。首先，必须保证用词清楚，避免含混不清的词语，慎用过于专业的术语。其次，要注意选择词语以避免引起应答者误差，不应该诱导受访者回答特定答案。再次，要考虑应答者回答问题的能力，所设置的问题不能过于超出受访者的认知和记忆能力。最后，要考虑回答者的受访意愿对问卷有效性的影响。部分问答者不愿意给出真实的回答，或回答时故意朝合乎社会需要的方向歪曲，这都是客观现实。

（5）确定问题结构。问卷问题的典型排列顺序如下：过滤性问题——热身性问题——过渡性问题——主题性问题——较复杂或难以回答的问题——分类与人文统计问题。

基于整体的问题排列设计，可以在具体操作时注意以下几个准则：①运用过滤性问题识别合格应答者；只有合格应答者参加访谈，才能得到每类合格应答者的最小数量（配额）。②以一个令人感兴趣的问题开始访谈。③可先问一般性问题。使人们先开始考虑有关概念、公司或产品类型，再设计具体的问题。

（6）问卷评估与反思。在评估阶段，可以调用有效的资源，极力确保评估与反思的有效性。如专家评价可侧重于技术性方面；上级评价则侧重于政治性方面；被调查者评价可以在调查工作完成以后进行事后性评价；自我评价不可或缺，这是设计者对自我成果的一种肯定或反思。

（7）预调研和修订。调研工作会极大地耗费人力物力，为了保障调研结果的信度和效度，可先组织问卷的测试，如发现问题，及时修改完善问卷。如问卷太长带来了疲劳感、问句和调研核心无关、开放式问题设计的合理性等。

（8）确定问卷终稿并展开调研。一份完整的问卷在使用前还应准备访问指导书、督导员手册、访问执行表、访问执行总表、调研样本分配表、访问实施过程表、受访者态度应对表等材料。

（三）市场调研报告的撰写

1. 市场调研报告的定义

市场调研报告是调研人员以书面形式，反映市场调研内容及工作过程，并提供调研结论和建议的报告。市场调研报告是市场调研成果的集中体现，其撰写的好坏将直接影响到整个市场调研工作的成果质量。一份好的市场调研报告，能给组织的市场经营活动提供有效的导向作用，能为企业决策提供客观依据。

2. 市场调研报告的结构

从严格意义上说，市场调研报告没有固定不变的格式。不同的市场调研报告写作，主要依据调研的目的、内容、结果以及主要用途来决定。但一般来说，各种市场调研报告在结构上都包括标题、导言、主体和结尾几个部分。

（1）标题。市场调研报告的标题即市场调研的题目。标题必须准确揭示调研报告的主题思想。标题要简单明了、高度概括、题文相符。如《××市居民汽车消费需求调研报告》《关于智能手机市场的调研报告》等，这些标题都很简明，能吸引人。

（2）导言。导言是市场调研报告的开头部分，一般说明市场调研的目的和意义，介绍市场调研工作的基本概况，包括市场调研的时间、地点、内容和对象以及采用的调研方法、方式。这是比较常见的写法。也有调研报告在导言中，先写调研的结论是什么，或直接提出问题等，这种写法能增强读者阅读报告的兴趣。

（3）主体。这是市场调研报告中的主要内容，是表现调研报告主题的重要部分。这一部分的写作直接决定调研报告的质量高低和作用大小。主体部分要客观、全面阐述市场调研所获得的材料、数据，用它们来说明有关问题，得出有关结论；对有些问题、现象要做深入分析、评论等。总之，主体部分要善于运用材料来表现调研的主题。

（4）结尾。结尾主要是形成市场调研的基本结论，即对市场调研的结果进行小结。有的调研报告还要提出对策措施，供有关决策者参考。有的市场调研报告有附录，附录的内容一般是有关调研的重要资料、有关材料出处、参考文献等。

3. 市场调研报告写作注意细节

前期，应保证市场调研工作的有效性。写作前要根据确定的调研目的，进行深入细致的市场调研，掌握充分的材料和数据，并运用科学的方法，进行分析研究判断，为写作市场调研报告打下良好的基础。

写作时,要实事求是,尊重客观事实。写作市场调研报告一定要从实际出发,不浮夸,实事求是地反映市场的情况,要用真实、可靠、典型的材料反映市场的本来面貌。

后期,要检查校对,保证中心突出、条理清楚。运用多种方式进行市场调研,得到的材料往往是大量而庞杂的,要善于根据主旨的需要对材料进行严格的鉴别和筛选,给材料归类,并分清材料的主次轻重,按照一定的条理,将有价值的材料组织到文章中去。

第二节 目标市场定位

一、定位概述

市场定位是在 20 世纪 70 年代由美国营销学家艾尔·里斯和杰克·特劳特提出的,其含义为企业根据竞争者现有产品在市场上所处的位置,针对顾客对该类产品某些特征或属性的重视程度,为本企业产品塑造与众不同的、给人印象鲜明的形象,并将这种形象生动地传递给顾客,使该产品在市场上确定适当的位置。

市场定位并不是你对一件产品本身做些什么,而是你在潜在消费者的心目中做些什么。市场定位的实质是使本企业与其他企业严格区分开来,使顾客明显感觉和认识到这种差别,从而在顾客心目中占有特殊的位置。

市场定位可分为对现有产品的再定位和对潜在产品的预定位。对现有产品的再定位可能导致产品名称、价格和包装的改变,但是这些外表变化的目的是保证产品在潜在消费者的心目中留下值得购买的形象。对潜在产品的预定位,要求营销者必须从零开始,使产品特色确实符合所选择的目标市场。公司在进行市场定位时,一方面要了解竞争对手的产品具有何种特色,另一方面要研究消费者对该产品的各种属性的重视程度,然后根据这两方面进行分析,再选定本公司产品的特色和独特形象。

二、市场定位的 STP 理论

美国营销学家菲利普·科特勒进一步完善和发展了前人的理论并最终形成了成熟的 STP 理论,它是市场战略规划发展的核心内容。STP 理论中的 S、T、P 分别是 Segmenting、Targeting、Positioning 三个英文单词的缩写,即市场细分、选择目标市场和市场定位,如图 4-3 所示。

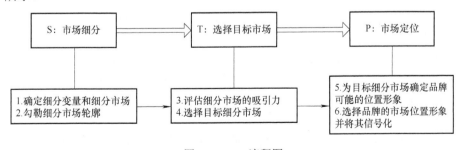

图 4-3 STP 流程图

(一)市场细分

市场细分(Market Segmentation)是指营销者通过市场调研,依据消费者的需要和欲望、购买行为和购买习惯等方面的差异,把某一产品的市场整体划分为若干消费者群的市场分类过程。每一个消费者群就是一个细分市场,每一个细分市场都是具有类似需求倾向的消费者构成的群体。

市场细分的概念是美国市场学家温德尔·史密斯于20世纪50年代中期提出来的,见表4-1。

表4-1 市场细分标准及常见变量

细 分 标 准	细 分 变 量
地理因素	地理位置、城镇大小、地貌、地形、气候、交通状况、人口密集度等
人口因素	性别、年龄、民族、职业、收入、教育、家庭人口、家庭生命周期等
行为因素	购买习惯、购买时间、购买数量、购买频率、购买渠道等
心理因素	性格、态度、生活方式、购买动机等

 小案例

新加坡电信公司成功的市场细分决策

作为新加坡最大的移动运营商和亚洲最主要的通信集团公司之一,新加坡电信公司在电信界是一个值得信赖的品牌。它成立于1879年,掌握着本地44%的市场份额。究其成功的原因,最主要的就是其不断的市场调查和有效的市场细分。

新加坡电信公司将其用户大致划分为两大类型:顾客(人)和企业(公司)。因为这两个笼统的区段具有不同的需求、特征和行为,因此,他们规定了各自不同的营销组合。为了能够有针对性地销售产品和服务,更有效地实施促销手段并挖掘促销渠道,新加坡电信公司将市场进一步分割为更小的区段。"用户"被进一步地分解,细分为移动、商铺、电话和传呼、国际电话和网络电话。其与众不同之处在于,新加坡电信公司的"业务"被再细分为数据和互联网、移动或无线、电子商业运营管理、运营商解决方案等方面。这样的细分使新加坡电信公司得以对其产品、服务、价格和项目加以精心调整,从而充分满足仔细选定的每个子区段的需要。与此同时,新加坡电信公司也能够以较小的竞争代价,从分割为更小的市场区段中获取较大的收益。

(二)选择目标市场

目标市场是指具有相同需求或特征的、公司决定为之服务的购买者群体。市场营销学者麦卡锡提出了应当把消费者看作一个特定的群体,称为目标市场。通过市场细分,有利于明确目标市场,通过市场营销策略的应用,有利于满足目标市场的需要。目标市场就是通过市场细分后,企业准备以相应的产品和服务满足其需要的一个或几个子市场。

根据各个细分市场的独特性和公司自身的目标,共有三种目标市场策略可供选择,分别是无差异市场、密集型市场、差异型市场。

(1)无差异市场。这是指公司只推出一种产品,或只用一套市场营销办法来招揽顾客。

(2)密集型市场。这是指公司将一切市场营销努力集中于一个或少数几个有利的细分市场。

(3)差异型市场。这是指公司根据各个细分市场的特点,相应扩大某些产品的花色、样式和品种,或制订不同的营销计划和办法,以充分适应不同消费者的不同需求,吸引各种不同的购买者,从而扩大各种产品的销售量。

(三) 市场定位

市场定位(Market Positioning)是指企业针对潜在顾客的心理进行营销设计,创立产品、品牌或企业在目标顾客心目中的某种形象或某种个性特征,保留深刻的印象和独特的位置,从而取得竞争优势。

市场定位是 20 世纪 70 年代由美国学者阿尔·赖斯提出的一个重要营销学概念。所谓市场定位,就是企业根据目标市场上同类产品竞争状况,针对顾客对该类产品某些特征或属性的重视程度,为本企业产品塑造强有力的、与众不同的鲜明个性,并将其形象生动地传递给顾客,求得顾客认同。市场定位的实质是使本企业与其他企业严格区分开来,使顾客明显感觉和认识到这种差别,从而在顾客心目中占有特殊的位置。

传统的观念认为,市场定位就是在每一个细分市场上生产不同的产品,实行产品差异化。事实上,市场定位与产品差异化尽管关系密切,但有着本质的区别。市场定位是通过为自己的产品创立鲜明的个性,从而塑造出独特的市场形象来实现的。

新产品的诞生需要多个因素综合支撑,包括性能、构造、成分、包装、形状、质量等,市场定位就是要强化或放大某些产品因素,从而形成与众不同的独特形象。产品差异化乃是实现市场定位的手段,但并不是市场定位的全部内容。市场定位不仅强调产品差异,而且要通过产品差异建立独特的市场形象,赢得顾客的认同。

 小案例

顺丰的差异化市场定位

顺丰速运集团有限公司(简称顺丰)于 1993 年成立,总部在深圳,是一家主要经营国内、国际快递及相关业务的服务型企业。经过多年的潜心经营和前瞻性的战略布局,顺丰已形成拥有"天网+地网+信息网"三网合一、可覆盖国内外的综合物流服务系统。

因为电子商务的兴起,国内快递行业迅速崛起并发展。但快递公司间竞争激烈的局面很快呈现,众多公司都想要突出重围,不得不面对思考市场细分与定位的难题。顺丰选择将高价值的"小众市场"作为目标市场,同时将目标客户锁定在月结客户,所有的营销、运营服务策略都要围绕目标客户的利益点进行。

快递行业有许多家,在价格、服务如此激烈的竞争环境下,顺丰对比竞争对手,调研分析"什么是目标客户最关心的利益点"。最终,顺丰把"快速、准确、安全、经济、便利、优质服务"作为利益定位点,在便利和经济方面做到不低于行业平均水平;在速度方面做到行业前列;在准确和安全方面做到远远高于行业水平。

速度是消费者收寄快递考虑的重要因素,也是快递市场竞争的决定性因素,顺丰自建网点、两级中转,全天提供亲切和及时的服务。从客户预约下单到顺丰收件员上门收件,1 小时内完成,绝大部分快件能实现"今天收明天到"的顾客预期。顺丰的明确定位,增加了顾客消费价值,也提升了公司的市场竞争力。

(资料来源:根据公司现有资料和相关新闻整理)

🌀 **课堂思考：**

在快递行业风生水起、竞争激烈的环境下，顺丰为何能崭露头角，寻找到自己的获胜点？

第三节 市场营销 4P 策略

4P 理论产生于 20 世纪 60 年代的美国，是随着营销组合理论的提出而出现的。1953 年，尼尔·博登（Neil Borden）在美国市场营销学会的就职演说中创造了"市场营销组合"（Marketing Mix）这一术语，其意是指市场需求或多或少的在某种程度上受到所谓"营销变量"或"营销要素"的影响。为了寻求一定的市场反应，企业要对这些要素进行有效的组合，从而满足市场需求，获得最大利润。

杰罗姆·麦卡锡（McCarthy）于 1960 年在《基础营销》（*Basic Marketing*）一书中将这些要素概括为 4 类：产品（Product）、价格（Price）、渠道（Place）、促销（Promotion），即著名的 4P 决策。1967 年，菲利普·科特勒在其畅销书《营销管理：分析、规划与控制》第一版中进一步确认了以 4P 策略为核心的营销组合方法。

一、产品策略

（一）产品整体的概念

人们通常理解的产品是指具有某种特定物质形状和用途的物品，是看得见、摸得着的东西。这是一种狭义的定义。市场营销学认为，广义的产品是人们通过购买而获得的能够满足某种需求和欲望的物品的总和，它既包括具有物质形态的产品实体，又包括非物质形态的利益。广义的产品应该是"产品的整体"，拥有更加丰富的内容和内涵，如图 4-4 所示。

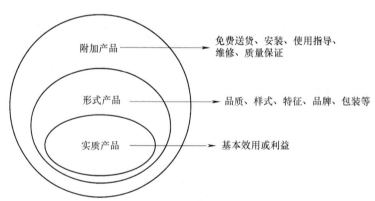

图 4-4 产品整体模型

1. 实质产品

实质产品是指产品的使用价值，即向顾客提供的基本效用或利益。从根本上讲，顾客购买产品不会只是为了获得这个产品本身，而是为了满足某种需要或解决某种问题。例如，人们购买相机不是为了获得装有一些零件的匣子，而是为了满足留念、回忆、报道等的需要。同样，买化妆品是为了美丽、气质、魅力等的需要。所以，营销人员必须向顾客提供能够满足他们核心需要的基本效用和利益的产品。

2. 形式产品

形式产品是指产品的基本形式和外在的表现即核心产品借以实现的形式，具有具体的物质外形。一般由品质、式样、特征、品牌和包装等特征构成。比如空调，形式产品不仅包含它的制冷功能，还包括它的质量、款式、颜色、功率等。由于产品的基本效用必须通过特定形式才能实现，因此营销人员在着眼于满足顾客核心利益的基础上，还应努力寻求更加完善的外在形式，以满足顾客的需要。

3. 附加产品

附加产品是指顾客在购买形式产品时所获得的全部附加服务和利益，包括免费送货、安装、使用指导、维修、质量保证等服务项目，以保证实现顾客满意的产品使用价值。随着现代市场竞争的激烈展开和顾客要求的不断提高，国内外许多企业都认识到在新的竞争中，附加产品将越来越成为获胜的重要因素。因此，企业要正确地发展附加产品，以便有利于在竞争中获得主动权。

以上所述为产品整体概念的三个层次，这三个层次清晰地体现了以消费者为中心的现代市场营销观念。企业如果没有产品整体概念，就不能说是以消费者为中心，企业营销也不会成功。一件产品之所以能顺利出售，主要在于它能给消费者带来生理和心理上的满足。随着科学技术的不断进步和消费者需求的多样化，产品整体概念还有不断扩大的趋势。企业只有充分认识产品的整体概念，提供满足消费者需要的整体产品，才能在竞争中立于不败之地。

❋ 课堂思考：
顾客购买一台电视机，请你为其解读电视机的"产品整体"内涵。

（二）产品生命周期

1. 产品的生命周期概述

产品生命周期（Product Life Cycle，PLC），是产品的市场寿命，即一种新产品从开始进入市场到被市场淘汰的整个过程。

产品生命周期理论是美国哈佛大学教授雷蒙德·弗农（Raymond Vernon）1966年在其《产品周期中的国际投资与国际贸易》一文中首次提出的。产品和人的生命一样，要经历形成、成长、成熟、衰退这样的周期。就产品而言，一般要经历一个开发、引进、成长、成熟、衰退的阶段。而这个周期在不同的技术水平的国家里，发生的时间和过程是不一样的，其间存在一个较大的差距和时差，正是这一时差，表现为不同国家在技术上的差距，它反映了同一产品在不同国家市场上的竞争地位的差异，从而决定了国际贸易和国际投资的变化。

2. 产品生命周期各阶段特点及市场策略

典型的产品生命周期一般可以分成四个阶段，即引入期（或介绍期）、成长期、成熟期和衰退期，如图4-5所示。根据产品生命周期理论，企业营销策略的总要求是：①使企业的产品尽可能快地为目标市场所接受，缩短产品引入期；②使企业的产品尽可能保持畅销势头，延长产品的成熟期；③使企业的产品尽可能缓慢地被市场淘汰，推迟产品的衰退期。基于此，在产品生命周期的不同阶段要采取不同的策略。

(1) 第一阶段：引入期

引入期是新产品进入市场的最初阶段。其主要特点是：①生产成本高。新产品刚开始生产，数量不多，技术不稳定，废品、次品率较高，因而制造成本高。②营销费用大。新产品刚引进市场，尚未被人们所了解，为迅速打开销路，提高知名度，需进行大量的广告宣传及其他促销活动，促销费用大。③销售数量少，销售增长率低。因新产品还未赢得消费者的信赖，未被市场广泛接受，所以购买者较少，销售量小。④竞争不激烈。新产品刚进入市场，前景不明确，生产者较少，竞争尚未真正开始。

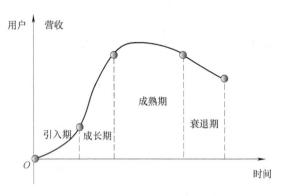

图 4-5　一般的产品生命周期图

在引入期，企业主要的经营目标是在尽可能短的时间内扩大产品销量。具体策略有：①积极开展卓有成效的广告宣传，采用特殊的促销方式，广泛传播产品信息，帮助消费者了解产品，提高认知程度，培育市场。②积极攻克生产中出现的问题，稳定产品质量，及时根据市场反馈对产品进行改进。③采取行之有效的价格与促销组合策略。

可选择的价格与促销组合策略有以下四种：

① 快速掠取策略，即企业以高价格和高促销费用推出新产品。采用这一策略有一定的适用环境条件：产品有独特的功能或利益；目标顾客的求新心理强，并愿意付出高价；市场需求潜力较大；企业面临潜在竞争对手的威胁，须尽早建立产品的市场地位。

② 缓慢掠取策略，即企业以高价格和低促销费用将新产品推向市场。高价格和低促销费用的结合有利于企业减少流通费用，降低成本，获取较大的利润。该策略适用于市场规模有限、产品需求弹性较小、潜在竞争威胁不大、消费者不了解或是了解产品但需求迫切的情况。

③ 快速渗透策略，即企业以低价格和高促销费用将新产品推向市场。该策略适用于市场容量颇大、潜在竞争较为激烈、潜在消费者对价格十分敏感、单位制造成本可随生产规模的扩大而迅速下降的产品。

④ 缓慢渗透策略，即企业以低价格和低促销费用将新产品推向市场。该策略适用面较广，适用于市场容量大、促销效果不明显、需求价格弹性较大、消费者对价格敏感度较高的产品。

(2) 第二阶段：成长期

成长期是产品在市场上已经打开销路，销售量稳步上升的阶段。其主要特点有：①购买者对产品比较熟悉，市场需求扩大，销售量迅速增加。早期购买者继续购买该产品，其他消费者也开始追随购买。②生产和销售成本大幅度下降，大批量生产和大批量销售使单位产品成本减少。③企业的利润增加。④竞争者相继进入市场，分销网点数量增加，竞争趋向激烈。

成长期的营销目标是提高市场占有率，实现市场占有率的最大化。可采用的策略有以下几种：①进一步提高产品质量，增加花色、品种、样式、规格，改进产品包装；②广告促销要突出产品特色，促使顾客对产品产生偏好，提高忠诚度等；③开辟新分销渠道，扩大商业网点，进一步向市场渗透，拓展市场空间；④在大量生产的基础上，适时适度降价或采用其他有效的定价策略，以吸引更多的购买者。

（3）第三阶段：成熟期

成熟期是指产品走入大批量生产并稳定地进入市场销售，经过成长期之后，随着购买产品的人数增多，市场需求趋于饱和。成熟期是产品在市场上普及、销售量达到高峰的饱和阶段。其主要特点有：①产品已为绝大多数的消费者所认识与购买，销售量增长缓慢，处于相对稳定状态；②行业生产能力过剩，企业利润逐步下降；③竞争激烈；④产品销售价格开始下降；⑤分销渠道密集。

成熟期的主要营销目标是维持市场占有率，防止与抵制竞争对手的蚕食进攻，争取获得最大的利润。其具体策略有：①从广度和深度上拓展市场，争取新顾客，并刺激老顾客增加购买，以增加现有产品的使用频率和消费数量；②进一步提高产品质量，开发产品功能，增强产品的安全性、便利性及使用价值；③改进营销组合并强化各种服务等。

（4）第四阶段：衰退期

衰退期是产品销售量持续下降，即将退出市场的阶段。通俗地讲，衰退期是指产品进入了淘汰阶段。其主要特点如下：①消费者对产品的兴趣减退，改进或换代产品出现；②行业生产能力过剩，企业为减少存货损失竞相降价销售，竞争异常激烈；③整体销量下降，利润持续下降。

衰退期的营销目标是尽快退出市场，寻找新的市场进入机会。其具体策略有：①淘汰策略，即淘汰衰退产品，上马新产品或转产其他高盈利产品；②持续营销策略，即继续生产衰退产品，利用其他竞争者的退出，通过提高服务质量、降低价格等方法维持销售；③收割策略，即在尽量减少各方面开支的同时继续维持产品销售，只要短期内销售量不出现急剧减少，企业就可以从该产品上获得更多的收益，增加现金流量，回收利润。

综上，产品生命周期是市场决策中必须考虑的客观事实。产品生命周期和企业制定产品策略以及营销策略有着直接的联系。管理者要想使他的产品有一个较长的销售周期，以便赚取足够的利润来补偿在推出该产品时所做出的一切努力和经受的一切风险，就必须认真研究和运用产品的生命周期理论，此外，产品生命周期也是营销人员用来描述产品和市场运作方法的有力工具。但是，在开发市场营销战略的过程中，产品生命周期却显得有点力不从心，因为战略既是产品生命周期的原因又是其结果，产品现状可以使人想到最好的市场战略。

（三）产品的包装和品牌

1. 产品的包装

（1）产品包装概述

产品包装是指设计并生产容器或包扎物的一系列活动。这种容器或包扎物被称为包装，包装可以包括多达三个层次的材料。第一层次的包装是指最接近产品的容器。例如，面膜包装是最接近产品的包装。第二层次的包装是指保护第一层次包装的材料，当产品使用时，它即被丢弃。第三层包装往往是方便运输的包装。同时，包装不仅仅是为了保护产品，只有根据产品特质加入更多创新的设计元素，包装的内在价值才能被挖掘。

（2）产品包装的种类

设计良好的包装能为消费者创造方便价值，为生产者创造促销价值。多种多样的因素会促进包装化作为一种营销手段在应用方面的进一步发展。产品包装主要有以下几种：

1）类似包装策略。企业对其生产的产品采用相同的图案、近似的色彩、相同的包装材料和相同的造型进行包装，便于顾客识别出本企业产品。对于忠实于本企业的顾客，类似包装无疑具有促销的作用，企业还可因此而节省包装的设计、制作费用。但类似包装策略适用于质量相同的产品，对于品种差异大、质量水平悬殊的产品则不宜采用。

2）配套包装策略。按各国消费者的消费习惯，将几种有关联的产品配套包装在一起成套供应，便于消费者购买、使用和携带，同时还可扩大产品的销售。

3）再使用包装。指包装内的产品使用完后，包装物还有其他的用途。例如，各种形状的香水瓶可用作装饰物，精美的食品盒也可被再利用等。这种包装策略可使消费者感到一物多用而引起其购买欲望，而且包装物的重复使用也起到了对产品进行广告宣传的作用。在策略使用过程中，需根据产品特点进行选择，避免因成本加大引起商品价格过高而影响产品销售。

4）附赠包装策略。这是指商品包装物附赠奖券或实物的形式，或包装本身可以换取礼品，吸引顾客惠顾，导致重复购买。

5）改变包装策略。即改变和放弃原有的产品包装，改用新的包装。由于包装技术、包装材料的不断更新，消费者的偏好不断变化，采用新的包装以弥补原包装的不足，企业在改变包装的同时必须配合好宣传工作，以消除消费者以为产品质量下降或其他的误解。

 小案例

苹果公司的产品包装与设计

苹果公司是美国的一家高科技公司，创立于1976年。作为成熟的品牌公司，一直追求创造优质的产品，在产品的设计、开发、生产以及销售的各个环节，苹果公司都坚持细致入微的原则，即使是产品包装他们也不会轻易地放过。

苹果公司的产品设计简洁、颜色内敛而高雅，注重体现立体美感。主要使用纯白、纯黑、淡灰等色系。在苹果公司的总部，有专门的包装室，在工作间里，包装设计师们无数次地打开包装盒，抽丝剥茧地研讨更好的包装设计，寻求消费者在第一次打开包装盒时产生的情感共鸣。为了一个小小的标签，设计师花费大量时间测试了各种箭头、颜色和胶带，一次又一次，目的就是带给消费者使用时的便利与醒目。这充分地体现了公司对于包装设计细致入微的追求。

2. 产品的品牌

（1）产品品牌概述

品牌（Brand）是一种识别标志、一种精神象征、一种价值理念，是品质优异的核心体现。培育和创造品牌的过程也是不断创新的过程，自身有了创新的力量，才能在激烈的竞争中立于不败之地，继而巩固原有品牌资产，多层次、多角度、多领域地参与竞争。

品牌指公司的名称、产品或服务的商标，和其他可以有别于竞争对手的标示、广告等构成公司独特市场形象的无形资产。从某种意义上说,品牌即是资本,未来的商业市场竞争就是品牌的竞争。

表4-2和表4-3列举了世界品牌实验室统计的2020年中国500最具价值品牌的企业和排名前十的行业分布。

表4-2 2020年中国500最具价值品牌前10名

排名	品牌名称	品牌拥有机构	品牌价值(亿元)	主营行业
1	国家电网	国家电网有限公司	5 036.87	能源
2	中国工商银行	中国工商银行股份有限公司	4 505.82	金融
3	海尔	海尔集团	4 286.52	物联网生态
4	腾讯	腾讯控股有限公司	4 215.49	信息技术
5	中国人寿	中国人寿保险(集团)公司	4 158.61	金融
6	中国石油	中国石油天然气集团有限公司	3 656.37	石油化工
7	中化	中国中化集团有限公司	3 568.39	能源
8	华为	华为技术有限公司	3 526.82	通信电子
9	中国一汽	中国第一汽车集团有限公司	3 385.56	汽车
10	阿里巴巴	阿里巴巴网络技术有限公司	3 251.96	信息技术

(资料来源:世界品牌实验室,2020年8月5日)

表4-3 2020年中国500最具价值品牌行业分布(前10名行业)

行业	品牌数量(个)(2020年)	百分比(%)	品牌数量(个)(2019年)	百分比(%)	前三名品牌	趋势
食品饮料	85	17.00	84	16.80	茅台、五粮液、青岛啤酒	↑
轻工业	50	10.00	50	10.00	周大福、周大生、安踏	→
建材	39	7.80	41	8.20	中国建材、金隅、北新建材	↓
传媒	35	7.00	36	7.20	CCTV、人民日报、湖南广电	↓
纺织服装	31	6.2	35	7.00	鄂尔多斯、魏桥、劲霸男装	↓
汽车	30	6.00	32	6.40	中国一汽、上汽集团、北汽集团	↓
通信电子IT	27	5.40	22	4.40	腾讯、华为、阿里巴巴	↑
金融	26	5.20	24	4.80	中国工商银行、中国人寿、中国银行	↑
机械	25	5.00	22	4.40	中国中车、上海电气、徐工	↑
化工	23	4.60	24	4.80	中国石油、中国石化、中国海油	↓

(资料来源:世界品牌实验室,2020年8月5日)

(2)产品品牌的内涵和策略

就产品而言,产品品牌包含两个层次:①产品的名称、术语、标记、符号、设计等方面的组合体;②代表有关产品的一系列附加值,包含功能和心理两方面的利益点,例如,产品所能代表的效用、功能、品位、形式、价格、便利、服务等。

品牌策略是一系列能够产生品牌积累的企业管理与市场营销方法。品牌资产是这样一种资产,它能够为企业和顾客提供超越产品或服务本身利益之外的价值;同时品牌资产又是与某一特定的品牌紧密联系的;如果品牌文字、图形做出改变,附属于品牌之上的财产将会部分或全部丧失(见表4-4)。

表 4-4　2020 年"全球品牌价值"前 10 强

排　名	品　牌	品牌价值（亿美元）	行　业
1	苹果	2412	科技
2	谷歌	2075	科技
3	微软	1629	科技
4	亚马逊	1354	科技
5	Facebook	703	科技
6	可口可乐	644	饮料
7	迪士尼	613	休闲
8	三星	504	科技
9	路易威登	472	奢侈品
10	麦当劳	461	餐饮

（资料来源：2020 年 7 月 28 日，福布斯发布）

二、价格策略

（一）价格策略概述

价格策略是给所有买者规定一个价格，是一个比较近代的观念。它形成的动因是 19 世纪末大规模零售业的发展。在历史上，在多数情况下，价格是作为买者做出选择的主要决定因素在起作用；在最近的 10 年里，在买者选择行为中非价格因素已经相对地变得更重要了。但是，价格仍是决定公司市场份额和盈利率的最重要因素之一。在营销组合中，价格是唯一能产生收入的因素，其他因素表现为成本。

厂商面对卖者的三种主要的定价决策问题是：对第一次销售的产品如何定价；怎样随时间和空间的转移修订一个产品的价格以适应各种环境和机会的需要；怎样调整价格和怎样对竞争者的价格调整做出反应。

（二）定价的基本方法

定价方法，是企业在特定的定价目标指导下，依据对成本、需求及竞争等状况的研究，运用价格决策理论，对产品价格进行计算的具体方法。定价方法主要包括成本导向定价法、竞争导向定价法和顾客导向定价法三种类型。

1. 成本导向定价法

以产品单位成本为基本依据，再加上预期利润来确定价格的成本导向定价法，是中外企业最常用、最基本的定价方法。成本导向定价法又衍生出了总成本加成定价法、目标收益定价法、边际成本定价法、盈亏平衡定价法等几种具体的定价方法。

（1）总成本加成定价法。在这种定价方法下，把所有为生产某种产品而发生的耗费均计入成本的范围，计算单位产品的变动成本，合理分摊相应的固定成本，再按一定的目标利润率来决定价格。

（2）目标收益定价法。目标收益定价法又称投资收益率定价法，是根据企业的投资总额、预期销量和投资回收期等因素来确定价格。

（3）边际成本定价法。边际成本是指每增加或减少单位产品所引起的总成本变化量。

由于边际成本与变动成本比较接近，而变动成本的计算更容易一些，所以在定价实务中多用变动成本替代边际成本，而将边际成本定价法称为变动成本定价法。

（4）盈亏平衡定价法。在销量既定的条件下，企业产品的价格必须达到一定的水平才能做到盈亏平衡、收支相抵。既定的销量就称为盈亏平衡点，这种制定价格的方法就称为盈亏平衡定价法。科学地预测销量和已知固定成本、变动成本是盈亏平衡定价的前提。

2. 竞争导向定价法

在竞争十分激烈的市场上，企业通过研究竞争对手的生产条件、服务状况、价格水平等因素，依据自身的竞争实力，参考成本和供求状况来确定商品价格。这种定价方法就是通常所说的竞争导向定价法。竞争导向定价法主要包括随行就市定价法、产品差别定价法和密封投标定价法。

（1）随行就市定价法。在垄断竞争和完全竞争的市场结构条件下，任何一家企业都无法凭借自己的实力而在市场上取得绝对的优势，为了避免竞争特别是价格竞争带来的损失，大多数企业都采用随行就市定价法，即将本企业某产品价格保持在市场平均价格水平上，利用这样的价格来获得平均报酬。此外，采用随行就市定价法，企业就不必去全面了解消费者对不同价差的反应，也不会引起价格波动。

（2）产品差别定价法。产品差别定价法是指企业通过不同营销努力，使同种同质的产品在消费者心目中树立起不同的产品形象，进而根据自身特点，选取低于或高于竞争者的价格作为本企业产品价格。因此，产品差别定价法是一种进攻性的定价方法。

（3）密封投标定价法。在国内外，许多大宗商品、原材料、成套设备和建筑工程项目的买卖和承包，以及出售小型企业等，往往采用发包人招标、承包人投标的方式来选择承包者，确定最终承包价格。一般来说，招标方只有一个，处于相对垄断地位，而投标方有多个，处于相互竞争地位。标的物的价格由参与投标的各个企业在相互独立的条件下来确定。在买方招标的所有投标者中，报价最低的投标者通常中标，它的报价就是承包价格。这样一种竞争性的定价方法就被称为密封投标定价法。

3. 顾客导向定价法

现代市场营销观念要求企业的一切生产经营必须以消费者需求为中心，并在产品、价格、分销和促销等方面予以充分体现。根据市场需求状况和消费者对产品的感觉差异来确定价格的方法叫作顾客导向定价法，又称市场导向定价法、需求导向定价法。需求导向定价法主要包括主观价值定价法、需求差异定价法和逆向定价法。

（1）主观价值定价法。所谓"主观价值"，也叫"感受价值"，是指消费者对某种商品价值的主观评判。主观价值定价法是指企业以消费者对商品价值的理解度为定价依据，运用各种营销策略和手段，影响消费者对商品价值的认知，形成对企业有利的价值观念，再根据商品在消费者心目中的价值来制定价格。

 小案例

身价大涨

曾由我国上海厂家生产的，在国际市场上只能按每台 37 美元价格销售，而由日本索尼公司收购后，贴上"SONY"的品牌标识，就可以按每台 58 美元价格销售。也就是说，在消费者的心目中，"SONY"这个品牌的价值感觉更高些，因而虽然产品是同样的，消费者宁愿支付更高的价格购买有更高认知价值的产品。

（2）需求差异定价法。所谓需求差异定价法，是指产品价格的确定以需求为依据，首先强调适应消费者需求的不同特性，而将成本补偿放在次要的地位。这种定价方法，对同一商品在同一市场上制定两个或两个以上的价格，或使不同商品价格之间的差额大于其成本之间的差额。其好处是可以使企业定价最大限度地符合市场需求，促进商品销售，有利于企业获取最佳的经济效益。

（3）逆向定价法。这种定价方法主要不是考虑产品成本，而重点考虑需求状况。依据消费者能够接受的最终销售价格，逆向推算出中间商的批发价和生产企业的出厂价格。逆向定价法的特点是：价格能反映市场需求情况，有利于加强与中间商的良好关系，保证中间商的正常利润，使产品迅速向市场渗透，并可根据市场供求情况及时调整，定价比较灵活。

（三）其他定价方法

价格是企业竞争的主要手段之一，企业除了根据不同的定价目标，选择不同的定价方法，还要根据复杂的市场情况，采用灵活多变的方式确定产品的价格。

1. 新产品定价

有专利保护的新产品的定价可采用撇脂定价法和渗透定价法。

（1）撇脂定价法。新产品上市之初，将价格定得较高，在短期内获取厚利，尽快收回投资。就像从牛奶中撇取所含的奶油一样，取其精华，称之为撇脂定价法。

这种方法适合需求弹性较小的细分市场，其优点是：①新产品上市，顾客对其缺乏理性认识，利用较高价格可以提高身价，适应顾客求新心理，有助于开拓市场；②主动性强，产品进入成熟期后，价格可分阶段逐步下降，有利于吸引新的购买者；③价格高，限制需求量过于迅速增加，使其与生产能力相适应。其缺点是：获利大，不利于扩大市场，并很快招来竞争者，会迫使价格下降，好景不长。

（2）渗透定价法。在新产品投放市场时，价格定得尽可能低一些，其目的是获得最高销售量和最大市场占有率。

当新产品没有显著特色，竞争激烈，需求弹性较大时宜采用渗透定价法。其优点：①产品能迅速为市场所接受，打开销路，增加产量，使成本随生产发展而下降；②低价薄利，使竞争者望而却步、减缓竞争，获得一定市场优势。

对于企业来说，采取撇脂定价还是渗透定价，需要综合考虑市场需求、竞争、供给、市场潜力、价格弹性、产品特性、企业发展战略等因素。

2. 心理定价法

心理定价法是根据消费者的消费心理进行定价，主要有以下几种：

（1）尾数定价或整数定价。许多商品的价格，宁可定为0.98元或0.99元，而不定为1元，是适应消费者购买心理的一种取舍，尾数定价使消费者产生一种"价廉"的错觉，比定为1元反应积极，促进销售。相反，有的商品不定价为9.8元，而定为10元，同样使消费者产生一种错觉，迎合消费者"便宜无好货，好货不便宜"的心理。

（2）习惯性定价。某种商品，由于同类产品多，在市场上形成了一种习惯价格，个别生产者难以改变。降价易引起消费者对品质的怀疑，涨价则可能受到消费者的抵制。

（3）品牌声望定价。此种定价法有两个目的：①提高产品的形象，以价格说明其名贵名优；②满足购买者的地位欲望，适应购买者的消费心理。

3. 折扣定价

大多数企业通常都酌情调整其基本价格，以鼓励顾客及早付清货款、大量购买或增加淡季购买。这种价格调整叫作价格折扣和折让。

（1）现金折扣。是对及时付清账款的购买者的一种价格折扣。许多行业习惯采用此法以加速资金周转，减少收账费用和坏账。

（2）数量折扣。是企业给那些大量购买某种产品的顾客的一种折扣，以鼓励顾客购买更多的货物。大量购买能使企业降低生产、销售等环节的成本费用。例如，顾客购买某种商品 100 单位以下，每单位 10 元；购买 100 单位以上，每单位 9 元。

沃尔玛的折价销售策略

沃尔玛能够迅速发展，除了正确的战略定位以外，也得益于其首创的折价销售策略。每家沃尔玛商店都贴有天天廉价的大标语。同一种商品在沃尔玛比其他商店要便宜。沃尔玛提倡的是低成本、低费用结构、低价格的经营思想，主张把更多的利益让给消费者，为顾客节省每一美元是他们的目标。

沃尔玛的利润通常在 30%左右，而其他零售商如凯马特的利润率都在 45%左右。公司定期举行经理人员会议，如果有分店报告某商品在其他商店比沃尔玛低，可立即决定降价。低廉的价格、可靠的质量是沃尔玛的一大竞争优势，吸引了一批又一批的顾客。

（3）推广津贴。为扩大产品销路，生产企业向中间商提供促销津贴。如零售商为企业产品刊登广告或设立橱窗，生产企业除负担部分广告费外，还在产品价格上给予一定优惠。

（4）季节折扣。是企业鼓励顾客淡季购买的一种减让，使企业的生产和销售一年四季保持相对稳定。

4. 差别定价

企业往往根据不同顾客、不同时间和场所来调整产品价格，实行差别定价，即对同一产品或服务定出两种或多种价格，但这种差别不反映成本的变化。主要有以下几种形式：①对不同顾客群定不同的价格；②不同的花色品种、样式定不同的价格；③不同的部位定不同的价格；④不同时间定不同的价格。

实行差别定价的前提条件是：市场必须是可细分的且各个细分市场的需求强度是不同的；商品不可能转手倒卖；高价市场上不可能有竞争者削价竞销；不违法；不引起顾客反感。例如，近几年出现的"杀熟"现象即是对差别定价使用不当的事实。

商场的差别定价

哈尔滨市某洗衣机商场在面对竞争日益激烈的市场环境，曾想出一个定价策略。商场规定，商品从早上 9 点开始，每一小时降价 10%。特别在午休时间及晚上下班时间商品降价幅度较大，吸引了大量上班族消费者。

此举在未延长商场营业时间的情况下，带来了销售额大幅增加的好效果。

三、渠道策略

（一）渠道策略概述

4P策略中的渠道又可被称为地点。渠道策略是整个市场营销系统的重要组成部分，是规划中的重中之重。它对降低企业成本和提高企业竞争力具有重要意义。随着市场发展进入新阶段，企业的营销渠道不断发生新的变革，旧的渠道模式已不能适应形势的变化。如最近几年销售的渠道已经由线下大批往线上转移，有的企业已经搭建了线上线下结合的系统销售模式。

企业经营渠道的选择将直接影响到其他的营销决策，如产品的定价。它同产品策略、价格策略、促销策略一样，也是企业是否能够成功开拓市场、实现销售及经营目标的重要手段。

正确运用销售渠道，可以使企业迅速及时地将产品转移到消费者手中，达到扩大商品销售、加速资金周转、降低流动费用的目的。

（二）市场渠道及选择

1. 直接式销售渠道策略和间接式销售渠道策略

按照商品在交易过程中是否经过中间环节来分类，可以分为直接式销售渠道和间接式销售渠道两种类型。直接式销售渠道是企业采用产销合一的经营方式，即商品从生产领域转移到消费领域时不经过任何中间环节；间接式销售渠道是指商品从生产领域转移到用户手中要经过若干中间商的销售渠道。

直接式销售渠道具有中间费用少、便于控制价格、及时了解市场、有利于提供服务等优点，但是此方法使生产者花费较多的投资、场地和人力，所以消费广、市场规模大的商品不宜采用这种方法。间接式销售渠道由于有中间商加入，企业可以利用中间商的知识、经验和关系，从而起到简化交易，缩短买卖时间，集中人力、财力和物力用于发展生产，以增强商品的销售能力等作用。

一般来讲，在以下情况下适合采取直接式销售策略：

（1）市场集中，销售范围较小。

（2）技术含量高或者制造成本和售后差异大的产品。

（3）企业自身管理能力较强，经验丰富，财力雄厚，或者需要高度控制商品的营销情况。

反之，则适合采取间接式销售策略。

2. 长渠道和短渠道策略

销售渠道按其长度来分类，可以分为若干长度不同的形式，商品从生产领域转移到用户的过程中，经过的环节越多，销售渠道就越长；反之就越短。

消费品销售渠道有四种基本的类型：生产者-消费者；生产者-零售商-消费者；生产者-代理商或者批发商-零售商-消费者；生产者-代理商-批发商-零售商-消费者。工业品销售渠道有三种基本的类型：生产者-工业品用户；生产者-代理商或者工业品经销商-工业品用户；生产者-代理商-工业品经销商-工业品用户。当企业决定采用间接式销售渠道后，还要对适用渠道的长短做出选择。从节省商品流通费用、加速社会再生产过程的要求出发，应当尽量减少中间环节，选择短渠道。但是也不要认为中间环节越少越好，在多数情况下，批发商的作用是生产者和零售商无法替代的。因此，采用长渠道策略还是短渠道策略，必须综合考虑商品的特点、市场的特点、企业本身的条件以及策略实施的效果等。

一般来讲，在以下情况下适合采取短渠道策略：

（1）产品易腐、价格高、新潮、售后服务要求高、技术性强。

（2）零售市场相对集中，需求数量大。

（3）企业的销售能力强，销售人员素质好，资历雄厚。

反之，则适合采取长渠道策略。

3. 宽渠道和窄渠道策略

销售渠道的宽窄，就是企业确定由多少中间商来经营某种商品，即决定销售渠道的每个层次（环节）适用同种类型的中间商的数目是多少。一般情况下，有以下三种具体策略可供选择：

（1）广泛销售策略

这是由于企业的商品数量很大而市场面又广，为了能够使商品得到广泛的推销，使用户随时都可以买到这种商品，才需要采用这种策略。例如，一般日用品和广泛通用的工业原材料可以采取这种策略。采用这种策略，生产企业应该负担较多的广告费和促销费，以利于调动中间商的积极性。

（2）针对性销售策略

这是生产企业有选择地精心挑选一部分批发商和零售商来经营自己的产品，采用这种策略，由于中间商数目较少，有利于厂商之间相互紧密协作，同时，也能够使生产企业降低销售费用和提高控制能力，这种策略适用面较广，例如，选购消费品、耐用消费品、新产品试销以及大部分生产资料商品，都应该根据产品和市场的特点，选择较为合适的批发商和零售商。而中间商的具体数目，应该根据具体情况而定，一般来讲，应该既要使中间商有足够的市场面，又能够保证企业的商品能够及时销售出去。

（3）独家经营销售策略。

这是指生产企业只选择一家中间商，赋予它经销自己商品的权利。在一般情况下，生产企业在特定的市场范围内，不能再通过其他中间商来推销这种商品；而选定的经销商也不能再经营其他同类的产品。生产企业和中间商双方都应该通过签订协议做出明确的规定，这种策略主要适合于某些特殊的消费品和工业品、某些高档高价的消费品，以及具有独特风格的某些商品，例如，需要进行售后服务的电器商品以及需要进行现场操作表演并介绍使用方法的产品。采用这种策略，有利于调动中间商更积极地去推销商品，同时，生产企业对中间商的售价、宣传推广、信贷和服务等工作可以加强控制，更好地配合协作，从而有助于提高厂商的声誉和商品的形象，提高经济效益。

四、促销策略

（一）促销概述

促销策略是市场营销组合的基本策略之一。促销策略（促销组合）是指企业如何通过人员推销、广告、公共关系和营业推广等各种促销方式,向消费者或用户传递产品信息,引起他们的注意和兴趣,激发他们的购买欲望和购买行为,以达到扩大销售的目的。

(二)具体促销策略

企业将合适的产品,在适当地点、以适当的价格出售的信息传递到目标市场,一般通过两种方式:人员推销或非人员推销。人员推销即推销员和顾客面对面地进行推销,非人员推销即通过大众传播媒介在同一时间向大量顾客传递信息,主要包括广告、公共关系和营业推广等多种方式。这两种推销方式各有利弊,起着相互补充的作用。

一个好的促销策略,往往能起到多方面作用,如提供信息情况,及时引导采购;激发购买欲望,扩大产品需求;突出产品特点,建立产品形象;维持市场份额,巩固市场地位等。根据促销手段的出发点与作用的不同,可分为以下两种促销策略:

(1)推式策略

推式策略即以直接方式,运用人员推销手段,把产品推向销售渠道,其作用过程为:企业的推销员把产品或服务推荐给批发商,再由批发商推荐给零售商,最后由零售商推荐给最终消费者。该策略适用于以下几种情况:产品的使用、维修、保养方法需要进行示范;企业经营规模小,或无足够资金用以执行完善的广告计划;市场较集中,分销渠道短,销售队伍大;产品具有很高的单位价值,如特殊品、选购品等。

(2)拉式策略

拉式策略是指采取间接方式,通过广告和公共宣传等措施吸引最终消费者,使消费者对企业的产品或服务产生兴趣,从而引起需求,主动去购买。其作用路线为:企业将消费者引向零售商,将零售商引向批发商,将批发商引向生产企业。这种策略适用于:①市场广大,便利品居多的产品;②商品信息必须以最快速度告知广大消费者的产品;③对产品的初始需求已呈现出有利的趋势,市场需求日渐上升的产品;④具有独特性能的产品;⑤能引起消费者某种特殊情感的产品;⑥有充分资金用于广告的产品。

市场营销的 4P 策略不是完全分隔开的几个部分,在实际的组织经营过程中,需要结合具体的环境加以选择与匹配。如在定价的时候必须考虑产品策略、在拓展线上渠道的时候可以结合成本因素设计更合理的价格和促销组合。

【案例分析】

当技术遇上商业

说到穿戴设备,大家最熟悉的莫过于苹果、华为、小米等可穿戴设备,这是因为这些品牌在国内排行榜稳居前三名,而紧跟其后的则是小天才。在全球智能穿戴排行榜上,小天才电话手表已经成为一个非常活跃的产品品牌,作为"电话手表"品类的创造者,小天才已经是儿童智能穿戴的"火车头"。

早在 2015 年,作为"小天才"的母公司,步步高公司成功发现与把握住了商机,推出了"小天才"基础款 Y01 和防水款 Y02 系列儿童手表。作为一款明星产品,难道仅仅是因为一款为儿童定制的通信工具就能成功吗?当然不是。小天才在做产品时,并不着急研发产品,而是对用户群体进行洞察,了解他们的痛点。调研发现,基于安全的定位功能、基于社交的语音聊天功能都是家长和孩子的核心需求。

早期研发的壁垒红利，加上社交功能的吸引力，给公司带来了极大的市场流量。当班级内大部分同学都使用小天才电话手表进行碰一碰加好友时，偏偏只有你的孩子无法融入其中，到底是为什么呢？答案很简单，因为他使用的是其他品牌的儿童手表。于是，家长会抛弃其他品牌的儿童手表，而选择小天才电话手表。

公司也不断地完善技术对小天才电话手表进行创新，追求极致产品体验和对用户需求的精准把握，从而造就超级产品的诞生。其发布的第三款Y系列产品，最大卖点是能够快速充电，在保留前两代产品功能的基础上，实现低压快充，有效解决电话手表续航问题，并且成为第一款支持低压快充的儿童电话手表。

以最新款的Z6、Z7来说，通过多种高防水元器件以及特殊防水技术的加持，防水性能更胜一筹，这款儿童电话手表可以在水下20米正常运行，双转双摄功能也同样吸引人。除了过硬的产品质量，更让家长安心的在于这款手表针对儿童人身安全问题进行多功能创新。

确定产品定位，专注于打造一款高品质产品，深耕技术满足消费者的真实需求，小天才电话手表做到了。到目前，小天才电话手表销量已经过千万，可以说，在小学校园里，智能儿童手表市场分为两家：小天才和其他。毫无疑问，小天才电话手表行业第一的位置暂时无人撼动。

（资料来源：通过现有新闻和公司资料整理编写）

分析与讨论：

1. 结合上述材料，查询资料，全面分析"小天才电话手表"的STP市场决策。详细说明该产品是如何将"产品整体概念"运用到实际研发的？

2. 根据现实需求、挖掘潜在需求，试着设计一款儿童用品（或其他产品），并策划渠道营销。

【拓展思考】

1. 什么是市场，市场应具备哪些要素？
2. 什么是市场细分？有哪些依据或标准展开细分？
3. 为什么要研究产品的生命周期？各阶段的营销策略是什么？
4. 包装有什么策略？试着查询资料并和同学分享交流。
5. 观察生活，举例说明常用的定价策略有哪些？还可以有哪些新的定价方式可以运用？

【任务卡】

1. 基于观察，设计问卷调研大学生群体的消费需求，并进一步挖掘市场机遇。
2. 查询资料并展开调研，了解你所在专业领域的就业市场，解读某公司的STP策略。
3. 根据所学专业，就个人现实条件为基础，寻找切入点，思考"如何将专业知识与商业计划融合"，并详细策划你的创意。

第五章 财务管理

【学习目标】

（1）了解财务管理目标。
（2）了解所有者和经营者、债权人之间的矛盾及其协调方式。
（3）理解什么是复利以及复利计息的计算方式。
（4）掌握普通年金终值和现值的计算方法。
（5）掌握企业基本的筹资方式有哪些，以及每种方式的优缺点。
（6）掌握不同筹资方式资本成本的计算方式。

【导入案例】

从华为、阿里的崛起看财务助推之路

从一家默默无名的销售代理商，到雄踞通信设备行业的龙头，再到如今令全球科技霸主美国惶恐的华为，在实现这一华丽的蜕变中它的财务体系是如何助推的？同样成为全球最大的零售交易平台的阿里巴巴，其财务体系又在企业的崛起中起到了什么作用？它们的成功崛起掀起了一股学习标杆企业的热潮。它们的组织架构、管理运营方式、财务体系等都吸引着国内外大大小小的企业。在财务圈，不少人对华为、阿里的财务体系特别感兴趣，很想知道这些企业的财务部门是怎么搭建的，也希望能从这些大企的身上学些经验。

华为的成功离不开财务管理。提到华为的财务体系，绕不过一个关键人物，华为第一任CFO纪平。纪平既是任正非在南油集团的同事，也是华为最早的创始人之一。1987年9月，任正非、纪平、郭平等人凑钱成立了华为，当时的华为找不到发展的方向，处在倒闭的边缘。纪平、张燕燕等组成了华为最早的财务团队，他们最紧要的事情就是融资。正是靠着他们的财务经验，华为在早期渡过一次又一次难关。今天华为已成为世界级标杆企业，细数华为成功的原因，除了我们耳熟能详的奋斗者精神、股权激励以及重视研发等原因之外，严格的财务管理也功不可没。在开拓国内市场的那些岁月里，华为一直坚持异地任职制度，本地人不能做本地生意，有效地杜绝了各种腐败行为。另外，各地办事处也都严格执行"收支两条线"制度，销售人员负责打单却不经手钱，财务收支由总部直接控制，从而最大限度地保障了扩张中的华为不至于失控。华为的财务管理也是越来越规范，越来越严格，但之后其财务管理也一度进入瓶颈期。在2007年的一次内部会议上，任正非忧虑地说道："我们的确在海外拿到了不少大单，但我都不清楚这些单子是否赚钱。"虽然在2000年华为已经开始做成本核算，但是还没有前瞻性的预算管理；虽然财务部门已经能够在事后计算出产品的利润，却没有参与前期的定价和成本核算……诸如此类的事情很多，使得任正非痛下决心，亲自给IBM时任CEO彭明盛写了封信，请求IBM帮助华为完善财务管理。此后，IBM全球最精锐的财务咨询顾问也进驻华为，启动了IFS（集成财务转型）项目。IFS为华为培养了数千名合格的财务总监，他们深入到华为各个业务部门（包括销售、市场、研发、供应链等），把规范的财务流程植入到华为公司的整个运营流程，实现了收入与利润的平衡发展，这也是最近几年华为虽然营收增长放缓，但是利润的增长仍然不错的重要原因。

如今，华为账务核算已经实现了全球 7×24 小时循环结账机制，充分利用了共享中心的时差优势，在同一数据平台、同一结账规则下，共享中心接力传递结账作业，极大地缩短了结账的日历天数。24 小时系统自动滚动调度结账数据，170+系统无缝衔接，每小时处理 4 000 万行数据，共享中心"日不落"地循环结账，以最快的速度支撑着 130+代表处经营数据的及时获取。

同样对财务人而言，蔡崇信在阿里的知名度和重要性，恐怕是不亚于马云的。很多人都知道，蔡崇信在加入阿里的时候就任 CFO，并开始着手注册公司。在早期，是他帮助阿里巴巴明确了员工持股制度。早年有报道写过蔡崇信是如何在小黑板上给阿里巴巴的同事们解释股权、期权和财务制度。蔡崇信的到来，使得阿里巴巴开始真正规范化运作。其实，除了蔡崇信树立了一张名片外，阿里巴巴的财务管理体系，在财务界也是成绩斐然的，这背后当然少不了其他阿里财务人的努力和功劳。在 2017 年某论坛上，来自阿里巴巴的王祎，首次揭开了阿里财务管理的神秘面纱。在王祎看来，阿里的财务角色好比是司机，"一边踩油门，一边踩刹车"。一方面，业务发展特别快，财务要考虑怎么配合业务、追赶业务。另一方面，奔跑这么快的情况下，对阿里财务人把控风险、合规经营的要求也更高。阿里的财务共享一直在尝试引入技术，实现运营的智能化、自动化。

这不禁让我们感叹：财务管理也是生产力！当然，以上展示的只是这些大企业财务发展历程中的冰山一角，从企业财务体系的起步阶段、专业化探索阶段、夯实阶段到全球化阶段，以及迎接工业 4.0 科技大时代的挑战阶段，还有许多值得去学习和深挖的经验。但不可否认的是财务在企业的成长发展中至关重要，不可缺席！

（资料来源：https://www.sohu.com/a/256449507_816315）

思考：
（1）财务与业务之间的关系是怎样的？
（2）业财融合能发挥怎样的作用？

第一节　财务管理的目标

财务管理目标又称理财目标，是企业从事理财活动所要达到的目的，是评价企业财务活动是否合理的标准，它决定着财务管理的基本方向。确立一个科学合理的理财目标是企业理财活动取得成功的关键。

一、财务管理的目标理论

当今理论界对企业财务管理目标的观点众多，其中具有代表性的观点有以下几种：利润最大化、每股收益最大化、股东财富最大化、企业价值最大化，如图 5-1 所示。这些代表性观点具有各自的优缺点，虽都在强调财务管理目标主体的利益最大化，但所针对的受益者不同。

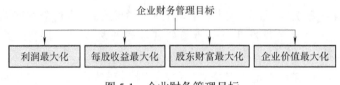

图 5-1　企业财务管理目标

（一）利润最大化

此观点认为利润至上，利润代表企业新创造的财富，利润越多企业财富增加得越多，越接近企业的目标。这一观点简明实用且指标也易于衡量，但是此观点没有考虑利润取得的时间、利润和所承担风险的关系、利润和所投入资本的关系。容易导致短期行为，忽视企业的长期发展。

 小知识

利润最大化目标没有揭示利润与现金的关系，可能出现"纸上富贵"的现象。例如，企业收入 100 万元，成本费用总计 90 万元，则利润为 10 万元。如果上述收入、成本费用都是现金收付，则企业存款账户上实实在在增加了 10 万元现金。如果上述收入并不全是现金收入，只有 80%是现销，其余 20%是赊销，而成本费用都是付现，则企业此时账面上利润为 10 万元，而企业存款余额却反而减少了 10 万元。进一步假设这笔赊销收入到时收不回来，最终成为坏账损失，那么企业所谓的新增财富就只是纸上富贵而已。

在实践中，有很多只有利润没现金从而导致企业走向衰败的例子，这样的利润最大化是不能被赞赏和接受的。

（二）每股收益最大化

每股收益即每股盈利，指税后利润与股本总数的比率。是普通股股东每持有一股所能享有的企业净利润或需承担的企业净亏损。每股收益通常被用来反映企业的经营成果，衡量普通股的获利水平及投资风险，是投资者等信息使用者据以评价企业盈利能力、预测企业成长潜力，进而做出相关经济决策的重要的财务指标之一。

每股收益最大化是把公司利润和股东投入的资本联系起来考察，用每股收益来概括公司的财务管理目标，可以克服利润最大化目标的局限性，即考虑了利润与投入资本的关系。但是仍然没有考虑每股收益取得的时间、每股收益的风险问题。

 小目标

个人理财目标——财务自由

人生的目标具有多样性，而个人理财目标主要解决个人财务资源约束的情况下，在财务方面实现个人生活目标的问题。总体而言，个人理财目标是获得财务自由。

所谓财务自由，是指个人或家庭的收入主要来源于主动投资而不是被动工作。当投资收入可以完全覆盖个人或家庭发生的各项支出时，就达到了财务自由的目的。由此出发，进而去努力实现各种更具意义的人生目标，如追随者满足和社会满足等。

(三)股东财富最大化

此观点认为,增加股东财富是财务管理的目标。持这一观点的人认为,股东创办企业的目的就是增加股东财富。如果企业不能为股东创造价值,股东就不会为企业出资,而没有了权益资金企业将不存在。因此,企业要为股东创造价值。

这一观点概念清晰、立场正确,股东财富可以用股票市价来衡量。且较之前两个观点考虑了货币时间价值、风险价值因素、利润与投入资本之间的关系,有助于避免企业的短期行为。同时追求股东财富最大化也存在缺点,如对于非上市公司难以适用,股价受众多因素影响,不能完全准确反映企业财务管理状况。

(四)企业价值最大化

该观点站在股东、债权人的角度,强调财务管理的目标应该是追求企业价值最大化。企业价值通常是指企业全部资产的经济价值。事实上,如果债务价值不变,企业价值最大化与增加股东财富具有同等意义。但若是上述假设条件不成立,则不能简单地将企业价值最大化等同于股东财富最大化。因为企业价值增加是股东财富增加和债务价值增加的合计,债务价值是会随着市场利率的变化而变化的。

企业价值最大化观点除了具有股东财富最大化观点的优点外,还有效兼顾了企业利益相关者的利益。但是,该种观点也存在着可操作性较差,企业价值较难计量的缺陷。

二、利益冲突和协调

(一)所有者与经营者的利益冲突与协调

企业是一个利益的集合体,在现代企业中,经营者一般不拥有占支配地位的股权,他们只是所有者的代理人。所有者期望经营者代表他们的利益工作,实现所有者财富最大化,而经营者则有其自身的利益考虑,两者的目标经常会不一致。通常而言,所有者支付给经营者报酬的多少,取决于经营者能够为所有者创造多少财富。经营者和所有者的主要利益冲突是经营者希望在创造财富的同时,能够获取更多的报酬、更多的享受,并避免各种风险;而所有者则希望以较小的代价支付较少报酬实现更多的财富。经营者的目标和股东的目标不仅不完全一致,还有可能为了实现自身的目标而背离股东的利益,从而"逆向选择",追求较高的享受;另外,经营者还可能不尽最大努力工作,产生职业怠慢,出现"道德风险"。为了防止经营者背离股东的目标,应采取让经营者的报酬与绩效相联系,并配之以一定的监督措施来协调二者的关系,具体举措包括:解聘、接收和激励。

(1)解聘是一种通过所有者约束经营者的办法。所有者对经营者予以监督,如果经营者绩效不佳,就解聘经营者;经营者为了不被解聘就需要努力工作,为实现财务管理目标服务。

(2)接收是一种通过市场约束经营者的办法。如果经营者决策失误、经营不力、绩效不佳,该企业就可能被其他企业强行接收或吞并,相应经营者也会被解聘。经营者为了避免这种接收,就必须努力实现财务管理目标。

(3)激励是一种将经营者的报酬与其绩效直接挂钩,以使经营者自觉采取能提高所有者财富的措施。

激励通常有两种方式：①股票期权。它是允许经营者以约定的价格购买一定数量的本企业股票，股票的市场价格高于约定价格的部分就是经营者所得的报酬。经营者为了获得更大的股票涨价益处，就必然主动采取能够提高股价的行动，从而增加所有者财富。②绩效股。它是企业运用每股收益、资产收益率等指标来评价经营者绩效，并视其绩效大小给予经营者数量不等的股票作为报酬。如果经营者绩效未能达到规定目标，经营者将丧失原先持有的部分绩效股。这种方式使经营者不仅为了多得绩效股而不断采取措施提高经营绩效，而且为了使每股市价最大化，也会采取各种措施使股票市价稳定上升，从而增加所有者财富。但即使由于客观原因股价并未提高，经营者也会因为获取绩效股而获利。

（二）所有者与债权人的利益冲突与协调

所有者的目标可能与债权人期望实现的目标发生矛盾。首先，债权人借债的目的在于定期取得利息，按期收回本金。而所有者取得借款资金后，可能会改变原有用途，将其用于高风险、高收益项目上，此时将大大增加偿债风险。高风险项目一旦获利成功，所有者将独享收益。而高风险项目一旦失败，债权人将与所有者共担风险。其次，所有者可能在未征得现有债权人同意的情况下，要求经营者举借新债，因为偿债风险相应增大，从而致使原有债权的价值降低。对于所有者与债权人之间的矛盾冲突解决方式，包括：限制性借债、寻求法律保护、债权人收回借款或不再借款。

（1）限制性借债，即债权人通过事先规定借债用途限制、借债担保条款和借债信用条件，使所有者不能通过此种方式削弱债权人的债权价值。

（2）寻求法律保护，即债权人寻求法律保护，在企业破产时，债权人优先接管、优先于股东分配剩余财产等。

（3）债权人收回借款或不再借款，即当债权人发现公司有侵蚀其债权价值的意图时，应采取收回债权或不给予公司重新放款的举措，从而保护自身的权益。

（三）所有者与其他人的利益冲突与协调

与此相类似，企业也要与职工、顾客、供应商、社区等搞好关系，任何不良企图都将招致利益相关者的反对和约束，从而对企业整体不利。从全社会的财务公共关系而言，股东只是社会的一部分人，他们在谋求自己利益的时候，不应当损害他人的利益，国家要保护所有公民的正当权益。为此，国家颁布了一系列保护公众利益的法律，如《中华人民共和国公司法》《中华人民共和国反不正当竞争法》《中华人民共和国环境保护法》《中华人民共和国消费者权益保护法》和《中华人民共和国产品质量法》等，通过这些法律调节股东和社会公众的利益。当然，法律不可能解决所有问题，企业经营和财务行为还要受到商业道德的约束，要接受政府有关部门的行政监督，以及社会公众的舆论监督，进一步协调企业和社会的矛盾，从而使企业在谋求自身利益的同时，也使社会公众受益，如增加就业、满足需求和提高生活质量等。

第二节　时间效应和复利效应

爱因斯坦曾说过世界上威力最大的并不是原子弹，而是复利加时间。当今社会越来越多的人把理财挂在嘴边，但却少有人知道理财的"第一原则"是复利加时间，即我们的"货币时间价值"。思考一个问题：现在给你 1 万元或者 5 年后给你 1 万元，你会如何选择？对于此问题的选择无形中就使用了我们的货币时间价值理论。所以什么是货币时间价值？其本质就是指货币随着时间的推移而发生的增值，是资金周转使用后的增值额。

 小故事

棋盘摆米

数学家和国王下棋获胜，国王问数学家要什么赏赐，数学家说："陛下，我不要你的重赏，只要你在我的棋盘上赏一些米粒就行了。在棋盘的第 1 个格子里放 1 粒，在第 2 个格子里放 2 粒，在第 3 个格子里放 4 粒，在第 4 个格子里放 8 粒，依次类推，以后每一个格子里放的米粒数都是前一个格子里放的米粒数的 2 倍，直到放满第 64 个格子就行了。""区区几粒米，这有何难，来人"，国王令人如数付给数学家。计数米粒的工作开始了，第一格内放 1 粒，第二格内放 2 粒，第三格内放 4 粒……还没有到第 20 格，一袋大米已经空了。一袋又一袋的大米被扛到国王面前来。但是，大米数一格接一格飞快增长着，国王很快就看出，即便拿出全国的粮食，也兑现不了他对数学家的诺言。原来，第 20 个棋盘是 524 288 粒米，第 64 个是 9 223 372 036 854 775 808 粒，所需米粒总数为 18 446 744 073 709 551 615 粒，假使每粒米重 0.02 克，即需大概 3 689 亿吨大米。即使以现代的农业生产力水平，举全球之力也难以实现这个奖励，这便是复利的魔力。

一、货币时间价值的含义

货币时间价值又称资金时间价值，是指资金随着时间的推移所产生的价值的增加。货币时间价值的主要理念是同样金额的资金，在不同的时点上，其价值是不一样的。但需要注意，货币时间价值的产生需要借助于两个基本条件：①资金必须投入生产经营的周转使用中；②要有一定的时间间隔。

由于货币时间价值产生的根本原因是企业将资金投入使用而创造出了新的价值，因此，只有周转使用中的资金才具有时间价值。另外，资金的循环和周转以及因此实现的资金增值需要或多或少的时间。每完成一次循环，资金就增加一定的数额。资金循环和周转的次数越多，其增值额也就越大。因此，资金随着时间的推移，其增值额不断增加，货币时间价值就表现为资金周转使用后所产生的价值的增量。

 小故事

24 美元买下曼哈顿

另外一个关于复利的故事，叫作"24 美元买下曼哈顿"，在西方世界流传很广。曼哈顿（Manhattan）是美国纽约市 5 个行政区之中人口最稠密的一个，也是最小的一个行政区。曼哈顿岛长 21.5 千米，最宽处为 3.7 千米，面积为 59.5 平方千米。曼哈顿拥有 1 585 873 的居民，即平均每平方千米有 26 668 的人口，也使曼哈顿成为世界上人口最稠密的地方之一。曼哈顿主要由一个岛组成，并被东河、哈得孙河以及哈莱姆河包围。曼哈顿被形容为整个美国的经济和文化中心，是纽约市中央商务区所在地，世界上摩天大楼最集中的地区，汇集了世界500强中绝大部分公司的总部，也是联合国总部的所在地。曼哈顿的华尔街（Wall Street）是世界上最重要的金融中心，有纽约证券交易所和纳斯达克证券交易所，曼哈顿的房产也是全世界最昂贵的房产之一。1626年，荷属美洲新尼德兰省总督Peter Minuit花了大约24美元从印第安人手中买下了曼哈顿岛。而到2000年1月1日，曼哈顿岛的价值已经达到了2.5万亿美元。以24美元买下曼哈顿，Peter无疑占了一个天大的便宜。很多人在讲这个故事的时候，都称之为投资界的神话，他们认为Peter占了一个大便宜，印第安人被骗了，因为Peter只用了24美元就买下了22.3平方英里的土地，而随着纽约逐渐发展成为世界金融和商业中心，曼哈顿岛的土地价值也随之水涨船高，翻了几亿倍都不止。但是，如果转换一下思路，Peter也许并没有占到便宜。股神巴菲特认为真正占了大便宜的其实是印第安人。他算了一笔账：截至1964年，曼哈顿岛土地的价值约为125亿美元；而如果当初印第安人把那24美元拿去投资，以年收益6.5%计算，到1964年这笔钱将会变成约421亿美元。从纽约金融市场在这338年间的发展来看，6.5%的年收益率其实很容易就能达到，这是一个很保守的估计。也就是说，当初的24美元在经过338年的投资过后，不但能轻松买下曼哈顿岛，而且还能剩下一大笔钱。所以，按照巴菲特的计算来看，当然是印第安人占了便宜，而Peter花的那24美元根本算不得一笔划算的投资。这也是复利的魔力。

二、货币时间价值中相关概念比较

（一）终值和现值

导论故事中大家都知道现在的钱和将来的钱在不同的时间节点上，价值是不同的，那么钱的价值在不同时点上的名称也是不同的，即现值与终值。"现值P"（Present Value）指的是一笔资金当下的价值；"终值F"（Future Value）则是指一笔资金在未来某一时点上的价值，即将来值或是本利和。今天的1万元与未来的1万元由于时间节点不同，价值不同，所以不能直接画等号。如果需要比较则需将它们折算到同一时点上进行比较。

1. 现值P

现值是未来时刻一定数量的现金现在的价值。例如，明年的今天，从银行取出了105元钱。银行存款利率为5%，则105元钱的现值就是100元。

2. 终值F

终值是现在一定数量的现金在未来某一时刻的价值。例如现在存入银行100元钱，存款利率5%，明年此时，100元钱变成105元。则105就是这100元钱的终值。

（二）单利和复利

无论求终值还是求现值，都涉及利率。利率表示每一期间的时间价值大小，一般用i表示，如无特殊说明，所给出的利率均为年利率。一定的货币量乘以利率就是每期货币增值量，可称为利息。计算利息一般有两种方式，即单利和复利。单利是指不论时间长短，只按本金计算利息，其所生利息不加入本金重复计算利息，即本能生利，利不能生利。复利是指不仅本金计算利息，而且需将本金所生的利息在下期转为本金，再计算利息，即本能生利，利也能生利，俗称"利滚利"。而在我们现实生活中复利与单利也是较为常见，如银行存款以单利计息，而银行贷款则是以复利计息。

课堂思考：
单利和复利一字之差，实际差得有多远？

本金的复利

假设现在有本金 100 万元，那么存 5 年定期按 6%单利计算和存 5 年定期按 6%复利计算，收益是否会有差异？差异为多少呢？通过表 5-1 将 5 年单利、复利的本息汇总如下：

表 5-1 单利、复利的本息汇总 （单位：元）

	单利			复利			复利本息-单利本息
	本 金	利 息	本 息	本 金	利 息	本 息	
第 1 年	1 000 000	60 000	1 060 000	1 000 000	60 000	1 060 000	0
第 2 年	1 000 000	60 000	1 120 000	1 060 000	63 600	1 123 600	3 600
第 3 年	1 000 000	60 000	1 180 000	1 123 600	67 416	1 191 016	11 016
第 4 年	1 000 000	60 000	1 240 000	1 191 016	71 460.96	1 262 476.96	22 476.96
第 5 年	1 000 000	60 000	1 300 000	1 262 476.96	75 748.6176	1 338 225.578	38 225.5776

由表 5-1 可知，随着时间的推移，单利实现的货币时间价值是小于复利产生的货币时间价值，且差异是越来越大的。100 万元存 5 年，复利利息比单利利息多出 3.8 万元。

三、货币时间价值的基本计算

货币时间价值通常是按复利计算的。复利不同于单利，是"利滚利"，也就是说，复利是本金加上之前的利息一起再计算利息。

（一）复利终值的计算

终值是指最后得到的数据，复利终值就是指一笔收支经过若干期后再到期时的金额，即我们俗称的本利和，根据复利的概念，计算某一笔钱的终值，可用以下公式计算：

$$F=P\times(1+i)^n$$

式中，F 代表复利终值；P 代表复利现值；i 代表利息率；n 代表计息期数；$(1+i)^n$ 代表复利终值系数，可用（F/P, i, n）来表示。

例：10 000 元存款在复利是 10%的条件下，5 年之后的价值是多少？

$$F=10\,000\times(1+10\%)^5=10\,000\times(F/P,10\%,5)$$
$$=10\,000\times1.6105=16\,105（元）$$

为了方便表达与简便计算，式中$(1+10\%)^5$这部分，我们将其称为"复利终值系数"，用符号表示为（F/P, i, n）。计算时，我们可以直接查本章附表 5-8 "1 元复利终值系数表"对其进行运算。

（二）复利现值的计算

复利现值是复利终值的对称概念，指未来一定时间的特定资金按复利计算的现在价值，

或者说是为取得将来一定本利和现在所需要的本金。复利现值的一般计算公式为

$$P=\frac{F}{(1+i)^n}$$

式中，P 代表复利现值；F 代表复利终值；i 代表利息率；n 代表计息期数；$(1+i)^{-n}$ 代表复利现值系数，可用（$P/F, i, n$）来表示。

例：若想在 5 年后取得 10 000 元，在贴现率是 10% 的条件下，现在应当向银行存入多少钱？

$$P=\frac{10\ 000}{(1+10\%)^5}=10\ 000\times（P/F, 10\%, 5）$$
$$=10\ 000\times0.6209=6\ 209（元）$$

为了方便表达与简便计算，式中$(1+10\%)^{-5}$这部分，我们将其称之为"复利现值系数"，用符号表示为"（$P/F, i, n$）"。计算时，我们可以直接查本章附表 5-9 "1 元复利现值系数表"对其进行运算。

（三）年金终值与年金现值的计算

从资本主义初期开始，"高利贷"现象频出，在这样的社会大背景下，为了简化等额复利的计算，年金也就应运而生。复利终值、复利现值都是针对一次性款项而言的，而年金终值、年金现值则是针对一系列款项而言的，系列收付款项要求至少两期。

年金（Annuity）是指一定期间内每期等额收付的款项。因此，可以说年金是复利的产物，是复利的一种特殊形式。如果每次收付款的金额相等，就可以在一定程度上简化计算。我们将一定时期内每隔相同时期等额收付的系列款项称为年金，通常记作 A。年金的两大基本特征即为"等额""等距"。首先，每次收付的金额必然相等；其次，每期金额间隔的时间相等，而此间隔不一定以年为单位。在现实生活中年金的形式多种多样，如养老金、房贷、车贷、租金等。这些都满足年金等额等距的两个基本特征。年金按发生时点的不同通常可分为普通年金、预付年金、递延年金、永续年金等。其中普通年金又称后付年金，是指每期期末有等额收付款的年金；也是本章节主要学习的年金形式。

（1）普通年金终值。普通年金即后付年金，是指最后一次支付时的本利和，它是每次支付的复利终值之和。每一期普通年金发生的时点都是在当期的期末。按复利换算到最后一期期末的终值，然后加总，就是该年金终值。普通年金终值的计算用公式表示如下：

$$FA=A\times(1+i)^{n-1}+A\times(1+i)^{n-2}+\cdots+A\times(1+i)^1+A\times(1+i)^0$$
$$=A\times\frac{(1+i)^n-1}{i}=A\times（F/A, i, n）$$

式中，A 表示普通年金；$[(1+i)^n-1]/i$ 代表普通年金终值系数，可用（$F/A, i, n$）表示。

例：假设一款保险，每年年末需要支付 1 000 元。20 年后，如果没有意外伤害，可以一次性取出所交保险。该保险每年增值 2%，请问 20 年后，能一次取出多少钱？

$$FA=1\ 000\times(1+2\%)^{19}+1\ 000\times(1+2\%)^{18}+\cdots+1\ 000\times(1+2\%)^1+1\ 000\times(1+2\%)^0$$
$$=1\ 000\times（F/A, 2\%, 20）$$
$$=1\ 000\times24.2974=24\ 297（元）$$

为了简化计算，可用普通年金终值公式 $FA=1\,000\times(F/A,2\%,20)$ 表示，其中 $(F/A,2\%,20)$ 可查找本章附表 5-10 "1 元普通年金终值系数表"得出，行中列示的是利息率，列中列示的是期数。观察该表可发现，若期数相同，利息率越高，年金终值系数越大；若利息率相同，期数越长，年金终值系数越大。

（2）普通年金现值。普通年金现值是以计算期期末为基准，在给定投资报酬率下按照货币时间价值计算出的未来一段期间内每年或每月收取或给付的年金现金流的折现值之和。简而言之就是指为在每期期末收付相等金额的款项，现在需要投入或收取的金额。可用如下公式表示：

$$PA=A\times(1+i)^{-1}+A\times(1+i)^{-2}+\cdots+A\times(1+i)^{-(n-1)}+A\times(1+i)^{-n}$$
$$=A\times\frac{1-(1+i)^{-n}}{i}=A\times(P/A,i,n)$$

式中，A 表示普通年金；$[1-(1+i)^{-n}]/i$ 代表普通年金现值系数，可用 $(P/A,i,n)$ 表示。

例：某实验室购买智能电闸控制系统，在六年内每年年末付款 26 500 元，当利率为 5% 时，相当于现在一次付款多少？

$$PA=26\,500\times(1+5\%)^{-1}+26\,500\times(1+5\%)^{-2}+\cdots+26\,500\times(1+5\%)^{-6}$$
$$=26\,500\times(P/A,5\%,6)$$
$$=26\,500\times5.0757=134\,506.05（元）$$

这是一个普通年金现值问题，其中，$(P/A,5\%,6)$ 可以通过本章附表 5-11 "1 元普通年金现值系数表"查得，该表行中列示的是利息率，列中列示的是期数。观察该表你会发现，若期数相同，利息率越高，年金现值系数越小；若利息率相同，期数越长，年金现值系数越大。

本节的重点内容是对货币时间价值计算公式的理解和记忆，在此，绘制了表 5-2，对复利终值、复利现值、普通年金终值、普通年金现值公式进行梳理，以方便读者记忆和把握。

表 5-2　货币时间价值计算公式整理

项　目	公　式	系数名称
复利终值	$F=P\times(F/P,i,n)$	复利终值系数
复利现值	$P=F\times(P/F,i,n)$	复利现值系数
普通年金终值	$FA=A\times(F/A,i,n)$	普通年金终值系数
普通年金现值	$PA=A\times(P/A,i,n)$	普通年金现值系数

第三节　筹资方式

一、企业筹资的概念与原则

（一）企业筹资的概念

企业筹资，又称企业融资，是企业进行财务活动的第一步，是企业作为筹资主体根据其生产经营、对外投资和调整资本结构的需要，通过一定的筹资渠道，运用适当的筹资方式，经济有效地筹措和集中资本的财务活动。简言之，就是企业的资金从哪里来。通过筹资环节有了资金企业才能创立，有了资金企业才能进入生产营运环节，有了资金企业才能进行内外的投资行为。甚至，企业为了降低资本成本，控制财务风险，有时也需要通过筹资活动来调整资本结构。

🔆 **课堂思考：**

乐视的警示

2010 年乐视成为首家登陆创业板的国内视频网站，并在随后几年内迅速发展成为创业板的龙头股票。与此同时乐视"嗜血"融资，"冒死"跃进，在资本市场上开展了疯狂的"烧钱"扩张模式。并购花儿影视、酷派、易到等多家公司，入股 TCL，开拓电视、手机、汽车等多项业务。大量的扩张投资使乐视的资金链出现断裂危机，从 700 亿元到 70 亿元的市值暴亏，触发退市危机。

尤其自 2012 年以来乐视资产负债率一路高升，融资结构趋于短期负债为主，在 2016 年资产负债率更是高达 57.39%。但与此同时乐视还在进行汽车研发等长期项目。持续几年的资金链危机，乐视的筹资方式给我们留下了什么样的警示？

（二）企业筹资的原则

企业筹资是一项重要而复杂的工作，为了有效地筹集企业所需资金，必须遵循以下基本原则，如图 5-2 所示。

1. 规模适当原则

这要求企业需合理预测筹资需要量，不同时期企业的资金需求量并不是一个常数，企业财务人员要认真分析科研、生产、经营状况，采用一定的方法，预测资金的需要数量，合理确定筹资规模。资金筹集不够，不利于企业日常生产经营运转、不足以应对突发危机。筹集资金过多，又容易造成资金闲置，提升机会成本。所以筹资需规模适当，正确预测当下资金需要量。

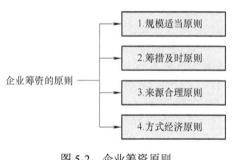

图 5-2 企业筹资原则

2. 筹措及时原则

企业财务人员在筹集资金时必须熟知资金时间价值的原理和计算方法，以便根据资金需求的具体情况，合理安排资金的筹集时间，适时获取所需资金。资本是具有时间价值的，筹措的资金能否按时到账就是资金的时效性问题。

3. 来源合理原则

资金的来源渠道和资金市场为企业提供了资金的源泉和筹资场所，它反映资金的分布状况和供求关系，决定着筹资的难易程度。不同来源的资金，对企业的收益和成本有不同影响，因此，企业应认真研究资金来源渠道和资金市场，合理选择资金来源。例如，企业要进行长期投资，则需要的资金数量多，且占用时间较长。如果此时用短期筹资来源来解决，很容易面临到期无法偿债的危险。相反的，短期投资需求资金的时间非常短，如果用长期融资来源来解决，成本比较高，而且过一段时间以后如果没有好的投资机会，会造成资金的闲置。

4. 方式经济原则

筹资也是要付出成本的。因此，在确定筹资数量、筹资时间、资金来源的基础上，企业在筹资时还必须认真研究各种筹资方式。企业筹集资金必然要付出一定的代价，不同筹资方式条件下的资金成本有高有低。为此，就需要对各种筹资方式进行分析、对比，选择经济、可行的筹资方式以确定合理的资金结构，以便降低成本、减少风险。

二、企业的筹资动机

 小故事

> **穷人的银行家**
>
> 在孟加拉国有一位银行家叫穆罕默德·尤努斯。他一手创办了格莱珉银行（Grameen Bank，意为"乡村银行"），为贫穷的农夫、街上擦皮鞋的小贩提供无抵押的低息贷款，甚至提供给乞丐短期借款。尤努斯发放的第一笔贷款只有 27 美元，而当时这家银行的信用风险在同行业中最低。
>
> 因其从社会底层推动了经济与社会的发展，尤努斯曾获得过包括 2006 年度诺贝尔和平奖在内的总计 60 多项荣誉，是实至名归的穷人的银行家。尤努斯在首创格莱珉银行之时，只是希望帮助孟加拉国的贫困人们获得必需的资本，那时他并未曾想到，会为时势所推动，从此开创了小额融资的一种现代模式，这在今天亦被世人评价为一项非凡的成就。

筹资动机是探讨企业为什么要筹措资金。一般来说，将企业的筹资动机归纳为四种基本类型：创立性筹资动机、扩张性筹资动机、调整性筹资动机和混合性筹资动机。

1. 创立性筹资动机

企业设立时，为取得资本金并形成开展经营活动的基本条件而产生的筹资动机。企业创建时，要按照企业经营规模核定长期资本需要量和流动资金需要量，购建厂房设备等，安排铺底流动资金，形成企业的经营能力。

2. 扩张性筹资动机

扩张性筹资动机是指企业为了满足扩大经营规模或增加对外投资的资本需要而产生的筹资动机。扩张性筹资活动在筹资的时间和数量上都应服从投资决策和投资计划的要求。扩张性筹资会导致企业资产总额的增加，也可能会使企业的资本结构发生变化。一般来说，处于成长阶段、具有良好发展前景的企业常常会进行扩张性的筹资活动。

3. 调整性筹资动机

调整性筹资动机是指企业出于优化资本结构的需要而产生的筹资动机。调整性筹资的目的是调整和优化资本结构，而不是为了生产经营活动的需要追加资本，因此，这种筹资通常不会增加资产总额。企业产生调整性筹资动机的原因有很多，例如，当一些债务即将到期时，企业虽然有足够的偿债能力，但为了保持现有的资本结构，仍然举新债还旧债。这种筹资的动机是调整性筹资动机。再比如，企业现有的资本结构不合理，需要优化资本结构，这种情况下就会产生调整性筹资动机，如果企业的资产负债率过高，企业就可能需要采用股权性筹资方式筹集一定数量的股权资本来偿还部分债务，从而降低资产负债率，使资本结构得到优化；反之，如果企业的资产负债率过低，财务杠杆的作用会较小，这时，企业就可能需要筹集一定数量的负债资本，并回购部分股票，以提高资产负债率，达到优化资本结构的目的。

4．混合性筹资动机

混合性筹资动机是指企业为了满足扩大生产经营规模和调整资本结构两种目的的共同需要而产生的筹资动机。混合性筹资动机兼具扩张性筹资动机和调整性筹资动机的特性，它不仅会增加资产总额，同时也会改变资本结构。

三、企业筹资方式的划分

筹资方式，是企业的筹集资金所采取的具体形式，它受到法律环境、经济体制、融资市场等筹资环境的制约，特别是受国家对金融市场和融资行为方面的法律法规制约。一般来说，企业最基本的筹资方式有两种：股权筹资和债务筹资。在现代市场经济竞争中，企业只有正确选择融资方式来筹集生产经营活动中所需要的资金，才能保障企业生产经营活动的正常运行和扩大再生产的需要。企业所处的内外环境各不相同，所选择的筹资方式也有相应的差异。企业只有采取了适合企业自身发展的筹资渠道和筹资方式才能够促进企业的长期发展。筹资决策的核心问题就是通过怎样的科学的筹资方式，利用怎样恰当的筹资渠道，在怎样的筹资时机下，及时地筹集到足额的资金来满足企业的资金需求。同时，应尽可能地提高资本的利用效率，尽可能地合理确定企业的资本结构，控制企业的财务风险。企业筹资方式的划分方式较多，具体如图5-3所示。

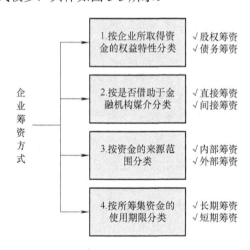

图5-3　企业筹资方式分类

1．按企业所取得资金的权益特性不同，可分为股权筹资和债务筹资

股权性筹资是指所筹集到的资本属于股权资本的筹资活动。股权资本，也称权益资本或自有资本，是企业依法取得并长期拥有、自主调配运用的资本，是企业经济运营活动中一个非常重要的筹资手段。企业的股权资本可以通过吸收直接投资、发行股票等筹资方式取得。

债务筹资是通过增加企业的负债来获取的，是指所筹集到的资本属于负债资本的筹资活动。企业使用债务筹资方式获得的资本需按期付息、到期还本。企业债务筹资方式多样，例如向银行贷款、发行债券、向供货商借款、融资租赁、商业信用等筹资方式。

股权筹资和债务筹资两者主要的区别在于：首先，需要偿还的利息不同，债务性资金必须到期偿还，一般还要支付利息；而权益性资金是企业的自有资金，不需要偿还，不需要支付利息，但可以视企业经营情况，进行分红、派息。其次，便是对企业所得税的影响，债务利息可以抵所得税，而权益资金不可以，因此一般债务资金成本比权益资金成本低。期末，权益性投资产生的利润分配，在所得税提取后进行；债权性筹资产生的利息在缴纳所得税前支付，所以，一定规模的债务既可以增加企业的资金实力，也可以减少企业所得税应纳税额，从而起到杠杆效应。最后，两者适用的企业不同，保守型企业倾向于使用更多的权益性资金，尽可能少地筹借债务性资金，因为这样可以降低经营成本和债务风险，使企业稳健发展。债务筹资适用于激进型企业，筹借较多的债务性资金，可使企业具有高速发展的潜力，但同时也会增加企业的经营成本和债务风险。

2. 按是否借助金融机构媒介，可分为直接筹资和间接筹资

直接筹资是指企业不以银行等金融机构为中介，直接向资本所有者筹措资本的一种筹资活动。企业可通过发行股票、发行债券、发行短期融资券等筹资方式进行直接筹资。在我国，随着金融市场的不断发展，直接筹资将越来越多地被广大企业所采用。

间接筹资是指企业通过银行等金融机构为中介来筹措资本的一种筹资活动。间接筹资是一种传统的筹资类型，主要包括银行借款、融资租赁等。间接筹资手续简便、方便快捷、筹资费用较低，对筹资企业要求的条件也比直接筹资低。所以，间接筹资一直乐于为企业所采用。目前，我国大多数企业的筹资活动仍然以间接筹资为主。

3. 按资金的来源范围不同，可分为内部筹资和外部筹资

内部筹资是指来源于企业内部的筹资，指企业通过留存收益的形式从企业内部筹措资本的筹资活动。内部筹资是在企业内部通过利润分配自然形成的，其数额大小主要取决于企业可供分配利润的规模以及企业的利润分配政策。内部筹资一般不支付筹资费用，资本成本较小，按照融资优序原则，一般先采用内部筹资再考虑外部筹资。

外部筹资是指来源于公司外部的筹资，即公司吸收其他经济主体的资本，使之转化为自己的投资的筹资方式。在企业内部筹资无法满足企业资本需要的情况下，企业应当从外部筹集资本。

外部筹资方式包括吸收直接投资、发行股票、发行债券、向银行借款、融资租赁、利用商业信用等，外部筹资具有速度快、弹性大、资金量大的优点。外部筹资的缺点是企业需要支付一定的筹资费用，如发行股票、债券的发行费用、向银行借款需支付的手续费等。企业需要负担高额成本，因此产生较高的风险。

4. 按所筹集资金的使用期限不同，可分为短期筹资和长期筹资

短期筹资通常是指企业需 1 年内（含 1 年）偿还的短期负债资本。短期筹资的主要方式有商业信用、短期借款、保理业务等。

长期筹资是指企业所筹集的资金使用期限在 1 年以上（不含 1 年）的筹资活动。长期筹资所筹集的资金是企业的长期资本，主要包括吸收直接投资、发行股票、发行债券、取得长期借款、融资租赁。

短期筹资与长期筹资主要区别在于：①灵活性不同，长期筹资灵活性较弱，发行手续相对复杂，发行周期较长。短期筹资灵活性较强，发行手续相对简单，发行周期明显缩短。②二者用途不同。长期筹资主要用于解决筹资者的扩展资本需要。投资者主要用它来满足企业经营管理的需要。短期筹资主要用于解决筹资者的短期资金使用和周转的需要，投资者主要用它来满足资产流动性管理的需要。③通常长期筹资的资本成本要比短期筹资的资本成本高。

四、企业主要筹资方式

（一）股票筹资

1. 股票的种类

股份有限公司可以根据公司需要及投资者的投资意愿，发行不同类型的股票，以满足不同筹资者和投资者的需要。

（1）按照股东享有的权利和承担的义务不同，可分为普通股和优先股

普通股是股份公司依法发行的具有管理权而股利不固定的股票。普通股具有股票的最一般特征，是股份公司权益资本中最基本的部分。通常情况下，股份有限公司只发行普通股。普通股所代表的是公司的业主权益。普通股的持有者是公司最终的所有者，他们集体拥有公司，同时也承担与公司所有权相联系的最终风险。

优先股是一种混合性质的证券，在某些方面类似于普通股，而有些方面又类似于债券。

（2）按照股票票面有无记名，可分为记名股票和无记名股票

记名股票是指在股票票面上记载股东姓名或者名称，并将其列入公司股东名册的股票。记名股票的转让、继承都要办理过户手续。我国《公司法》规定，公司向发起人、法人发行的股票，应为记名股票；向社会公众发行的股票，可以为记名股票，也可以为无记名股票。无记名股票是指在股票上不记载股东姓名或名称的股票。持有无记名股票的投资者都是公司股东。无记名股票的转让、继承无须办理过户手续，只要将股票交给受让人，就可产生转让效力。我国《公司法》规定，公司发行记名股票的，应当置备股东名册，记载下列事项：股东的姓名或者名称及住所；各股东所持股份数；各股东所持股票的编号；各股东取得股份的日期。发行无记名股票的，公司应当记载其股票数量、编号及发行日期。按照股票票面上有无金额分为有面值股票和无面值股票。有面值股票是指在股票的票面上记载每股金额的股票，股票面值的主要功能是确定每股股票在公司中所占有的份额。另外，还表明股东对每股股票所负有限责任的最高限额。我国《公司法》规定，股票应当标明票面金额。无面值股票是指在股票票面不记载每股金额的股票。无面值股票仅表示每一股在公司全部股票中所占有的比例，也就是说，这种股票只在票面上注明每股占公司总股本的投资比例，其价值随公司财产价值的增减而增减。

（3）按照投资主体不同，可分为国家股、法人股、个人股和外资股

国家股是有权代表国家投资的政府部门或机构以国有资产投入股份公司所购买的股票，这部分投入资本形成国家资本。

法人股是企业法人或具有法人资格的事业单位和社会团体以其依法可支配的资产投入

公司所购买的股票，这部分投入资本形成法人资本。

个人股是社会个人或本公司内部职工以个人合法财产投入公司所购买的股票，这部分投入资本形成个人资本。

外资股是指供外国投资者及我国香港、澳门和台湾地区投资者所购买的股票，这部分投入资本形成外商资本。

（4）按发行对象和上市地区的不同，可分为A股、B股、H股、N股和S股

我国上市公司的股票有A股、B股、H股、N股、S股等的区分，这一区分主要依据股票的上市地点和所面对的投资者而定。A股的正式名称是人民币普通股票，它是由我国境内的公司发行的，以人民币认购和交易的普通股票。B股的正式名称是人民币特种股票，它是由我国境内的公司发行的，以人民币标明面值，以外币认购和买卖的普通股票。H股也称国企股，指注册地在内地、上市地在香港的中资企业股票。（因香港的英文是Hong Kong，取其字首，在香港上市的外资股就叫做H股。）依次类推，纽约的第一个英文字母是N，新加坡的第一个英文字母是S，在纽约和新加坡上市的股票分别叫作N股和S股。

2．股票的发行方式

普通股的发行方式主要分为公开招股发行、不公开直接发行、向股东配股和向第三者配股等四种发行方式，如图5-4所示。

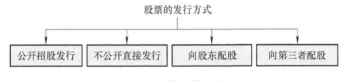

图5-4 股票的发行方式

（1）公开招股发行

公开招股发行即公募发行，它是以不特定的多数投资者为发行对象公开招募认购股票。它可以是直接公募发行，也可以是间接公募发行。其中，直接公募发行是发行公司向社会公众发售股票，发行公司承担发行责任与风险；间接公募发行是发行公司通过承销机构发行股票。通常的做法是发行公司与承销人之间签订承销合约，由承销人向社会公众发售。

（2）不公开直接发行

不公开直接发行属于私募发行，它是指不公开对外发行股票，只向少数特定的对象直接发行的方式。不公开直接发行无需经中介机构承销。我国股份有限公司采用发起设立方式和以不向社会公开募集的方式发行新股的做法，属于股票的不公开直接发行。这种发行方式弹性较大，手续简单，发行迅速，节约发行费用，但发行范围小，股票变现性差。

（3）向股东配股

向股东配股即赋予现有股东以优先认购新股的权利的发行方式。它是按原股东持有的股数的一定比例配予优先认购的新股数。这种发行方式不会引起股权结构发生大的变化。

（4）向第三者配股

向第三者配股即公司在新股票发行时，给予与公司有特定关系的第三者（如其他公司或银行）以新股认购权。这种做法多在公司经营不景气，筹资困难时才予以采用。

3. 股票的发行价格

公司发行新股，股东大会应当对新股种类及数额、新股发行价格、新股发行的起止日期以及向原有股东发行新股的种类及数额等事项做出决议。其中，股票发行价格的确定非常重要。如果发行价格过高，可能导致发行失败；如果发行价格过低，则可能会导致资本的筹集不足，同时也会损害到原有股东的利益。因此，合理确定发行价格是保证发行成功的关键。按照发行价格与其面值的关系，股票的发行价格如图5-5所示：

图5-5 股票的发行价格

（1）平价发行，即将股票面值作为股票的发行价格。

（2）市价发行，即将公司现有流通在外股票的市场价格或同类股票的现行价格作为股票的发行价格。

（3）中间价发行，即股票发行价格介于股票面值和市场价格之间。

4. 优先股的含义

所谓优先股，又称特别股，是指优先于普通股股东分得公司收益和剩余资产的一种股票。优先股股东的优先权是相对于普通股股东而言的，这种优先权主要表现在优先分配股利和优先分配剩余财产两个方面。

优先分配股利。优先股股东可以从本公司当年可供分配的利润中优先得到按固定股利率支付的股利。公司在支付完优先股股利之后，若有剩余，普通股股东才可能获得股利。如果当年公司经营欠佳，可供分配的利润不足以支付优先股股利，持有累积优先股股票的股东还可以把未发足的股利累积起来，由以后年度可供分配的利润优先补足。

优先分配剩余财产。公司破产或歇业清算时，在清偿了所有债务后，剩余财产应先偿还优先股股本，如再有剩余才能按股份比例对普通股股东进行分配，所以优先股都设有票面价值，以便清偿。同时，优先股在某些权益上也受到一定限制，例如，优先股股利是固定的股利率，即使公司的盈利很大，优先股股利仍只能以约定的股利率为限，除非投资者购买的是参与优先股；优先股一般无表决权，即没有对公司的控制权，除非公司在一定时期内未能支付优先股股利或者在合同条款中特别允许时，优先股股东才享有表决权，但其表决权远远小于普通股股东所拥有的表决权。从法律意义上讲，优先股与普通股一样构成股东权益，属于权益资本而非负债范畴。

5. 优先股的特征

优先股是一种股息固定的股票，既类似于债券，又同时具有普通股的某些特性，优先股属于混合权益证券。优先股与普通股同属于企业权益资金，具有普通股特征，表现在以下四个方面：

（1）发行优先股所筹集资金的性质为权益资金，优先股股票持有者也是公司的股东。

（2）优先股筹资构成公司股本，大部分情况下没有明确的到期日，股利的支付也不是一种义务。

（3）优先股股息在税后收益中支付，不具节税作用。

（4）优先股股东对其财产的求偿权仅限于股票面额，并承担有限责任。

优先股所具有的债务特征表现在以下几个方面：

（1）优先股的股息固定，其股利通常按面值的一定百分比来发放或按定额股利发放，不受公司经营状况和盈利水平的影响。

（2）优先股股东一般没有表决权和管理权，即优先股股东没有选举权、被选举权和对公司的控制权。

（3）优先股的发行契约中可能规定有收回或赎回条款，有的还有偿债基金条款，即赋予其一个不确定的到期日，使其具有还本的特性。

（4）附转换权的优先股可在一定条件下转换为普通股。

（5）由于优先股的股利固定，对普通股股东权益而言，具有财务杠杆的作用。

6. 普通股筹资的评价

普通股筹资的评价见表 5-3。

表 5-3 普通股筹资的评价

普通股的优点	1. 企业股利的支付并不固定，股利的多少与企业的盈利能力相关
	2. 股本没有固定的到期日
	3. 基于上述两点优点，也可得出利用股票筹资的财务风险较小
	4. 发行股票能增强公司的信誉
普通股的缺点	1. 股权筹资成本负担较重
	2. 容易分散公司的控制权

（1）股票筹资的优点

1）企业股利的支付并不固定，股利的多少与企业的盈利能力相关。这使得公司可以根据具体情况相机行事：当盈利较多时可按照比例多支付股利，当企业经营不善、盈余较少时，可选择负担较少的股利甚至暂停支付股利。

2）股本没有固定的到期日。股本没有任何的届满日期，其所筹资本是公司永久性资本，除非公司破产清算才需偿还。因此，普通股本是公司资本中最为稳定的资金来源，它对保证公司最低的资金需求，促进公司长期持续稳定经营至关重要。

3）基于上述两点优点，也可得出利用股票筹资的财务风险较小。由于股权筹资没有固定的到期日，也不用支付固定利息，因而实际上不存在无法还本付息的风险。

4）发行股票能增强公司的信誉。股本以及由此产生的资本公积和留存收益，可以成为公司筹措债务资本的基础。较多的权益资本有利于提高公司的信用价值，同时也为利用更多的债务筹资提供了强有力的支持。

（2）股票筹资的缺点

1）股权筹资成本负担较重。这是因为投资人投资于股票的风险大，所要求的收益率高；并且，股利是以税后利润支付的，无抵税作用。此外，股票的发行手续复杂，筹资费用也较高，这些都决定了股票的筹资成本较高。

2）容易分散公司的控制权。公司若增发股票就会增加新股东，增加新股东后，将稀释原有股东股权，可能改变原有的股权结构。因此，与负债筹资方式相比，通过发行股票筹资，容易分散公司的控制权。且公司与投资者不容易进行信息沟通。

7．优先股筹资的评价

优先股筹资的主要优点表现在以下四个方面，见表5-4：

表5-4　优先股筹资的评价

优通股的优点	1. 优先股股利的支付既固定又具有一定的弹性
	2. 发行优先股可以保持普通股股东的控制权
	3. 与发行债券融资相比，优先股一般没有固定的到期日，不用偿还本金
	4. 从公司债权人的角度看，优先股股本是公司的权益资本，发行优先股可以增强公司未来的偿债能力，保护债权人的利益，使公司更容易进行债务筹资活动
优通股的缺点	1. 优先股的筹资成本较高
	2. 发行优先股的限制较多
	3. 优先股的固定股息可能会成为公司的一项财务负担

1）优先股股利的支付既固定又具有一定的弹性。一般来说，优先股都采用固定股利，但固定股利的支付并不构成公司法定的义务。如果公司财务状况欠佳，可暂时推迟股利支付，即使如此，优先股股东也不会向债权人一样迫使公司破产。

2）发行优先股可以保持普通股股东的控制权。因为大部分优先股没有投票权或只有有限的投票权，因此发行优先股一般不会稀释原有普通股股东的控制权。

3）与发行债券融资相比，优先股一般没有固定的到期日，不用偿还本金。公司发行优先股筹资，实际上是得到了一笔无限期的资金，不承担还本义务，不像债券那样必须定期、如数地履行还本义务，也无须做再筹资计划。

4）从公司债权人的角度看，优先股股本是公司的权益资本，发行优先股可以增强公司未来的偿债能力，保护债权人的利益，使公司更容易进行债务筹资活动。

利用优先股筹资也有其不足，主要表现在以下三个方面：

1）优先股的筹资成本较高。优先股的股利是以税后利润支付的，因而不能获得税收上的好处，其成本一般高于债券的成本。

2）发行优先股的限制较多。发行优先股通常有许多限制条件，例如，对普通股股利支付上的限制，对公司负债筹资的限制等。

3）优先股的固定股息可能会成为公司的一项财务负担。由于优先股股息固定，且需在税后支付，因此，当公司盈利较低时，优先股股息会成为公司的一项较重的财务负担。虽然可以延期支付，但延期支付也会损害公司的形象。

（二）长期借款

长期借款是企业筹资活动中的主要资金来源之一。企业生产经营过程中需要大量的资金，光靠自有资金往往不够，需要向外举债。长期借款一般来自本国的银行和国际开发机构，且借入的偿还期在一年以上。本节重点介绍银行长期借款方式及其优缺点。

1. 长期借款的种类

（1）按有无抵押品分类

银行长期借款按有无抵押品可分为信用贷款和抵押贷款。信用贷款是指以借款人的信誉发放的贷款，借款人不需要提供担保。其特征就是债务人无须提供抵押品或第三方担保，仅凭自己的信誉就能取得贷款，并以借款人信用程度作为还款保证。此种方式借款要求企业有良好的资信。由于信用贷款风险较大，借款方一般要对借款方的经济效益、经营管理水平、发展前景等情况进行详细的考察，以降低风险。抵押贷款又称担保贷款，是指以特定的抵押品作为担保的贷款。要求借款方提供一定的抵押品作为贷款的担保，以保证贷款的到期偿还。抵押品一般为易于保存、不易损耗、容易变卖的物品，如有价证券、票据、股票、房地产等。贷款期满后，如果借款方不按期偿还贷款，银行有权将抵押品拍卖，用拍卖所得款偿还贷款。拍卖款清偿贷款的余额归还借款人。如果拍卖款不足以清偿贷款，由借款人继续清偿。

（2）按提供贷款的金融机构分类

按提供贷款的金融机构可分为政策性银行贷款、商业银行贷款和非银行金融机构贷款。政策性银行贷款是中央银行和政策性银行为贯彻国家在不同历史时期的经济发展政策，所发放的有特定投向和用途的各种贷款的统称。在中国商品经济和市场经济条件下，政策性贷款作为国家银行调控宏观经济的信贷倾斜行为，体现出国家发展国民经济的政策性导向。所以其业务范围是有具体限制的，但政策性银行的长期贷款利息率一般比商业银行低，期限也较长。企业的长期借款大部分来自商业银行贷款，商业银行贷款是企业银行借款筹资的主要形式。非银行金融机构贷款也是企业长期借款的一种重要形式。这种长期借款一般较商业银行贷款的期限更长，相应地，利率也较高，但对借款企业的信用要求和担保的选择也比较严格。

2. 长期借款的信用条件

参照国际惯例，银行发放贷款时，往往涉及信用额度、周转信用协议、补偿性余额、抵押担保等信用条款。

（1）信用额度

信用额度是借款企业与银行间正式或非正式协议规定的企业借款的最高限额。通常在信用额度内，企业可随时按需要向银行申请借款。在正式协议下，约定某企业的信用额度为 100 万元，该企业已借用 60 万元且尚未偿还，则该企业仍可申请借款 40 万元，银行将予以保证。而在非正式协议下，如果企业信誉不好，即使银行曾经答应按贷款限额提供贷款，企业也可能得不到借款，此时银行并不承担按最高借款限额保证贷款的法律义务。

（2）周转信用协议

周转信用协议是银行有法律义务地承诺提供不超过某一个最高限额的贷款协定，是一种正式的信用额度。企业享用周转信用协议，通常就要对贷款限额的未使用部分支付给银行一笔承诺费用。承诺费用是银行向企业提供周转信用协议的附加条件。但对于借款企业而言，承诺费用的支付提高了借款企业的实际利率。因为借款企业不仅要支付所贷款项的银行利息，还需就贷款限额的未使用部分付给银行承诺费用。

(3) 补偿性余额

补偿性余额是银行要求借款企业将借款的一定比例留存银行，一般为借款的 10%~20%。从银行的角度来看，补偿性余额有利于银行降低贷款风险。但对于借款企业而言，补偿性余额提高了借款的实际利率。

(4) 抵押担保

如果企业的财务较困难，银行在发放贷款的同时会要求企业提供抵押品担保，以便降低银行贷款风险。借款的抵押品通常为企业的应收账款、存货、有价证券以及房屋等。当银行接受抵押品后，将根据抵押品的价值给予企业一定数额的贷款，一般为抵押品账面价值的 30%~50%。抵押贷款往往被银行看作风险贷款，银行将收取较高的利息，同时银行对该种贷款的管理也较严格，往往收取一定的手续费。银行有时要求企业为取得借款而做出其他承诺，如及时提供财务报表，保持资产的流动性等。如企业违背所做出的承诺，银行可以要求企业立即偿还全部贷款。

3．长期借款的限制性条件

由于长期借款的期限长，风险大，按照国际惯例，银行通常会在贷款合同中提出一些有助于保证贷款按时足额偿还的条件，这些条件一般被称为保护性条款。归纳起来，保护性条款有一般性保护条款和特殊性保护条款两类。

(1) 一般性保护条款

一般性保护条款主要包括：流动资金量的规定；对支付现金股利和再购入股票的限制；对资本支出规模的限制；限制其他长期债务；定期提交财务报表；不准在正常情况下出售较多资产；如期纳税和清偿到期债务；不准以任何资产作为其他承诺的担保或抵押；不准贴现应收票据或出售应收账款；限制租赁固定资产的规模等。

(2) 特殊性保护条款

特殊性保护条款主要包括：贷款专款专用；不准投资于短期内不能收回资金的项目；限制高级职员的薪金和奖金总额；要求主要领导人在合同有效期内担任领导职务；要求主要领导人购买保险等。

4．长期借款筹资的评价

长期借款筹资的评价见表 5-5。

表 5-5　长期借款筹资的评价

长期借款的优点	1．筹资速度快
	2．筹资成本较低
	3．银行借款弹性较大
长期借款的缺点	1．财务风险较高
	2．限制条件较多
	3．筹资数量有限

(1) 银行长期借款筹资的优点

1) 筹资速度快。银行长期借款较之发行股票、债券筹资程序较为简单，所花费的时间较短，能迅速获取现金。

2）筹资成本较低。银行长期借款的利息计入财务费用，在税前列支，故可产生抵税效果。除此以外取得资金的筹资费用也较低，长期借款的利率一般低于发行债券的利率。

3）银行借款弹性较大。企业的筹资数量、还款时间、借款条件等可根据企业的经营情况、财务情况灵活协商，具有较大的灵活性。

（2）银行长期借款筹资的缺点

1）财务风险较高。借款筹资必须按期还本付息，不像股权筹资与企业的经营状况相关。如若企业经营不善，无法盈利，也许到期付息、按时还本，此时将给企业带来较大财务负担，甚至会产生不能偿付的风险，因此，企业利用长期借款筹资的财务风险较高。

2）限制条件较多。企业利用长期借款筹资需要与银行签订借款合同。在借款合同中，通常会有一些限制性条款，这些限制性条款可能会影响到企业以后的筹资、投资和收益分配活动。

3）筹资数量有限。银行借款的筹资数额受到银行机构的限制，通常银行不会给企业审批数额太大的贷款，银行借款筹资难以像发行股票和债券那样筹集大笔资金，无法满足公司大规模筹资的需要。

（三）发行债券

1. 债券的概念

公司债券是企业为了筹集资金而向债权人发行的有价证券，发行企业承诺按一定利率到期支付利息和偿还本金。公司债券有固定利率，其收益一般不变。债券持有人只是公司债权人，不能参与共同经营决策。债券到期应偿还。在公司解散时，债券所有人就公司财产可比股东得到优先清偿。债券的种类如图 5-6 所示。

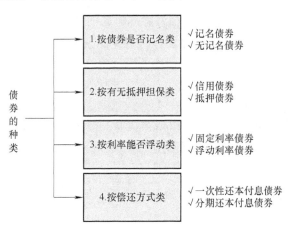

图 5-6　债券的种类

（1）按债券是否记名，可分为记名债券和无记名债券

记名债券是指在债券存根簿上记有债权人姓名或名称，并由发行企业或代理机构进行登记的债券。记名债券记录的具体内容包括：债券持有人的姓名或名称、住所；债券持有人取得债券的日期及债券编号；债券总额、票面金额、利率、还本付息的期限和方式；债券的发行日期等。这种债券转让时必须由债券持有人背书并向发行企业登记，办理过户手

续；发债公司凭债券存根簿上记录的姓名或名称，或背书及其印鉴偿还本息。无记名债券是指在债券存根簿上不记录持有人姓名或名称的债券，债券持有人即为债权人。无记名债券存根簿上只记录债券发行总额、利率、偿还方式和期限、发行日期和债券编号。这种债券的转让无须过户，还本付息时也以债券为凭证。

（2）按有无抵押担保品，可分为信用债券和抵押债券

信用债券又称为无担保债券，它没有特定资产作担保，完全凭借发行公司的信用。因此，只有信用良好的公司才可以发行此类债券，信用债券的利率通常高于担保债券。抵押债券是指公司以某种资产作为担保发行的债券。根据担保品的不同，又可分为不动产抵押债券、抵押信托债券和设备信托债券。不动产抵押债券的担保财产一般是不动产；抵押信托债券一般是以实际资产之外的证券类资产作为担保品；设备信托债券一般是为购买大型设备而发行的，借款人只有在偿还债务之后才能取得设备的所有权。

（3）按利率能否浮动，可分为固定利率债券与浮动利率债券

固定利率债券是指在债券偿还期内，利率固定不变的债券。在预期市场利率会上升时，发行固定利率债券有利于公司降低筹资成本。浮动利率债券是指在债券偿还期内，根据市场利率变化而定期调整利率的债券。一般6个月或1年调整一次利率。通常，在市场利率波动幅度较大时，发行这类债券有助于在投资者和发行企业之间分摊利率风险。

（4）按偿还方式不同，可分为一次性还本付息债券与分期还本付息债券

一次性还本付息债券是指债券到期时一次性还清本息，这是一种最常见的债券。分期还本付息债券是指分期偿付债券本息，这种债券又分为三种形式：①债券的本金和利息都分期偿付；②债券的本金分期偿还，债券的利息到期一次性支付；③债券的利息分期支付，本金到期一次付清。

（5）按是否可赎回，可分为可赎回债券和不可赎回债券

可赎回债券是指发行公司可以按照发行时规定的条款，依一定的条件和价格在公司认为合适的时间收回的债券。一般来讲，债券的赎回价格要高于债券面值，高出的部分称为"赎回溢价"。不可赎回债券，即债券发行之后，发行人不能在债券到期前进行回购的公司债券，只能到期一次还本付息。

（6）按照债券是否上市，可分为上市债券与非上市债券

上市债券是指经批准可以在证券交易所交易的债券。债券上市对发行公司和投资者都有一定的好处：①上市债券因其符合一定的标准，信用度较高，出售的价格一般较高；②债券上市有利于提高发行公司的知名度；③上市债券成交速度快，变现能力强，更易于吸收投资者。

非上市债券是指未在证券交易所上市，只能在场外交易的债券。此种债券流动性差。

2．发行公司债券的程序

发行债券要经过一定的程序。办理规定的手续一般包括以下几个程序，如图5-7所示。

（1）做出决议或决定。公司在实际发行债券之前，必须做出发行债券的决议，具体决定公司债券的发行总额、票面金额、发行价格、募集方法、债券利率、偿还日期及方式等内容。我国股份有限公司、有限责任公司发行公司债券，应由董事会制定方案，经由股东大会做出决议；国有独资公司发行债券，应由国家授权投资的机构或者国家授权的部门做

出决定。非公司制国有企业发行企业债券应由政府有关部门批准。

（2）报请有关部门批准。公司发行公司债券，在本公司的权力机关做出决议后，还须报经国务院证券管理部门批准。公司在向国务院证券管理部门报批时，应提交下列文件：公司登记证明、公司章程、公司债券募集办法、资产评估报告和验资报告。

（3）制定募集办法，并予以公告。发行公司债券的申请经批准后，公开向社会发行债券，应当向社会公告债券募集办法。根据我国《公司法》的规定，公司债券募集办法中应当载明公司名称、本次发行债券总额和债券面值、债券利率、还本付息的期限与方式、债券发行的起止日期、公司净资产额、已发行而尚未到期的公司债券总额、债券的承销机构等事项。

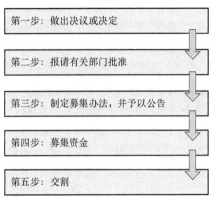

图 5-7 发行公司债券的程序

（4）募集资金。公司发出债券募集公告后，在公告所定的期限内募集借款。公司债券的发行方式一般有公司直接向社会发行和由证券经营机构承销发行两种。

（5）交割。发行公司公开发行公司债券，由证券承销机构发售时，投资者直接向承销机构付款购买，承销机构代理收取券款并交付债券；然后，发行公司向承销机构收缴债券并结算手续费。

3. 债券的信用评级

我国目前的公司债券信用评级业务，既包括对债券的信用评级，也包括对发行债券企业主体的信用评级，两者在方法上类似，但评级目的有所不同。对工商企业进行信用评级的目的是为企业开展信用活动提供信息服务。对债券信用评级是以有价证券为评级主体的信用评级业务，是为投资者购买债券提供信息服务。

公司发行债券，一般要经独立的信用评级机构评级，以反映该债券的风险程度。公司债券的信用等级表示公司债券的质量优劣，它反映了债券还本付息的能力强弱和债券投资风险的高低，同时也反映债券违约的可能性大小。按照国际惯例，可以把债券的级别按风险程度的大小分为三等九级两大类。其中两大类是指投资类和投机类。一般一等的 AAA、AA、A 级和二等的 BBB 级属于投资类；二等的 BB、B 级和三等的 CCC、CC、C 级属于投机类。

债券筹资的评价见表 5-6。

表 5-6 债券筹资的评价

债券的优点	1. 债券资本成本负担较轻
	2. 保证公司控制权
	3. 有利于调整资本结构
债券的缺点	1. 财务风险高
	2. 限制条件较多
	3. 筹资数量有限

(1) 发行公司债筹资的主要优点

1) 债券资本成本负担较轻。债券投资的风险比股权投资要小。债权人往往要求的预期收益率低于普通股股东。且债券利息在税前计入财务费用，因此具有节税功能。所以资本成本也相对较低。

2) 保证公司控制权。债券持有者为公司债权人，债权人只享有利息收益权利，对于企业的经营管理没有决策权，因此债券筹资有利于保障股东对公司的控制权，通过债券筹资既不会稀释股东对公司的控制权，又能扩大公司投资规模。

3) 有利于调整资本结构。企业如果适时选择可转换债券或可提前收兑债券，可使企业资本结构富有弹性，对企业主动调整其资本结构十分有利。

(2) 发行公司债券筹资的主要缺点

1) 财务风险高。债券为按期付息，到期还本，且利率较为固定。当企业盈利较多时，公司债券也许不会造成太大压力。但是一旦企业经营不善，资金紧张时，也必须定期偿还债券本息，此时将造成较大财务风险。

2) 限制条件较多。发行债券的限制条件往往比长期借款、租赁融资的限制条件要多，且更严格，从而限制了公司对债券筹资方式的使用，某些限制条件有时还会影响到公司以后的筹资能力。

3) 筹资数量有限。利用债券筹资在数量上有一定的限度，当公司的负债比率超过了一定程度后，债券筹资的成本就要上升，有时甚至会发行不出去。

（四）租赁融资

1. 租赁的含义

按照期限以及合约约束程度的不同租赁可分为经营租赁和融资租赁，经营租赁（Operating Lease）又称为业务租赁，它一般是由于承租人因生产经营的需要向出租人提出的一种租赁业务。承租人提出要求，出租人则将设备进行出租。用户按租约交租金，在租用期满后退还设备。经营租赁的承租人租入资产的目的并不真正在于融资，而是要满足短期的生产经营需要。融资租赁（Financial Lease）即融资与融物相结合。它是指出租人根据承租人（用户）的请求，与第三方（供货商）订立供货合同，根据此合同，出租人出资向供货商购买承租人选定的设备。同时，出租人与承租人订立一项租赁合同，将设备出租给承租人，并向承租人收取一定的租金。租赁期满，按事先约定的办法处理设备，包括退还租赁公司，或继续租赁，或企业留购。通常采用企业留购办法，即以很少的"名义价格"买下设备。

2. 融资租赁的特征

融资租赁这种筹资方式筹集的是负债资本，适用于各种类型的企业。融资租赁筹资方式将融资与融物相结合，使筹资企业可以快捷、方便地得到所需要的资产。融资租赁的特征如下：

(1) 租赁设备由承租人选定，出租人只负责设备购入，然后交给承租人使用。

(2) 融资租赁的租期较长，一般是租赁设备寿命期的 75% 或更长。

(3) 融资租赁合同是一种不可撤销的合同。在租赁期内，双方都必须严格遵守，都无权单方面解除合同。这样，一方面保证了承租人可以长期使用租赁设备；另一方面又能保证出租人在租赁期内收回投资。

（4）承租人负责租赁设备的维修保养和保险。

（5）租赁期满后，租赁设备的处置方式可以是由出租人收回，即退租，但较少见；也可以是租赁双方重新签订租赁合同，即续租；还可以是由承租人廉价将设备买下，即留购。其中，留购是最常见的形式。

3. 融资租赁的主要形式

（1）直接租赁

直接租赁是融资租赁的典型形式。在直接租赁下，承租人确认自己所需要的资产，它要么直接从厂家将该资产租过来；要么向租赁公司等金融机构提出申请，由出租人先从厂家那里买入该资产，再租给承租人。

（2）售后租回

在售后租回这种形式下，企业按照协议先将其资产卖给租赁公司，再作为承租企业将所售的资产租回后使用，并按期向租赁公司支付租金。采用这种融资形式，承租企业因出售资产而获得一笔现金，同时因为将其租回而保留了对该资产的使用权。

（3）杠杆租赁

杠杆租赁一般要涉及承租人、出租人和贷款人三方当事人。从承租人的角度看，杠杆租赁与其他融资租赁形式并无区别。但对于出租人却不同，出租人只需垫支购买资产所需现金的一部分，一般为20%～40%，其余部分则以该资产为担保向贷款人借款支付，这种融资租赁形式，租赁公司既是出租人又是贷款人，既要收取租金又要支付债务。由于租赁收益一般大于借款成本支出，出租人因此可获得财务杠杆利益，故被称为杠杆租赁。

4. 融资租赁的程序

融资租赁的程序如图5-8所示。

（1）做出租赁决策

当企业需要长期使用某项设备而又没有购买该项设备所需资金时，一般有两种选择：①筹措资金购买该项设备；②融资租入该项设备。通常可以通过融资租赁决策做出合适的抉择。

（2）选择租赁公司

当企业决定采用融资租赁方式取得某项设备时，即应开始选择租赁公司。比较租赁公司实力、融资条件、租赁费等有关资料，择优选定。

（3）办理租赁委托

当企业选定租赁公司后，便可向其提出申请，办理委托。这种委托包括填写"租赁申请书"及提供财务状况的文件资料。

图5-8 融资租赁的程序

（4）签订购货协议

租赁公司受理租赁委托后，即由租赁公司与承租企业的一方或双方选择设备的制造商或销售商，与其进行技术与商务谈判，签订购货协议。

(5)签订租赁合同

租赁合同由承租企业与租赁公司签订。租赁合同用以明确双方的权利与义务,它是租赁业务的最重要的文件,具有法律效力。

(6)办理验货及投保

承租企业收到租赁设备,要进行验收。验收合格后签发租赁设备收据及验收合格证并提交租赁公司,租赁公司据以向制造商或销售商付款。同时,承租企业向保险公司办理投保事宜。

(7)交付租金

承租企业在租赁期内按合同规定的租金数额、交付日期、交付方式,向租赁公司交付租金。

(8)租赁期满的设备处理

融资租赁合同期满,承租企业可按合同规定对租赁设备留购、续租或退还。一般来说,租赁公司会把租赁设备在期满时以低价甚至无偿转给承租企业。

5. 融资租赁的评价

融资租赁的评价见表 5-7。

表 5-7 融资租赁的评价

融资租赁的优点	1. 无须大量资金就能迅速获得所需资产
	2. 财务风险较小
	3. 筹资限制条件少
	4. 可以避免设备陈旧过时的风险
融资租赁的缺点	1. 资本成本负担较重
	2. 难以改良资产

(1)融资租赁筹资的优点

1)无须大量资金就能迅速获得所需资产。承租人只需支付租金,就可使用所需设备,比直接购买更为迅速,能快速形成生产力。

2)财务风险较小。租金分期支付,到期后基本将本金支付完成,没有支付大量本金的压力,可适当降低公司不能偿付的风险。

3)筹资限制条件少。租赁所附加的限制条件较长期借款少,增加了筹资的灵活性。

4)可以避免设备陈旧过时的风险。随着现代科学技术的不断进步,设备陈旧过时的风险很高,而多数租赁协议规定此种风险由出租人承担,承租公司可因此避免这种风险。

(2)融资租赁筹资的缺点

1)资本成本负担较重。融资租赁所负担的租金一般较高,设备到期后一般以名义价格出售给承租人,所以承租人在支付租金的阶段基本将本金及使用费支付完成。许多租赁的租金要高于债券利息。

2)难以改良资产。未经出租人同意,承租人不得擅自对租赁资产加以改良。

第四节 筹资决定

企业的筹资决定,是指为了满足企业生产经营过程中的资金需要,对企业的各种筹资方式进行评估。从筹资规模、筹资成本、筹资风险、筹资的时间等方面进行衡量。在多渠道的方式下选择出最经济、资本成本最低的筹资方案。确定一个最优资金结构的分析判断过程。其基本思想是实现资金来源的最佳结构,即使公司平均资金成本率达到最低限度时的资金来源结构。本节主要介绍对于确定合理的筹资方案至关重要的两个因素的测算,即资金需要量预测、资本成本。

一、资金需要量预测

资金需要量预测是指企业根据生产经营的需求,对未来所需资金的估计和推测。企业筹集资金,首先要对资金需要量进行预测,即对企业未来组织生产经营活动的资金需要量进行估计、分析和判断,它是企业制订融资计划的基础。对于资金需求量的预测方法常用的有:因素分析法、销售百分比法、资金习性预测法。这里主要介绍因素分析法。

因素分析法又称分析调整法,是以有关项目基期年度的平均资金需要量为基础,根据预测年度的生产经营任务和资金周转加速的要求,进行分析调整,来预测资金需要量的一种方法。计算简便,容易掌握,用于品种繁多、规格复杂、资金用量较小的项目。因素分析法是假设销售增长与资金需要量同向变动,资金周转速度与资金需要量反向变动。计算公式如下:

资金需要量=(基期资金平均占用额-不合理资金占用额)×(1±预测期销售增减率)× (1±预测期资金周转速度变动率)

例:甲企业本年度资金平均占用额为3 500万元,经分析,其中不合理部分为500万元,预计下年度销售增长5%,资金周转加速2%。

要求:确定本年度资金需要量。

资金需要量=(3 500-500)×(1+5%)×(1-2%)=3 087(万元)

二、资本成本

(一)资本成本的概念

资本成本是指企业筹集和使用资金而承付的代价,包括筹资费用与用资费用两大组成部分。企业在筹措资金过程中为获得资金而付出的费用称为筹资费用,如股票、债券的发行费用以及借款的手续费等。企业在生产经营、投资过程中因使用资金而付出的费用称为用资费用,如利息、股利等。

(二)资本成本的表示方法

在财务管理中一般用相对数,即资本成本率来表示资本成本。如果每年的用资费用相同,则资本成本率是每年的用资费用与实际筹集资金的比率,即

$$资本成本率 = \frac{每年的用资费用}{筹资总额 - 筹资费用}$$

资本成本是企业筹资决策的重要依据。正确评估资本成本是企业筹资决策的需要,合理降低资本成本,是企业筹资管理的目标。不同筹资方式所筹集的资本的成本不同。企业在筹资时总是要尽可能地降低资本成本,为此,必须分析、比较各种资本成本的高低,并合理安排各种资本之间的比例关系。

(三)资本成本在企业管理中的作用

资本成本是企业选择筹资方式、确定资本结构的一个重要依据。不同筹资方式所筹集的资本的成本不同。企业在筹资时总是要尽可能地降低资本成本,为此,必须分析、比较各种资本成本的高低,并合理安排各种资本之间的比例关系。总的来讲,资本成本在企业筹资决策中的重要作用主要表现在以下几方面,如图5-9所示:

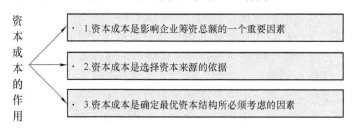

图5-9 资本成本在企业管理中的作用

(1)资本成本是影响企业筹资总额的一个重要因素

随着筹资数量的增加,资本成本会发生变化。一般来说,当筹资规模扩大时,企业的边际资本成本会随之上升,当边际资本成本上升到超过企业的承受能力时,企业就不能再增加筹资数量。因此,边际资本成本是限制企业筹资数量的一个重要因素,也是选择追加筹资方案的一个依据。

(2)资本成本是选择资本来源的依据

企业可以从不同的筹资渠道,采用不同的筹资方式筹集资本。不同的筹资渠道和筹资方式筹集到的资本成本是不相同的。企业选择哪种筹资渠道,采用哪种筹资方式,主要应考虑个别资本成本的高低。

(3)资本成本是确定最优资本结构所必须考虑的因素

企业的全部资本是由各种不同的资本组合形成的。企业的资本结构不同,其资本成本和财务风险也不同。企业筹资有多个组合方案可供选择时,应比较不同筹资组合的综合资本成本的高低。在其他条件相同的情况下,只有使企业综合资本成本最低的资本结构才是最优的资本结构。需要注意的是,资本成本不是企业筹资决策中所要考虑的唯一因素,企业筹资还要考虑财务风险、资金期限、偿还方式、限制条件等相关因素。

(四)影响资本成本的因素

影响资本成本的因素有两大方面,即外部因素和内部因素,如图5-10所示。

利率、市场风险溢价和税率是影响资本结构的外部因素。市场利率提高,公司的资本成本提高;市场风险溢价提高,股权资本成本提高,股权资本成本提高时,各公司会增加债务筹资,并推动债务资本成本上升;税率变化直接影响税后债务成本以及公司的加权平均资本成本。

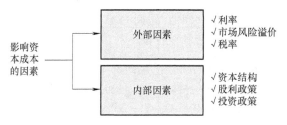

图 5-10 影响资本成本的因素

资本结构、股利政策和投资政策则是影响资本成本的内部因素。随着资本结构中负债比率的提高,由于风险的加大,资本成本也会发生变化;股利政策选择的实质是内部筹资决策,如果企业将更多的现金分配给股东,则在资金短缺时,企业可能选择债务筹资,因风险的加大,资本成本会发生变化;如果企业投资于高风险项目,会增加企业风险,引起资本成本的变化。

(五)资本成本的计算

1. 银行借款资本成本的估算

银行借款的筹资费用较低,并且利息可以计入税前利润中,因此,具有抵减所得税的作用。短期借款与长期借款资本成本的测算方法基本相同。只是短期借款的期限较短,因此无需考虑货币时间价值的影响。而长期借款的期限较长,受货币时间价值的影响程度较大,一般应考虑货币时间价值的影响。下面介绍银行借款资本成本的测算方法。

$$K=\frac{I(1-T)}{L(1-F)}$$

式中,K 表示银行借款资本成本;I 表示银行借款的年利息额;T 为所得税税率;L 为银行借款的筹资额,即借款本金;F 为银行借款的筹资费率,即借款手续费率。

例:某企业取得长期借款 400 万元,年利率 11%,期限为 5 年,每年付息一次,到期一次还本,筹措借款的费用率为 0.5%,企业所得税率为 25%,计算其资金成本:

$$K=\frac{400\times11\%\times(1-25\%)}{400\times(1-0.5\%)}=8.29\%$$

2. 债券资本成本的估算

发行债券的成本主要包括债券利息和筹资费用,企业债券的利息费用也在所得税前列支。因此,债券资本成本的估算方法类似于银行借款的估算,也分为两类方法,即不考虑货币时间价值情况下的债券资本成本估算方法和考虑货币时间价值情况下的债券资本成本的估算方法。只不过是债券的筹资费用一般较高,在计算资本成本时一般不能忽略不计,而应予以考虑。另外,债券的发行价格有平价、溢价和折价三种,债券利息要按照票面额和票面利率确定,但债券的筹资额应按照具体发行价格计算。

$$K=\frac{I(1-T)}{B(1-F)}$$

式中，K 表示债券资本成本；I 表示债券的年利息额；T 为所得税税率；B 为债券的筹资额；F 为债券的筹资费率。

$$债券资本成本 = \frac{债券面值 \times 票面利率 \times (1-所得税税率)}{债券发行价格 \times (1-筹资费率)} \times 100\%$$

例：某企业发行面值 600 万元的债券，票面利率 12%，期限为 5 年，每年付息一次，发行费用率为 5%，企业所得税税率为 25%，债券按面值发行，计算其资本成本：

$$K = \frac{600 \times 12\% \times (1-25\%)}{600 \times (1-5\%)} = 9.47\%$$

3. 普通股资本成本的估算

估计普通股资本成本通常有三种方法：资本资产定价模型、股利折现模型和债券收益加风险溢价法。三种方法各有优点和缺点，只是资本资产定价模型使用得最为广泛。本节我们用 K 表示普通股资本成本，如果每年股利固定，普通股资本成本的估算如下：

$$K = \frac{D}{P(1-F)}$$

式中，K 表示普通股资本成本；D 表示普通股年股利；P 为普通股的筹资额；F 为普通股的筹资费率。

$$普通股资本成本率 = \frac{每年固定股利}{普通股发行价格 \times (1-筹资费率)} \times 100\%$$

例：某公司拟发行普通股股票，发行价格为每股 10 元，每股筹资费率 3%，预计每年分派现金股利每股 0.5 元，则该股票的资本成本计算如下：

$$K = \frac{0.5}{10 \times (1-3\%)} = 5.15\%$$

【案例分析】

如何筹资

小王毕业后就业于某汽车制造公司，该公司现有 58 个生产厂家，还有物资、销售、进出口、汽车配件等 4 个专业公司，一个轻型汽车研究所和一所汽车工学院。公司现在急需 1 亿元的资金用于汽车技术改造项目。为此，总经理于 2021 年 9 月召开由生产副总经理、财务副总经理、销售副总经理、某信托投资公司金融专家、某经济研究中心经济学家、某大学财务学者组成的专家研讨会，讨论该公司筹资问题。

他们的发言和相关资料如下：

总经理首先发言："公司汽车技术改造项目经专家、学者的反复论证，已被国家正式批准立项。这个项目的投资额预计为 4 亿元，生产能力为 4 万辆。项目改造完成后，公司的两个系列产品的各项性能可达到国际同类产品的先进水平。现在项目正在积极实施中，但目前资金不足，准备在 2021 年 11 月前筹措 1 亿元资金，请大家发表自己的意见，谈谈如何筹措这笔资金。"

生产副总经理说："目前筹集的 1 亿元资金，应该主要用于投资少、效益高的技术改进项目。这些项目在两年内均能完成建设并正式投产，到时将大大提高公司的生产能力和产品质量，估计这笔投资在改造投产后三年内可完全收回。所以应发行五年期的债券筹集资金。"

财务副总经理提出了不同意见，他说："目前公司全部资金总额为10亿元，其中自有资金4亿元，借入资金6亿元，自有资金比率为40%。负债比率为60%，这种负债比率在我国处于中等水平，与世界发达国家如美国、英国等相比，负债比率已经很高了，如果再利用债券筹集1亿元资金，负债比率将达到64%，显然负债比率过高，财务风险太大。所以，不能利用债券筹资，只能靠发行普通股或优先股筹集资金。"

某信托投资公司金融专家认为："在目前条件下要发行1亿元普通股是很困难的。发行优先股还可以考虑，但根据目前的利率水平和生产情况，发行时年股息不能低于16.5%，否则也无法发行。如果发行债券，因要定期付息还本，投资者的风险较小，估计以12%的利率便可顺利发行债券。"

来自某经济研究中心的经济学家认为："目前新能源汽车的发展，传统汽车行业可能会受到冲击，销售量会受到影响。在进行筹资和投资时应考虑这一因素，不然盲目上马，后果将是不够理想的。"

公司的销售副总经理认为："将来一段时间内销量不成问题。虽然近几年受新能源汽车的影响，但公司的销售状况仍创历史最好水平，居全国领先地位。近几年在全国汽车行业质量评比中，连续获奖。所以，销量不会产生大的影响。"

财务副总经理说："公司目前税后资金利润率为16%，若这项技术改造项目成功，由于采用了先进设备，投产后预计税后资金利润率将达到18%。所以，他认为这技术改造项目应付诸实施。"

来自某大学财务学者听了大家的发言后指出："以16.5%的股息率发行优先股不可行，因为发行优先股所花费的筹资费用较多，把筹资费用加上以后，预计利用优先股筹集资金的资金成本将达到19%，这已高于公司税后资金利润率的1%，所以不可行。但若发行债券，由于利息可以在税前支付，实际成本大约在9%左右。"他还认为，目前我国正处于通货膨胀时期，利息率比较高，这时不宜发行较长时期的负担较高的利息或股息。所以，教授认为，应首先向银行筹措1亿元的技术改造贷款，期限为一年，一年以后，再以较低的股息率发行优先股股票来替换技术改造款。

财务副总经理听了学者的分析后，也认为按16.5%发行优先股，的确会给公司带来沉重的财务负担。但他不同意学者后面的建议，他认为，在目前条件下向银行筹措亿元技术改造贷款几乎不可能；另外，通货膨胀在近一年内不会消除，要想消除通货膨胀，利息率有所下降，至少需要两年时间。金融专家也同意财务副总经理的看法，他认为一年后利息率可能还要上升，两年后利息率才会保持稳定或有所下降。

（资料来源：根据王化成. 财务管理教学案例［M］. 北京：中国人民大学出版社整理改编）

分析与讨论：
1. 归纳这次筹资研讨会上提出了哪几种筹资方案？
2. 请对会上的几种筹资方案展开评价。
3. 你若在现场，听了与会同志的发言，会做出何种决策？

【拓展思考】

1. 财务管理的基本目标是什么，有哪些代表性的目标导向？
2. 什么是复利现值和复利终值？举例说明复利的威力。
3. 企业筹资的基本原则是什么？企业常用的筹资方式有哪些？
4. 将 50 000 元存入银行，定期为 3 年，银行的存款利率为 2%，按半年复利一次，请问这笔存款 3 年后取出为多少？
5. 某企业年初从银行贷款 1 200 万，并商定从第 2 年开始每年年末偿还 250 万元。若银行利率按 10%计算，那么该企业大概在第几年可还清这笔贷款？

【任务卡】

任务目标 1：学会协调集团利益相关者之间的冲突，制定出合理的财务管理目标。

实施流程：

1. 角色扮演：

主角一位：所有者。

配角三位：经营者、债权人、企业所在社区工作人员。

假设主角小冯为某院校电子信息工程专业的学生，毕业后创立一电子产品公司，小冯为该公司的所有者。现在主角小冯邀请其他三位同学分别扮演经营者、债权人、企业所在社区工作人员。大家均从自身利益出发讨论分析利益预期，以及与其他利益相关者之间的冲突，将讨论结果分条汇总至一起。

2. 小冯在保障自身利益的前提下针对大家的要求给出协调方案，并制定出合理的财务管理目标。

任务目标 2：学会选择筹资方式。

某智能产品开发专业的学生小王，毕业后就业于某电子技术公司。该公司刚成立不久，近期公司打算购置一台设备，设备的市场价格 500 万元。奈何公司资金有限，于是召开会议进行讨论。

讨论：公司可以选择哪些方式获取所需设备？

附表（表 5-8～表 5-11）

表 5-8　1 元复利终值系数表

期数	1%	2%	3%	4%	5%	6%	7%	8%	9%	10%	11%	12%	13%	14%	15%
1	1.01	1.02	1.03	1.04	1.05	1.06	1.07	1.08	1.09	1.1	1.11	1.12	1.13	1.14	1.15
2	1.0201	1.0404	1.0609	1.0816	1.1025	1.1236	1.1449	1.1664	1.1881	1.21	1.2321	1.2544	1.2769	1.2996	1.3225
3	1.0303	1.0612	1.0927	1.1249	1.1576	1.191	1.225	1.2597	1.295	1.331	1.3676	1.4049	1.4429	1.4815	1.5209
4	1.0406	1.0824	1.1255	1.1699	1.2155	1.2625	1.3108	1.3605	1.4116	1.4641	1.5181	1.5735	1.6305	1.689	1.749
5	1.051	1.1041	1.1593	1.2167	1.2763	1.3382	1.4026	1.4693	1.5386	1.6105	1.6851	1.7623	1.8424	1.9254	2.0114
6	1.0615	1.1262	1.1941	1.2653	1.3401	1.4185	1.5007	1.5869	1.6771	1.7716	1.8704	1.9738	2.082	2.195	2.3131
7	1.0721	1.1487	1.2299	1.3159	1.4071	1.5036	1.6058	1.7138	1.828	1.9487	2.0762	2.2107	2.3526	2.5023	2.66
8	1.0829	1.1717	1.2668	1.3686	1.4775	1.5938	1.7182	1.8509	1.9926	2.1436	2.3045	2.476	2.6584	2.8526	3.059
9	1.0937	1.1951	1.3048	1.4233	1.5513	1.6895	1.8385	1.999	2.1719	2.3579	2.558	2.7731	3.004	3.2519	3.5179

（续）

期数	1%	2%	3%	4%	5%	6%	7%	8%	9%	10%	11%	12%	13%	14%	15%
10	1.1046	1.219	1.3439	1.4802	1.6289	1.7908	1.9672	2.1589	2.3674	2.5937	2.8394	3.1058	3.3946	3.7072	4.0456
11	1.1157	1.2434	1.3842	1.5395	1.7103	1.8983	2.1049	2.3316	2.5804	2.8531	3.1518	3.4786	3.8359	4.2262	4.6524
12	1.1268	1.2682	1.4258	1.601	1.7959	2.0122	2.2522	2.5182	2.8127	3.1384	3.4985	3.896	4.3345	4.8179	5.3503
13	1.1381	1.2936	1.4685	1.6651	1.8856	2.1329	2.4098	2.7196	3.0658	3.4523	3.8833	4.3635	4.898	5.4924	6.1528
14	1.1495	1.3195	1.5126	1.7317	1.9799	2.2609	2.5785	2.9372	3.3417	3.7975	4.3104	4.8871	5.5348	6.2613	7.0757
15	1.161	1.3459	1.558	1.8009	2.0789	2.3966	2.759	3.1722	3.6425	4.1772	4.7846	5.4736	6.2543	7.1379	8.1371
16	1.1726	1.3728	1.6047	1.873	2.1829	2.5404	2.9522	3.4259	3.9703	4.595	5.3109	6.1304	7.0673	8.1372	9.3576
17	1.1843	1.4002	1.6528	1.9479	2.292	2.6928	3.1588	3.7	4.3276	5.0545	5.8951	6.866	7.9861	9.2765	10.7613
18	1.1961	1.4282	1.7024	2.0258	2.4066	2.8543	3.3799	3.996	4.7171	5.5599	6.5436	7.69	9.0243	10.5752	12.3755
19	1.2081	1.4568	1.7535	2.1068	2.527	3.0256	3.6165	4.3157	5.1417	6.1159	7.2633	8.6128	10.1974	12.0557	14.2318
20	1.2202	1.4859	1.8061	2.1911	2.6533	3.2071	3.8697	4.661	5.6044	6.7275	8.0623	9.6463	11.5231	13.7435	16.3665

表 5-9　1 元复利现值系数表

期数	1%	2%	3%	4%	5%	6%	7%	8%	9%	10%	11%	12%	13%	14%	15%
1	0.9901	0.9804	0.9709	0.9615	0.9524	0.9434	0.9346	0.9259	0.9174	0.9091	0.9009	0.8929	0.885	0.8772	0.8696
2	0.9803	0.9612	0.9426	0.9246	0.907	0.89	0.8734	0.8573	0.8417	0.8264	0.8116	0.7972	0.7831	0.7695	0.7561
3	0.9706	0.9423	0.9151	0.889	0.8638	0.8396	0.8163	0.7938	0.7722	0.7513	0.7312	0.7118	0.6931	0.675	0.6575
4	0.961	0.9238	0.8885	0.8548	0.8227	0.7921	0.7629	0.735	0.7084	0.683	0.6587	0.6355	0.6133	0.5921	0.5718
5	0.9515	0.9057	0.8626	0.8219	0.7835	0.7473	0.713	0.6806	0.6499	0.6209	0.5935	0.5674	0.5428	0.5194	0.4972
6	0.942	0.888	0.8375	0.7903	0.7462	0.705	0.6663	0.6302	0.5963	0.5645	0.5346	0.5066	0.4803	0.4556	0.4323
7	0.9327	0.8706	0.8131	0.7599	0.7107	0.6651	0.6227	0.5835	0.547	0.5132	0.4817	0.4523	0.4251	0.3996	0.3759
8	0.9235	0.8535	0.7894	0.7307	0.6768	0.6274	0.582	0.5403	0.5019	0.4665	0.4339	0.4039	0.3762	0.3506	0.3269
9	0.9143	0.8368	0.7664	0.7026	0.6446	0.5919	0.5439	0.5002	0.4604	0.4241	0.3909	0.3606	0.3329	0.3075	0.2843
10	0.9053	0.8203	0.7441	0.6756	0.6139	0.5584	0.5083	0.4632	0.4224	0.3855	0.3522	0.322	0.2946	0.2697	0.2472
11	0.8963	0.8043	0.7224	0.6496	0.5847	0.5268	0.4751	0.4289	0.3875	0.3505	0.3173	0.2875	0.2607	0.2366	0.2149
12	0.8874	0.7885	0.7014	0.6246	0.5568	0.497	0.444	0.3971	0.3555	0.3186	0.2858	0.2567	0.2307	0.2076	0.1869
13	0.8787	0.773	0.681	0.6006	0.5303	0.4688	0.415	0.3677	0.3262	0.2897	0.2575	0.2292	0.2042	0.1821	0.1625
14	0.87	0.7579	0.6611	0.5775	0.5051	0.4423	0.3878	0.3405	0.2992	0.2633	0.232	0.2046	0.1807	0.1597	0.1413
15	0.8613	0.743	0.6419	0.5553	0.481	0.4173	0.3624	0.3152	0.2745	0.2394	0.209	0.1827	0.1599	0.1401	0.1229
16	0.8528	0.7284	0.6232	0.5339	0.4581	0.3936	0.3387	0.2919	0.2519	0.2176	0.1883	0.1631	0.1415	0.1229	0.1069
17	0.8444	0.7142	0.605	0.5134	0.4363	0.3714	0.3166	0.2703	0.2311	0.1978	0.1696	0.1456	0.1252	0.1078	0.0929
18	0.836	0.7002	0.5874	0.4936	0.4155	0.3503	0.2959	0.2502	0.212	0.1799	0.1528	0.13	0.1108	0.0946	0.0808
19	0.8277	0.6864	0.5703	0.4746	0.3957	0.3305	0.2765	0.2317	0.1945	0.1635	0.1377	0.1161	0.0981	0.0829	0.0703
20	0.8195	0.673	0.5537	0.4564	0.3769	0.3118	0.2584	0.2145	0.1784	0.1486	0.124	0.1037	0.0868	0.0728	0.0611

表 5-10　1 元普通年金终值系数表

期数	1%	2%	3%	4%	5%	6%	7%	8%	9%	10%	11%	12%	13%	14%	15%
1	1	1	1	1	1	1	1	1	1	1	1	1	1	1	1
2	2.01	2.02	2.03	2.04	2.05	2.06	2.07	2.08	2.09	2.1	2.11	2.12	2.13	2.14	2.15
3	3.030	3.0604	3.0909	3.1216	3.1525	3.1836	3.2149	3.2464	3.2781	3.31	3.3421	3.3744	3.4069	3.4396	3.4725

(续)

期数	1%	2%	3%	4%	5%	6%	7%	8%	9%	10%	11%	12%	13%	14%	15%
4	4.060	4.1216	4.1836	4.2465	4.3101	4.3746	4.4399	4.5061	4.5731	4.641	4.7097	4.7793	4.8498	4.9211	4.9934
5	5.101	5.204	5.3091	5.4163	5.5256	5.6371	5.7507	5.8666	5.9847	6.1051	6.2278	6.3528	6.4803	6.6101	6.7424
6	6.152	6.3081	6.4684	6.633	6.8019	6.9753	7.1533	7.3359	7.5233	7.7156	7.9129	8.1152	8.3227	8.5355	8.7537
7	7.213	7.4343	7.6625	7.8983	8.142	8.3938	8.654	8.9228	9.2004	9.4872	9.7833	10.089	10.4047	10.7305	11.0668
8	8.285	8.583	8.8923	9.2142	9.5491	9.8975	10.2598	10.6366	11.0285	11.4359	11.8594	12.2997	12.7573	13.2328	13.7268
9	9.368	9.7546	10.1591	10.5828	11.0266	11.4913	11.978	12.4876	13.021	13.5795	14.164	14.7757	15.4157	16.0853	16.7858
10	10.42	10.9497	11.4639	12.0061	12.5779	13.1808	13.8164	14.4866	15.1929	15.9374	16.722	17.5487	18.4197	19.3373	20.3037
11	11.56	12.1687	12.8078	13.4864	14.2068	14.9716	15.7836	16.6455	17.5603	18.5312	19.5614	20.6546	21.8143	23.0445	24.3493
12	12.68	13.4121	14.192	15.0258	15.9171	16.8699	17.8885	18.9771	20.1407	21.3843	22.7132	24.1331	25.6502	27.2707	29.0017
13	13.80	14.6803	15.6178	16.6268	17.713	18.8821	20.1406	21.4953	22.9534	24.5227	26.2116	28.0291	29.9847	32.0887	34.3519
14	14.94	15.9739	17.0863	18.2919	19.5986	21.0151	22.5505	24.2149	26.0192	27.975	30.0949	32.3926	34.8827	37.5811	40.5047
15	16.09	17.2934	18.5989	20.0236	21.5786	23.276	25.129	27.1521	29.3609	31.7725	34.4054	37.2797	40.4175	43.8424	47.5804
16	17.25	18.6393	20.1569	21.8245	23.6575	25.6725	27.8881	30.3243	33.0034	35.9497	39.1899	42.7533	46.6717	50.9804	55.7175
17	18.43	20.0121	21.7616	23.6975	25.8404	28.2129	30.8402	33.7502	36.9737	40.5447	44.5008	48.8837	53.7391	59.1176	65.0751
18	19.61	21.4123	23.4144	25.6454	28.1324	30.9057	33.999	37.4502	41.3013	45.5992	50.3959	55.7497	61.7251	68.3941	75.8364
19	20.81	22.8406	25.1169	27.6712	30.539	33.76	37.379	41.4463	46.0185	51.1591	56.9395	63.4397	70.7494	78.9692	88.2118
20	22.01	24.2974	26.8704	29.7781	33.066	36.7856	40.9955	45.762	51.1601	57.275	64.2028	72.0524	80.9468	91.0249	102.4436

表 5-11 1元普通年金现值系数表

期数	1%	2%	3%	4%	5%	6%	7%	8%	9%	10%	11%	12%	13%	14%	15%
1	0.9901	0.9804	0.9709	0.9615	0.9524	0.9434	0.9346	0.9259	0.9174	0.9091	0.9009	0.8929	0.885	0.8772	0.8696
2	1.9704	1.9416	1.9135	1.8861	1.8594	1.8334	1.808	1.7833	1.7591	1.7355	1.7125	1.6901	1.6681	1.6467	1.6257
3	2.941	2.8839	2.8286	2.7751	2.7232	2.673	2.6243	2.5771	2.5313	2.4869	2.4437	2.4018	2.3612	2.3216	2.2832
4	3.902	3.8077	3.7171	3.6299	3.546	3.4651	3.3872	3.3121	3.2397	3.1699	3.1024	3.0373	2.9745	2.9137	2.855
5	4.8534	4.7135	4.5797	4.4518	4.3295	4.2124	4.1002	3.9927	3.8897	3.7908	3.6959	3.6048	3.5172	3.4331	3.3522
6	5.7955	5.6014	5.4172	5.2421	5.0757	4.9173	4.7665	4.6229	4.4859	4.3553	4.2305	4.1114	3.9975	3.8887	3.7845
7	6.7282	6.472	6.2303	6.0021	5.7864	5.5824	5.3893	5.2064	5.033	4.8684	4.7122	4.5638	4.4226	4.2883	4.1604
8	7.6517	7.3255	7.0197	6.7327	6.4632	6.2098	5.9713	5.7466	5.5348	5.3349	5.1461	4.9676	4.7988	4.6389	4.4873
9	8.566	8.1622	7.7861	7.4353	7.1078	6.8017	6.5152	6.2469	5.9952	5.759	5.537	5.3282	5.1317	4.9464	4.7716
10	9.4713	8.9826	8.5302	8.1109	7.7217	7.3601	7.0236	6.7101	6.4177	6.1446	5.8892	5.6502	5.4262	5.2161	5.0188
11	10.3676	9.7868	9.2526	8.7605	8.3064	7.8869	7.4987	7.139	6.8052	6.4951	6.2065	5.9377	5.6869	5.4527	5.2337
12	11.2551	10.5753	9.954	9.3851	8.8633	8.3838	7.9427	7.5361	7.1607	6.8137	6.4924	6.1944	5.9176	5.6603	5.4206
13	12.1337	11.3484	10.635	9.9856	9.3936	8.8527	8.3577	7.9038	7.4869	7.1034	6.7499	6.4235	6.1218	5.8424	5.5831
14	13.0037	12.1062	11.296	10.563	9.8986	9.295	8.7455	8.2442	7.7862	7.3667	6.9819	6.6282	6.3025	6.0021	5.7245
15	13.8651	12.8493	11.938	11.118	10.379	9.7122	9.1079	8.5595	8.0607	7.6061	7.1909	6.8109	6.4624	6.1422	5.8474
16	14.7179	13.5777	12.561	11.652	10.837	10.1059	9.4466	8.8514	8.3126	7.8237	7.3792	6.974	6.6039	6.2651	5.9542
17	15.5623	14.2919	13.166	12.165	11.274	10.4773	9.7632	9.1216	8.5436	8.0216	7.5488	7.1196	6.7291	6.3729	6.0472
18	16.3983	14.992	13.753	12.659	11.689	10.8276	10.0591	9.3719	8.7556	8.2014	7.7016	7.2497	6.8399	6.4674	6.128
19	17.226	15.6785	14.323	13.133	12.085	11.1581	10.3356	9.6036	8.9501	8.3649	7.8393	7.3658	6.938	6.5504	6.1982
20	18.0456	16.3514	14.877	13.590	12.462	11.4699	10.594	9.8181	9.1285	8.5136	7.9633	7.4694	7.0248	6.6231	6.2593

第六章　商业常用法律

【学习目标】

（1）了解合同的概念，公司的概念与种类，董事、监事、高级管理人员的任职资格。

（2）理解租赁合同、买卖合同、赠与合同的一般规定，公司合并、分立、解散和清算。

（3）掌握技术开发合同的义务与风险责任，公司设立的条件，公司的组织机构，董事、监事、高级管理人员的义务。

（4）了解知识产权及著作权、专利权与商标权的概念；掌握著作权的具体人身权与财产权利内容；熟悉专利权与商标权的申请流程，认识知识产权的侵权行为。

【导入案例】

法律离我们有多远？

冯皓是某院校计算机科学与技术专业的学生，毕业后到某互联网企业工作，初入职场异常忙碌，忙碌着适应工作，忙碌着适应生活。冯皓一直觉得自己是个遵纪守法的好公民，自己的日常生活应该不会与法律沾边，然而在实际的生活中，总会牵扯到法律相关问题。

比如，刚毕业的冯皓由于工作节奏较快、压力较大，不愿意将时间花在通勤上，于是乎选择离公司步行十分钟即可到达的区域居住。但该互联网公司位于城中心较繁华地段，房价较高，毕业后就近买房肯定不现实，这时候最好的选择就是租房。此时法律就悄无声息地与冯皓的生活联系到一起。租房时与房东签订租赁合同时应该注意什么，租房时碰到一房多租的现象应该怎么办，甚至说租期未满房东想把房子卖了而自己又没找到合适的房子继续租赁时又该怎么办呢？这就是我们合同法中关于租赁合同的相关内容。与此同时，在互联网科技行业的冯皓，在日常工作中难免涉及软件开发、技术转让、咨询服务相关的问题。例如，在技术开发合同中，研发人和委托人各自应该承担什么样的责任？研发过程中出现风险各方的责任该如何划分？这都是我们技术开发合同的相关内容。再往后，工作之后有了积蓄便可以贷款买房，那么在房屋买卖合同中应该注意什么？碰到房屋实际面积与合同不符，抑或是房屋质量不过关又该如何处理？

生活中，工作中，法律对我们来说似近非近，似远又非远。我们穿梭在人群之中，出没于各大写字楼、办公场所，忙碌着自己身边的事情，却像流水一般忽视了法律的存在。其实，法律离我们并不遥远。在本章法律决策中主要给读者介绍民法典合同编、公司法、知识产权法的相关法律规定。

（资料来源：根据真实事件改编）

思考：

1. 租房碰到一房多租的情况你觉得该如何处理？
2. 签订一份技术开发合同时你会考虑哪些要素？

第一节 民法典合同编

一、合同的概念

我国现行的合同法律制度主要规定在《中华人民共和国民法典》（简称《民法典》）合同编。根据《民法典》第四百六十四条的规定，合同是民事主体之间设立、变更、终止民事法律关系的协议。婚姻、收养、监护等有关身份关系的协议，适用有关该身份关系的法律规定；没有规定的，可以根据其性质参照适用本编规定。《民法典》合同编按照合同业务性质和权利义务内容的不同，将合同分为买卖合同；供用电、水、气、热力合同；赠与合同；借款合同；保证合同；租赁合同；融资租赁合同；保理合同；承揽合同；建设工程合同；运输合同；技术合同；保管合同；物业服务合同；行纪合同；中介合同；合伙合同等。同时，《民法典》第四百六十七条第一款规定，"本法或者其他法律没有明文规定的合同，适用本编通则的规定，并可以参照适用本编或者其他法律最相类似合同的规定"，说明《民法典》也承认无名合同和其他特别法上的债权合同。

二、技术开发合同

1. 技术开发合同概念和种类

技术开发合同是当事人之间就新技术、新产品、新工艺、新品种或者新材料及其系统的研究开发所订立的合同。技术开发合同应当采用书面形式，当事人之间就具有实用价值的科技成果实施转化订立的合同，参照适用技术开发合同的有关规定。

技术开发合同有以下特征：首先，其标的是具有创造性的技术成果；其次，技术开发合同是双务合同、有偿合同、诺成合同、要式合同；最后，技术开发合同的当事人需共担风险。

技术开发合同包括委托开发合同和合作开发合同。

（1）委托开发合同。技术开发合同中的委托开发合同，是指当事人一方委托另一方进行研究开发所订立的合同，即委托人向研究开发人提供研究开发经费和报酬，研究开发人完成研究开发工作并向委托人交付研究成果的合同。

（2）合作开发合同。技术开发合同中的合作开发合同，是指当事人各方就共同进行研究开发所订立的合同，即当事人各方共同投资、共同参与研究开发活动、共同承担研究开发风险、共享研究成果的合同。

 小案例

钱某、青岛赛瑞达电子装备股份有限公司合同纠纷案

案情：赛瑞达公司与钱某于2012年1月28日签订协议，钱某于2012年7月1日到赛瑞达公司工作，于2014年9月28日离开赛瑞达公司。就赛瑞达公司、钱某签订的合同，赛瑞达公司主张为技术开发合同，钱某主张为劳动合同。本案中，涉案合同的主要内容有："赛瑞达公司需提供资金、人力资源，依约支付钱某顾问费、安家费以及工资、三险一金等；钱某则需帮助赛瑞达公司设计一款太阳能离子注入机，依约完成该机器安装调试工作，保证达到合同约定的性能指标。"

案情分析：关于本案案由应否确定为技术开发合同纠纷的问题，二审法院认为，技术开发合同是指当事人之间就新技术、新产品、新工艺或者新材料及其系统的研究开发所订立的合同。涵盖了技术开发合同所应具备的主要权利义务内容，由此产生的纠纷应当认定为技术开发合同纠纷。

（资料来源：山东省高级人民法院，案号：（2018）鲁民终872号）

2．技术开发合同的义务及违约责任

（1）委托开发合同当事人双方应履行的义务及双方的违约责任

委托开发合同的委托人应当按照约定支付研究开发经费和报酬，提供技术资料，提出研究开发要求，完成协作事项，接受研究开发成果。

委托开发合同的研究开发人应当按照约定制订和实施研究开发计划，合理使用研究开发经费，按期完成研究开发工作，交付研究开发成果，提供有关的技术资料和必要的技术指导，帮助委托人掌握研究开发成果。

委托开发合同的当事人违反约定造成研究开发工作停滞、延误或者失败的，应当承担违约责任。

小案例

吉林大仝数码科技股份有限公司与吉林世纪北斗信息技术发展有限公司技术委托开发合同纠纷案

案情：2015年11月2日，吉林大仝数码科技股份有限公司（简称大仝数码）与吉林世纪北斗信息技术发展有限公司（简称世纪北斗）签订"北斗通讯铁塔智能管理平台"软件开发合同。合同约定：大仝数码按世纪北斗要求，进行软件开发；世纪北斗给付软件开发费70万元整。大仝数码按约定完成了合同规范的全部义务，而世纪北斗至今没有给付大仝数码开发费。吉林市中级人民法院经审理认为，委托开发合同的委托人应当按照约定支付研究开发经费和报酬。现大仝数码按约定完成了合同规范的全部义务，而世纪北斗至今没有给付大仝数码公司开发费，显属违约，理应承担违约责任。

案情分析：技术开发合同规定了委托开发合同的委托人应当承担的主要义务：①按照合同的约定，支付研究开发经费和报酬；②按照合同的约定，提供技术资料、完成协作事项；③按期接受研究开发成果。本案中，世纪北斗没有给付大仝数码开发费，违反了委托开发合同的委托人"按照合同的约定，支付研究开发经费和报酬"的义务，应当承担违约责任。

（资料来源：吉林省吉林市中级人民法院，案号：（2017）吉02民初305号）

小案例

上海寸草网络科技有限公司与新联网公司计算机软件开发合同纠纷案

案情：2011年7月27日，新联网公司与上海寸草网络科技有限公司（简称寸草公司）签订《新联名医在线项目研发建设和实施协议》（简称《协议》），新联网公司为甲方，寸草公司为乙方。2012年4月13日,广东华商律师事务所向寸草公司发出律师函称:在合同约定开发周期到期之后,经多次督促,寸草公司仍未能向新联网公司方面交付合格的软件产品,寸草公司虽然曾经先后向新联网公司发送了客户测试端版本,但这并非《协议》约定的最终开发成果。上诉人寸草公司没有按照《协议》约定及时全面完成项目软件开发任务,距离合同约定的安装调试日期已逾期4个月,构成严重违约,寸草公司应于收到该函之日起15日内向新联网公司方面(薄某某、陈某、洪某某)支付违约金900 000元。

案情分析:技术开发合同规定了委托开发合同的研究开发人的主要义务:第一,按照约定制订和实施研究开发计划;第二,合理使用研究开发经费;第三,按期完成研究开发工作,交付研究开发成果,提供有关的技术资料和必要的技术指导,帮助委托人掌握研究开发成果。本案中,寸草公司作为开发方,没有按照《协议》约定及时全面完成项目软件开发任务,违反了委托开发合同研究开发人"按期完成研究开发工作,交付研究开发成果"的义务,应当承担违约责任。

(资料来源:上海市第二中级人民法院,案号:(2013)沪二中民五(知)终字第100号)

(2)合作开发合同当事人双方应履行的义务及双方的违约责任

合作开发合同的当事人应当按照约定进行投资,包括以技术进行投资,分工参与研究开发工作,协作配合研究开发工作。

合作开发合同的当事人违反约定造成研究开发工作停滞、延误或者失败的,应当承担违约责任。

 小案例

广西天人科技开发有限责任公司诉周某某技术合同纠纷案

案情:2002年9月15日,原、被告双方就2002年广西创新计划课题"精制白糖生产技术研究与开发"中试研究达成协议,并签订一份《合作协议》。协议签订后,原、被告开展了技术研究合作,由原告提供资金租用实验室、购买所需设备,并支付日常开支,被告则负责具体的技术研究工作。原告还派出其主要技术人员薛某、王某贵参与到研究工作中。双方的合作取得一定进展,并于2002年底至2003年3月在明阳糖厂制作安装了一套精制白糖中试设备。2003年4月,被告向原告提出签订一份《补充协议》,但未获原告同意,双方遂产生分歧,以致合作未能继续进行。由于被告终止了合作,"精制白糖生产技术研究与开发"项目未能如期完成。

案情分析:技术开发合同规定了合作开发合同当事人的违约责任。合作开发合同的当事人违反约定造成研究开发工作停滞、延误或者失败的,应当承担违约责任。合作开发合同各方当事人的主要义务,其中之一为按照合同约定的分工参与研究开发工作。人民法院经审理认为,合作开发合同的当事人违反约定造成研究开发工作停滞、延误或者失败的,应当承担违约责任。本案中,由于被告的违约行为,导致原、被告合作开发的项目停滞,不能如期完成,故被告应承担相应的违约责任。

(资料来源:广西壮族自治区南宁市中级人民法院,案号:(2016)南市民三初字第22号)

3. 技术开发合同的解除

作为技术开发合同标的的技术已经由他人公开,致使技术开发合同的履行没有意义的,当事人可以解除合同。

4. 技术开发合同的风险责任

技术开发合同履行过程中,因出现无法克服的技术困难,致使研究开发失败或者部分失败的,该风险由当事人约定;没有约定或者约定不明确的,依据《民法典》合同编第五百一十条的规定:合同生效后,当事人就质量、价款或者报酬、履行地点等内容没有约定或者约定不明确的,可以协议补充;不能达成补充协议的,按照合同相关条款或者交易习惯确定。在依据本法第五百一十条的规定仍不能确定的,风险由当事人合理分担。

当事人一方发现前款规定的可能致使研究开发失败或者部分失败的情形时,应当及时通知另一方并采取适当措施减少损失;没有及时通知并采取适当措施,致使损失扩大的,应当就扩大的损失承担责任。

小案例

烟台正方制药有限公司与济南诺康医药科技有限公司合同纠纷案

案情:2011年3月7日,原告烟台正方制药有限公司(简称正方公司)与被告济南诺康医药科技有限公司(简称诺康公司)签订《"匹多莫德片"技术开发合作协议》。技术合作开发协议签订后,原告按照协议约定共计向被告支付研发费16万元。合同第3条第3款写有"可预见的合同执行中断、终止处理办法"的约定,即被告应在申请退审后的5个工作日内退还原告所支付的全部费用。2015年11月24日,国家食品药品监督管理总局下达审批意见通知件,对申请人正方公司申请的"匹多莫德片"药品注册不予批准,原告由此委托律师向被告发出律师函,要求被告返还技术服务费及利息,并赔偿经济损失。

案情分析:由于技术开发存在风险,风险一旦出现,将使技术开发合同无法履行,给当事人造成损失,因此当事人应当在订立合同时明确约定风险责任的承担。如果当事人没有约定或者约定不明确,风险发生后,当事人可以协议补充风险责任。不能达成补充协议的,可以按照合同的有关条款或者交易习惯确定,仍不能确定,风险责任由当事人合理分担。本案中,原告申请的"匹多莫德片"药品注册因技术原因被国家食品药品监督管理总局退审,已符合原、被告双方签订的协议第3条第3款,故原告要求被告退还其已支付的研发费16万元及逾期付款违约金,有合同依据。

(资料来源:山东省烟台市中级人民法院,案号:(2016)鲁06民初82号)

5. 技术开发合同技术成果的归属和分享原则

委托开发完成的发明创造,除法律另有规定或者当事人另有约定外,申请专利的权利属于研究开发人。研究开发人取得专利权的,委托人可以依法实施该专利。研究开发人转让专利申请权的,委托人享有以同等条件优先受让的权利。

合作开发完成的发明创造,申请专利的权利属于合作开发的当事人共有;当事人一方转让其共有的专利申请权的,其他各方享有以同等条件优先受让的权利。但是,当事人另有约定的除外。

合作开发的当事人一方声明放弃其共有的专利申请权的，除当事人另有约定外，可以由另一方单独申请或者由其他各方共同申请。申请人取得专利权的，放弃专利申请权的一方可以免费实施该专利。合作开发的当事人一方不同意申请专利的，另一方或者其他各方不得申请专利。

委托开发或者合作开发完成的技术秘密成果的使用权、转让权以及收益的分配办法，由当事人约定；没有约定或者约定不明确，依据《民法典》合同编第五百一十条的规定：合同生效后，当事人就质量、价款或者报酬、履行地点等内容没有约定或者约定不明确的，可以协议补充；不能达成补充协议的，按照合同相关条款或者交易习惯确定。依据本法第五百一十条的规定仍不能确定的，在没有相同技术方案被授予专利权前，当事人均有使用和转让的权利。但是，委托开发的研究开发人不得在向委托人交付研究开发成果之前，将研究开发成果转让给第三人。

 小案例

**南京金吾尊者汽车安全设备有限公司与四川科奥达技术有限公司
技术合作开发合同纠纷案**

案情：2013年5月21日，被告南京金吾尊者汽车安全设备有限公司（简称金吾公司）与原告四川科奥达技术有限公司（简称科奥达公司）签订《联合研制协议》，约定双方共同完成"汽车激光防撞系统"的研制开发与产业化工作，同时还约定双方共同拥有开发部分之技术专利及产品使用权。科奥达公司主张由其单独享有涉案样机的使用权。人民法院经审理认为，委托开发或者合作开发完成的技术秘密成果的使用权、转让权以及利益的分配办法由当事人约定。双方《联合研制协议》明确约定由双方共同拥有开发部分之技术专利及产品使用权，故科奥达公司的该主张与合同约定不符，且在其研制生产的一台初步样机确系履行《联合研制协议》的成果，其已将该样机交付金吾公司的情况下，人民法院认为科奥达公司的主张没有事实与法律依据，对此不予支持。

案情分析：对履行技术开发合同产生的技术秘密成果的归属和分享规定，委托开发或者合作开发完成的技术秘密成果的使用权、转让权以及利益的分配办法可以由当事人约定。本案中，双方《联合研制协议》明确约定由双方共同拥有开发部分之技术专利及产品使用权，故涉案样机的使用权应为金吾公司与科奥达公司共有。

（资料来源：四川省成都市中级人民法院，案号：（2014）成知民初字第426号）

三、租赁合同

（一）租赁合同的概念及期限

租赁合同是出租人将租赁物交付承租人使用、收益，承租人支付租金的合同。

租赁合同的内容一般包括租赁物的名称、数量、用途，租赁期限，租金及其支付期限和方式、租赁物维修等条款。

租赁期限不得超过20年。超过20年的，超过部分无效。租赁期限届满，当事人可以续订租赁合同；但是，约定的租赁期限自续订之日起不得超过20年。

租赁期限6个月以上的，应当采用书面形式。当事人未采用书面形式，无法确定租赁期限的，视为不定期租赁。

租赁期限届满，承租人继续使用租赁物，出租人没有提出异议的，原租赁合同继续有效，但是租赁期限为不定期。租赁期限届满，房屋承租人享有以同等条件优先承租的权利。

当事人对租赁期没有约定或者约定不明确，视为不定期租赁。对于不定期租赁，当事人可以随时解除合同，但是应当在合理的期限内通知对方。

 小案例

口头约定

赵某与钱某口头约定：赵某将房屋出租给钱某，租赁期1年，月租金5 000元。2个月后，赵某向钱某主张解除租赁合同，钱某不同意，诉讼至法院，诉讼赵某承认双方口头租约的存在，但否认约定租期1年，钱某也未能提供证据证明该约定的存在。那么该合同是否有效？期限又为多久呢？

该房屋租赁合同有效，但视为不定期租赁合同。双方承认口头租约的存在，对于租期有异议。当事人未采用书面形式，无法确定租赁期限的，视为不定期租赁。

（二）租赁物的交付及维修

出租人应当按照约定将租赁物交付承租人，并在租赁期限内保持租赁物符合约定的用途。出租人应当履行租赁物的维修义务，但是当事人另有约定的除外。

承租人在租赁物需要维修时可以请求出租人在合理期限内维修。出租人未履行维修义务的，承租人可以自行维修，维修费用由出租人负担。因维修租赁物影响承租人使用的，应当相应减少租金或者延长租期。

因承租人的过错致使租赁物需要维修的，出租人不承担前款规定的维修义务。

租赁物危及承租人的安全或者健康的，即使承租人订立合同时明知该租赁物质量不合格，承租人仍然可以随时解除合同。

 小案例

兰州红丽园商贸有限责任公司与甘肃诚信电线电缆有限责任公司
房屋租赁合同纠纷案

案情：被告甘肃诚信电线电缆有限责任公司（简称诚信公司）与原告兰州红丽园商贸有限责任公司（简称红丽园公司）签订《房屋租赁意向协议书》，约定在讼争房屋土建工程完工后，将房屋交付红丽园公司使用后，诚信公司与红丽园公司签订《房屋租赁合同》，诚信公司将房屋交付给红丽园公司。但合同在履行过程中，因房屋原有质量及装修问题等原因，双方发生争议，红丽园公司诉请解除合同并要求赔偿损失，诚信公司亦提出反诉。一审法院认为，诚信公司虽及时交付了房屋，但房屋存在严重渗漏水质量问题，其应承担主要责任。红丽园公司未依约按时交纳房租及在装修时未关闭暖气阀门，也没有预留检修口，造成暖气跑水致使大面积装修被浸泡，也应承担一定责任。在取暖期，红丽园公司使用不当，致使损失扩大，扩大损失应由其自行承担。

案情分析：租赁合同中出租人维修义务的规定，出租人对于租赁物首先要保证租赁物适合于出租，并且对于租赁期限内租赁物的维修承担维修责任，合同另有约定的除外。本案中租赁房屋渗漏水导致的损失主要原因在于诚信公司交付的房屋存在严重的质量问题，其作为出租人，保证租出房屋适租是其首要义务，如果出租房屋存在质量问题，其应当承担维修义务，但是因为怠于维修，造成红丽园公司权益受损，其应依法承担责任。

（资料来源：甘肃人民法院，案号：（2001）甘民初字第 5 号）

（三）租金的支付

承租人应当按照约定的期限支付租金。对支付租金的期限没有约定或者约定不明确，且无补充协议，租赁期限不满一年的，应当在租赁期限届满时支付；租赁期限一年以上的，应当在每届满一年时支付；剩余期限不满一年的，应当在租赁期限届满时支付。

承租人无正当理由未支付或者迟延支付租金的，出租人可以请求承租人在合理期限内支付；承租人逾期不支付的，出租人可以解除合同。

因不可归责于承租人的事由，致使租赁物部分或者全部毁损、灭失的，承租人可以请求减少租金或者不支付租金；因租赁物部分或者全部毁损、灭失，致使不能实现合同目的的，承租人可以解除合同。

（四）转租

承租人经出租人同意，可以将租赁物转租给第三人。承租人转租的，承租人与出租人之间的租赁合同继续有效；第三人造成租赁物损失的，承租人应当赔偿损失。

承租人未经出租人同意转租的，出租人可以解除其与承租人之间的租赁合同。

出租人知道或者应当知道承租人转租，但是在 6 个月内未提出异议的，视为出租人同意转租。

（五）房屋租赁合同

1. 房屋租赁合同效力的特别规定

房屋租赁合同是指以房屋为租赁标的物的租赁合同。出租人就未取得建设工程规划许可证或者未按照建设工程规划许可证的规定建设的房屋，与承租人订立租赁合同无效。但在一审法庭辩论终结前取得建设工程规划许可证或者经主管部门批准建设的，人民法院应当认定有效。

出租人就未经批准或者未按照批准内容建设的临时建筑，与承租人订立的租赁合同无效。但在一审法庭辩论终结前经主管部门批准建设的，人民法院应当认定有效。

租赁期限超过临时建筑的使用期限，超过部分无效。但在一审法庭辩论终结前经主管部门批准延长使用期限，人民法院应当认定延长使用期限内的租赁期间有效。

当事人以房屋租赁合同未按照法律、行政法规规定办理备案手续为由，请求确认合同无效的，人民法院不予支持。当事人约定以办理登记备案手续为房屋租赁合同生效条件的，从其约定。但当事人一方已履行主要义务，对方接受的除外。

2. "一房数租"的处理

出租人就同一房屋订立数份租赁合同，在合同均有效的情况下，承租人均主张履行合同的，人民法院按以下顺序确定履行合同的承租人：第一顺位为已经合法占有租赁房屋的；

第二顺位为已经办理登记备案手续的;第三顺位为合同成立在先的。

 小案例

租房的纠纷

案情:孙某与李某签订房屋租赁合同,李某承租后与陈某签订了转租合同,孙某表示同意。但是,孙某在与李某签订租赁合同之前,已经把该房租给了王某并已交付。陈某、王某均要求继续租赁该房屋,谁应该享有继续租赁的权利呢?

案情分析:本案是典型的"一房数租"的情况,根据法律规定,出租人就同一房屋订立数份租赁合同,在合同均有效的情况下,承租人均主张履行合同的,人民法院照下列顺序确定履行合同的承租人:第一顺位为已经合法占有租赁房屋的人,第二顺位为已经办理登记备案手续的人,第三顺位为合同成立在先的当事人。本案中,王某与孙某签订租合同在先,且其已经合法占有租房屋。因此,王某应作为优先顺位的合同履行人,李某、陈某无权要求王某搬离房屋。但陈某与李某之间存在转租合同关系,陈某有权解除其与李某之间的转租合同,并要求李某承担赔偿责任。

3. 房屋租赁合同的解除

发生下列情形之一,导致租赁房屋无法使用,承租人请求解除合同的,人民法院应予支持:租赁房屋被司法机关或者行政机关依法查封的;租赁房屋权属有争议的;租赁房屋具有违反法律、行政法规关于房屋使用条件强制性规定情况的。

4. 承租人的优先权

出租人出卖出租房屋的,应当在出卖之前的合理期限内通知承租人,承租人享有以同等条件优先购买的权利。

出租人出卖房屋未在合理期限内通知承租人或者存在其他侵害承租人优先购买权的情形,承租人可以请求出租人承担赔偿责任的。但是,出租人与第三人订立的房屋买卖合同的效力不受影响。

买卖不破租赁:租赁房屋在租赁期间发生所有权变动,承租人请求房屋受让人继续履行原租赁合同的,人民法院应予支持。但租赁房屋具有下列情形或者当事人另有约定的除外:①房屋在出租前已设立抵押权,因抵押权人实现抵押权发生所有权变动的;②房屋在出租前已被人民法院依法查封的。

 小案例

宝鸡九华控股集团有限公司与宝鸡市花样年华餐饮有限公司房屋租赁合同纠纷案

案情:2008年3月13日,假日酒店与宝鸡市花样年华餐饮有限公司(简称花样公司,本案被告)签订租赁合同,租赁期限为2008年3月1日至2014年3月30日。2011年6月10日,假日酒店与宝鸡九华控股集团有限公司(简称九华公司,本案原告)签订补充合同,将房屋抵债给九华公司。因花样公司不支付租赁费,被九华公司起诉到法院。一审法院认为,买卖不破租赁,但承租人应当支付租金,并且在租赁期满后需要返还租赁物。二审法院认为,租赁物在租赁期限内发生所有权变动的,不影响租赁合同的效力。受让人在受让该租赁物的所有权时与承租人产生了租赁合同关系，成为一个新的出租人。九华公司取得产权的时间是 2012 年 5 月 30 日，所以花样公司应支付自 2012 年 6 月后的租赁费及使用费，租赁期满后应依法返还租赁房产。

案情分析：根据《民法典》关于所有权变动后的合同效力的规定，租赁物在承租人依据租赁合同占有期限内发生所有权变动的，不影响租赁合同的效力，也就是俗称的买卖不破租赁。租赁物在租赁期限内发生所有权变动，不对租赁关系产生影响，承租人需要向新出租人交付租赁费。

（资料来源：陕西省渭滨区人民法院，案号：（2014）渭滨民初字第 0123 号）

出租人出卖租赁房屋的，应当在出卖之前的合理期内通知承租人，承租人享有以同等条件优先购买的权利；但是，房屋按份共有人行使优先购买权或者出租人将房屋出卖给近亲属的除外。近亲属包括配偶、父母、子女、兄弟姐妹、祖父母、外祖父、孙子女、外孙子女。出租人履行通知义务后，承租人在十五日内未明确表示购买的，视为承租人放弃优先购买权。出租人委托拍卖人拍卖租赁房屋的，应当在拍卖 5 日前通知承租人。承租人未参加拍卖的，视为放弃优先购买权。

 小案例

李克俭诉韩延伟、邵学美房屋租赁合同纠纷案

案情：2013 年 8 月 1 日，李某将涉案房屋交付给韩某、邵某二人使用，二人按每月 1 000 元向李某交纳房屋租金，租金每半年交纳一次。2013 年 8 月至 2018 年 2 月，韩某、邵某如期交纳房租，2018 年 2 月之后，停止交纳，且未续签书面房屋租赁合同。2015 年 12 月 15 日，李某与宿某在韩某、邵某二人毫不知情，亦未充分履行告知义务且宿某已明知该房屋由韩某、邵某承租的事实的情况下，签订《济南市存量房买卖协议》，将涉案房屋出卖给宿某。宿某并非韩某近亲。韩某、邵某二人得知上述事实后，认为李某与宿某之间的偷偷私下买卖涉案房屋的行为侵犯了其作为承租人的优先购买权，遂将李某、宿某告上法庭，二审法院予以判决，李某于本判决生效之日起十日内赔偿被韩某、邵某房屋差价损失 48 420 元。

案情分析：针对上述问题，《民法典》合同编中明确规定了承租人具有优先购买权，要求出租人在出卖房屋前，要履行通知义务并预留 15 天的认购时间，承租人在此期间未明确表示购买的，则视为放弃优先购买权。未履行通知义务的，出租人要承担侵权赔偿责任，但承租人诉请出租人与第三人房屋购买合同无效的，法院不予支持。因此，韩某、邵某作为涉案房屋的承租人，在租赁合同解除前，仍然享有对涉案房屋的优先购买权。韩某、邵某一直居住涉案房屋至今，李某并未提交证据证实其出卖房屋之前向韩某、邵某发出过解除租赁合同的通知，因此，双方的租赁关系一直存在至李某将涉案房屋出卖给宿某，此后的租赁的出租人系宿某。李某在租赁合同仍然履行时出卖房屋，未通知承租人韩某、邵某，损害了韩某、邵某优先购买权，应当适当赔偿韩某、邵某相应的损失。

（资料来源：人民法院案例选，总第 124 辑（2018.6）案号：（2016）鲁 01 民终 4094 号）

四、买卖合同

买卖合同是出卖人转移标的物的所有权于买受人，买受人支付价款的合同，买卖合同的内容一般包括标的物的名称、数量、质量、价款、履行期限、履行地点和方式、包装方式、检验标准和方法、结算方式、合同使用的文字及其效力等条款。

（一）标的物的交付

（1）出卖人应当履行向买受人交付标的物或者交付提取标的物的单证，并转移标的物所有权的义务。

（2）出卖人应当按照约定或者交易习惯向买受人交付提取标的物单证以外的有关单证和资料。

（3）出卖人应当按照约定的时间交付标的物。约定交付期限的，出卖人可以在该交付期限内的任何时间交付。

（4）出卖人应当按照约定的地点交付标的物。当事人没有约定交付地点或者约定不明确，适用下列规定：

① 标的物需要运输的，出卖人应当将标的物交付给第一承运人以运交给买受人。

② 标的物不需要运输，出卖人和买受人订立合同时知道标的物在某一地点的，出卖人应当在该地点交付标的物；不知道标的物在某一地点的，应当在出卖人订立合同时的营业地交付标的物。

（二）标的物毁损、灭失风险的承担

（1）标的物毁损、灭失的风险，在标的物交付之前由出卖人承担，交付之后由买受人承担，但是法律另有规定或者当事人另有约定的除外。

（2）因买受人的原因致使标的物未按照约定的期限交付的，买受人应当自违反约定时起承担标的物毁损、灭失的风险。

（3）出卖人出卖交由承运人运输的在途标的物，除当事人另有约定外，毁损、灭失的风险自合同成立时起由买受人承担。

（4）出卖人按照约定将标的物运送至买受人指定地点并交付给承运人后，标的物毁损、灭失的风险由买受人承担。

（5）当事人没有约定交付地点或者约定不明确，出卖人将标的物交付给第一承运人后，标的物毁损、灭失的风险由买受人承担。

（6）出卖人按照约定将标的物置于交付地点，买受人违反约定没有收取的，标的物毁损、灭失的风险自违反约定时起由买受人承担。

（7）出卖人按照约定未交付有关标的物的单证和资料的，不影响标的物毁损、灭失风险的转移。

（8）因标的物不符合质量要求，致使不能实现合同目的的，买受人可以拒绝接受标的物或者解除合同。买受人拒绝接受标的物或者解除合同的，标的物毁损、灭失的风险由出卖人承担。

（9）标的物毁损、灭失的风险由买受人承担的，不影响因出卖人履行义务不符合约定，买受人请求其承担违约责任的权利。

（10）出卖人就交付的标的物，负有保证第三人对该标的物不享有任何权利的义务，但是法律另有规定的除外。

(三)商品房买卖合同

商品房买卖合同,是指房地产开发企业(出卖人)将尚未建成或者已竣工的房屋向社会销售并转移房屋所有权于买受人,买受人支付价款的合同,包括期房买卖合同和现房买卖合同。《最高人民法院关于审理商品房买卖合同纠纷案件适用法律若干问题的解释》对商品房买卖的相关问题做了规定。

1. 商品房销售广告的性质

商品房的销售广告和宣传资料为要约邀请,但是出卖人就商品房开发规划范围内的房屋及相关设施所做的说明和允诺具体确定,并对商品房买卖合同的订立以及房屋价格的确定有重大影响的,应当视为要约。该说明和允诺即使未载入商品房买卖合同,亦应当视为合同内容,当事人违反的,应当承担违约责任。

2. 商品房预售合同的效力

出卖人预售商品房,必须申领商品房预售许可证明。出卖人未取得商品房预售许可证明与买受人订立的高品房预售合同,应当认定无效,但是在起诉前取得商品房预售许可证明的,可以认定有效。当事人以商品房预售合同未按照法律、行政法规规定办理登记备案手续为由,请求确认合同无效的,不予支持。当事人约定以办理登记备案手续为商品房预售合同生效条件的,从其约定,但当事人一方已经履行主要义务,对方接受的除外。

3. 被拆迁人的优先权

拆迁人与被拆迁人按照所有权调换形式订立拆迁补偿安置协议,明确约定拆迁人以位置、用途特定的房屋对被拆迁人予以补偿安置,如果拆迁人将该补偿安置房屋另行出卖给第三人,被拆迁人请求优先取得补偿安置房屋的,应予支持。

4. 解除权的行使

(1)买受人因以下原因无法取得房屋,导致商品房买卖合同目的不能实现的,可以请求解除合同、返还已付购房款及利息、赔偿损失,并可以请求:出卖人承担不超过已付购房款1倍的赔偿责任。第一,商品商买卖合同订立后,出卖人未告知买受人又将该房屋抵押给第三人;第二,商品房买卖合同订立后,出卖人又将该房屋出卖给第三人。

(2)因房屋主体结构质量不合格不能交付使用,或者房屋交付使用后,房屋主体结构质量经核验确属不合格,买受人请求解除合同和赔偿损失的,应予支持。

(3)因房屋质量问题严重影响正常居住使用,买受人请求解除合同和赔偿损失的,应予支持。

(4)买受人因出卖人订立商品房买卖合同时具有下列情形,导致合同无效或者被撤销、解除的,可以请求返还已付购房款及利息、赔偿损失,并可以请求出卖人承担不超过已付购房款1倍的赔偿责任。第一,故意隐瞒没有取得商品房预售许可证明的事实或者提供虚假商品房预售许可证明;第二,故意隐瞒所售房屋已经抵押的事实;第三,故意隐瞒所售房屋已经出卖给第三人或者为拆迁补偿安置房屋的事实。

(5)出卖人交付使用的房屋套内建筑面积或是建筑面积与商品房买卖合同约定面积不符,合同有约定的按照约定处理;合同没有约定或者约定不明确的。按照以下原则处理:第一,面积误差比绝对值在3%以内(含3%),按照合同约定的价格据实结算,买受人请求解除合同的，不予支持；第二，面积误差比绝对值超出3%，买受人请求解除合同、返还已付购房款及利息的，应予支持。买受人同意继续履行合同，房屋实际面积大于合同约定面积的，面积误差比在3%以内（含3%）部分的房价款由买受人按照约定的价格补足，面积误差比超出3%部分的房价款由出卖人承担，所有权归买受人；房屋实际面积小于合同约定面积的，面积误差比在3%以内（含3%）部分的房价款及利息由出卖人返还买受人，面积误差比超过3%部分的房价款由出卖人双倍返还买受人。

（6）出卖人迟延交付房屋或者买受人迟延支付购房款，经催告后在3个月的合理期限内仍未履行，当事人一方请求解除合同的，应予支持。但当事人另有约定的除外。法律没有规定或者当事人没有约定，经对方当事人催告后，解除权行使的合理期限为3个月。对方当事人没有催告的，解除权应当在解除权发生之日起一年内行使；逾期不行使的，解除权消灭。

5. 商品房买卖中贷款合同的效力

因当事人一方原因未能订立商品房担保贷款合同并导致商品房买卖合同不能继续行使的，对方当事人可以请求解除合同和赔偿损失。因不可归责于当事人双方的事由未能订立商品房担保贷款合同导致商品房买卖合同不能继续履行的，当事人可以请求解除合同，出卖人应当将收受的购房款本金及其利息或者定金返还买受人。

因商品房买卖合同被确认无效或者被撤销、解除，致使商品房担保贷款合同的目的无法实现，当事人请求解除商品房担保贷款合同的，应予支持。出卖人应当将收受的购房贷款和购房款的本金及利息分别返还担保权人和买受人。

 小案例

廖某某诉红中公司商品房销售合同纠纷案

案情：2011年10月29日，廖某某与红中公司签订《商品房买卖合同》，约定廖某某购买红中公司开发的商品房。在廖某某购买房屋时，楼盘的平面效果图显示A1栋、A2栋前面规划为幼儿园，但在购买后廖某某发现该地块并非红中公司所有，A1、A2栋前面已无法建设幼儿园。廖某某要求红中公司承担虚假宣传违约责任，遂诉至法院。

案情分析："商品房的销售广告和宣传资料为要约邀请，但是出卖人就商品房开发规划范围内的房屋及相关设施所做的说明和允诺具体确定，并对商品房买卖合同的订立以及房屋价格的确定有重大影响的，应当视为要约。该说明和允诺即使未载入商品房买卖合同，亦应当视为合同内容，当事人违反的，应当承担违约责任。"被告对楼盘的宣传平面效果图是将A1、A2前面规划为幼儿园，但A1、A2栋前面规划为幼儿园的地块并非被告所有，目前A1、A2栋前面已无法兴建为幼儿园。被告的平面效果图，显示的是小区平面布局，具体明确，这对双方预售合同的订立及房屋价格的确定有重大影响，应视为要约。尽管该平面效果图未附属在双方签订的《广东省商品房买卖合同》中，但亦视为合同的内容之一，对双方当事人均产生约束力。被告将不是自己使用的土地"规划"为幼儿园，目前A1、A2栋前面已不能成为幼儿园，被告的行为明显属虚假宣传，属于违约行为，依法应承担违约责任。

（资料来源：（2013）惠中法民一终字第815号）

五、赠与合同

1. 赠与合同的概念

赠与合同是赠与人将自己的财产无偿给予受赠人,受赠人表示接受赠与的合同。

2. 当事人的权利与义务

(1)赠与人在赠与财产的权利转移之前可以撤销赠与。经过公证的赠与合同或者依法不得撤销的具有救灾、扶贫、助残等公益、道德义务性质的赠与合同,不适用前款规定。

(2)赠与的财产依法需要办理登记或者其他手续的,应当办理有关手续。

(3)经过公证的赠与合同或者依法不得撤销的具有救灾、扶贫、助残等公益、道德义务性质的赠与合同,赠与人不交付赠与财产的,受赠人可以请求交付。依据前款规定应当交付的赠与财产因赠与人故意或者重大过失致使毁损、灭失的,赠与人应当承担赔偿责任。

 小案例

董某与张爱某赠与合同纠纷案

案情:赠与人张爱某(被告)将其所有的 12 号房产赠与孙女董某(原告),董某同意接受,双方办理了公证手续。公证后,张爱某未将房产过户到董某名下。现赠与房产拆迁,张爱某领取拆迁补偿款 653 828 元。为此,董某提起诉讼,要求确认赠与合同有效,张爱某返还拆迁补偿款 40 万元。一审法院认为,赠与行为已经公证,张爱某不享有任意撤销的权利。现赠与房产已转化为拆迁补偿款且由张爱某占有,张爱某应当履行赠与合同义务,将拆迁补偿款支付给董某。张爱某以公证存在违法、违规且涉案房产未办理过户登记手续为由提起上诉。二审法院认为,经过公证的赠与合同非因法定事由不得撤销。张爱某作为赠与人在赠与合同未全面履行之时与房屋征迁部门达成协议,同意将房屋拆迁,导致赠与无法完成,构成违约,应当承担相应的违约责任。

案情分析:本案系赠与合同纠纷。根据《民法典》合同编之典型合同:赠与合同规定,对于经过公证的赠与合同,赠与人非因法定事由不得撤销。本案中,赠与房产虽未办理过户登记手续,但法律、行政法规并未规定办理登记手续是不动产赠与合同的生效要件。且张爱某的赠与行为与董某的受赠行为均是双方真实意思的表示,符合法律规定,因此双方之间的赠与合同合法有效。张爱某应当按照法律规定办理过户登记手续。现赠与的房产在办理过户登记之前被拆迁,赠与的房产转化为拆迁补偿款,张爱某负有将拆除补偿款支付给董某的义务。此外,涉案房产的拆迁补偿款共计 653 828 元。

(资料来源:河南省洛阳市老城区人民法院,案号(2015)老民初字第 420 号)

(4)赠与可以附义务

赠与附义务的,受赠人应当按照约定履行义务。赠与的财产有瑕疵的,赠与人不承担责任。附义务的赠与,赠与的财产有瑕疵的,赠与人在附义务的限度内承担与出卖人相同的责任。赠与人故意不告知瑕疵或者保证无瑕疵,造成受赠人损失的,应当承担赔偿责任。

小案例

颜仁某诉颜果某和徐忠某附义务赠与合同纠纷案

案情：原告颜仁某系孤寡老人，颜果某和徐忠某系夫妻。2017年1月16日，颜仁某与颜果某和徐忠某（被告）、案外人颜满某签订协议，约定颜仁某所有的房屋被征收后所得征收款50万元，分给颜果某和徐忠某20万元，分给颜满某20万元，自己留存10万元。颜仁某由上述两家人共同赡养照顾。协议签订后，颜仁某把钱给了颜果某和徐忠某，但颜果某和徐忠某却拒绝履行赡养义务。为此，颜仁某提起诉讼，要求撤销对颜果某和徐忠某赠与20万元的行为，颜果某和徐忠某返还颜仁某财产20万元。法院认为，各种证据证明，颜果某和徐忠某未按赠与协议的约定履行其应尽的赡养义务，颜仁某作为赠与人有权撤销赠与，颜仁某的诉请求依法成立，应予支持。

案情分析：本案为附义务赠与合同纠纷。根据《民法典》第六百六十一条的规定，赠与可以附义务，受赠人应当按照约定行义务。本案中，双方于2017年1月16日签订的协议书约定，颜仁某获征收款50万元，分给颜果某和徐忠某20万元，颜果某和徐忠某和分得另外20万元的颜满某两家应当负责照顾颜仁某所有的衣食住行及三病两痛，让老人安度晚年。该协议属于附义务的赠与合同，协议内容系双方的真实意思表示，不损害国家集体、他人利益，合法有效。上述协议书签订后，颜果某和徐忠某未尽赡养义务，颜仁某作为赠与人有权撤销赠与，可以向受赠人颜果某和徐忠某要求返还赠与的财产。

（资料来源：江苏省南通市港闸区人民法院，案号（2016）苏0611民初1887号）

3. 赠与合同的撤销

（1）受赠人有下列情形之一的，赠与人可以撤销赠与：严重侵害赠与人或者赠与人近亲属的合法权益；对赠与人有扶养义务而不履行；不履行赠与合同约定的义务。

（2）赠与人的撤销权，自知道或者应当知道撤销事由之日起一年内行使。

（3）因受赠人的违法行为致使赠与人死亡或者丧失民事行为能力的，赠与人的继承人或者法定代理人可以撤销赠与。赠与人的继承人或者法定代理人的撤销权，自知道或者应当知道撤销事由之日起六个月内行使。

（4）撤销权人撤销赠与的，可以向受赠人请求返还赠与的财产。

（5）赠与人的经济状况显著恶化，严重影响其生产经营或者家庭生活的，可以不再履行赠与义务。

第二节 公　司　法

一、公司法律制度概述

（一）公司概念与分类

1. 公司的概念

公司是指依法设立的，以营利为目的的，由股东投资形成的企业法人。

2. 公司的种类

公司的种类如图6-1所示。

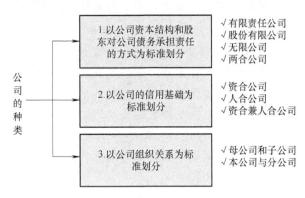

图6-1 公司的种类

（1）以公司资本结构和股东对公司债务承担责任的方式为标准划分，可分为有限责任公司、股份有限公司、无限公司、两合公司

有限责任公司又称有限公司，是指股东以其认缴的出资额为限对公司承担责任，公司以其全部财产对公司的债务承担责任的公司。

股份有限公司又称股份公司，是指将公司全部资本分为等额股份，股东以其认购的股份为限对公司承担责任，公司以其全部财产对公司的债务承担责任的公司。

无限公司是指由两个以上股东组成，全体股东对公司的债务承担无限责任的公司。

两合公司是指由负无限责任的股东和负有限责任的股东组成，负无限责任的股东对公司债务负无限连带责任，负有限责任的股东仅就其认缴的出资额为限对公司债务承担责任。《中华人民共和国公司法》（简称《公司法》）规定的公司形式仅为在我国境内设立的有限责任公司和股份有限公司。

（2）以公司的信用基础为标准划分，可分为资合公司、人合公司、资合兼人合公司

资合公司是指以资本的结合作为信用基础的公司，其典型的形式为股份有限公司。

人合公司是指以股东个人的财力、能力和信誉作为信用基础的公司，其典型的形式为无限公司。

资合兼人合公司是指同时以公司资本和股东个人信誉作为公司信用基础的公司，其典型的形式为有限责任公司。

（3）以公司组织关系为标准划分，可分为母公司和子公司、本公司与分公司

处于控制地位的是母公司，处于依附地位的是子公司。母公司和子公司都具有法人资格，在法律上是彼此独立的企业。

分公司是本公司依法设立的以分公司名义进行经营活动，其法律后果由本公司承受的分支机构。分公司不具有法人资格，其民事责任由本公司承担。

课堂思考：

甲股份有限公司（简称甲公司）董事会由7名董事组成。某日，公司董事长张某召集并主持召开董事会会议，出席会议的共6名董事，董事会会议做出如下决议：①增选职工

代表李某为监事;②为拓展市场,成立乙分公司;③决定为其子公司丙与 A 企业签订的购销合同提供连带责任保证,该保证的数额超过了公司章程规定的限额。在讨论该保证事项时,只有董事赵某投了反对票,其意见已被记载于会议记录。其他董事均认为丙公司经营状况良好,信用风险不大,对该保证事项投了赞成票。出席会议的全体董事均在会议记录上签了名。

乙分公司依法成立后,在履行与丁公司的购销合同过程中与对方发生纠纷,被诉至法院。法院判决乙分公司赔付货款并承担诉讼费用。乙分公司无力清偿,丁公司转而请求甲公司承担责任。

丙公司在与 A 企业签订的买卖合同债务履行期届满后未履行债务,A 企业要求甲公司承担保证责任。甲公司因承担保证责任而遭受严重损失。

思考:什么是股份有限公司?你认为丁公司请求甲公司承担责任是否符合法律规定?

(二)公司法人财产权

1. 公司法人财产权的概念

法人财产权是指公司拥有由股东投资形成的法人财产,并依法对该财产行使占有、使用、受益、处分的权利。股东投资于公司的财产需要通过对资本的注册与股东的其他财产明确分开,不允许股东在公司成立后抽逃出资,或占用、支配公司的资金和财产。

2. 公司法人财产权的限制

(1)对外投资

1)对外投资的规模。公司章程对投资总额及单项投资的数额有限额规定的,不得超过规定的限额。

2)对外投资的决议方式。公司向其他企业投资,按照公司章程的规定由董事会或者股东(大)会决议。

3)对外投资的对象。公司可以向其他企业投资,但除法律另有规定外,不得成为对所投资企业的债务承担连带责任的出资人。

(2)对外担保

1)对外担保的规模。公司章程对担保总额及单项担保的数额有限额规定的,不得超过规定的限额。

2)对外担保的决议方式。公司为他人(非股东、非实际控制人)提供担保的,按照公司章程的规定由董事会或者股东(大)会决议。公司为股东或者实际控制人提供担保的,必须经股东(大)会决议。接受担保的股东或者受实际控制人支配的股东不得参加表决,该项表决由出席会议的其他股东所持表决权的过半数(大于1/2)通过。

二、有限责任公司

(一)有限责任公司的设立

1. 人数要求

设立有限责任公司应当由 50 个以下股东组成。股东既可以是自然人,也可以是法人。

2. 注册资本要求

有限责任公司的注册资本为在登记机关登记的全体股东认缴的出资额。法律、行政法规以及国务院决定对有限责任公司注册资本实缴、注册资本最低限额另有规定的，从其规定。

3. 出资要求

（1）出资方式

股东可以用货币出资，也可以用实物、知识产权、土地使用权等可以用货币估价并可以依法转让的非货币财产作价出资，但是法律、行政法规规定不得作为出资的财产除外。

（2）出资要求

1）货币出资。股东以货币出资的，应当将货币出资足额存入公司在银行开设的账户。

2）非货币出资：

① 应当评估作价，核实财产，不得高估或低估。出资人以非货币财产出资，未依法评估作价，公司、其他股东或者公司债权人请求认定出资人未履行出资义务的，法院应当委托具有合法资格的评估机构对该财产评估作价。评估确定的价额显著低于公司章程所定价额的，法院应当认定出资人未依法全面履行出资义务，但是出资人以符合法定条件的非货币财产出资后，因市场变化或者其他客观因素导致出资财产贬值的，公司、其他股东或者公司债权人请求该出资人承担补足出资责任的，法院不予支持。当事人另有约定的除外。

② 应当依法办理其财产权的转移手续。

③ 出资人以划拨土地使用权出资，或者以设定权利负担的土地使用权出资，公司、其他股东或者公司债权人主张认定出资人未履行出资义务的，法院应当责令当事人在指定的合理期间内办理土地变更手续或者解除权利负担；逾期未办理或者未解除的，法院应当认定出资人未依法全面履行出资义务。

④ 出资人以房屋、土地使用权或者需要办理权属登记的知识产权等财产出资，已经交付公司使用但未办理权属变更手续，公司、其他股东或者公司债权人主张认定出资人未履行出资义务的，法院应当责令当事人在指定的合理期间内办理权属变更手续；在前述期间内办理了权属变更手续的，法院应当认定其已经履行了出资义务；出资人主张自其实际交付财产给公司使用时享有相应股东权利的，法院应予支持；出资人已经就前述财产出资，办理权属变更手续但未交付给公司使用，公司或者其他股东主张其向公司交付，并在实际交付之前不享有相应股东权利的，法院应予支持。

（3）未缴纳出资的后果

① 股东不按照规定缴纳出资的，除应当向公司足额缴纳外，还应当向已按期足额缴纳出资的股东承担违约责任。该违约责任除出资部分外，还包括未出资的利息。

② 股东在公司设立时未履行或者未全面履行出资义务，发起人与被告股东承担连带责任；公司的发起人承担责任后，可以向被告股东追偿。

③ 股东在公司增资时未履行或者未全面履行出资义务，未尽《公司法》规定的义务而使出资未缴足的董事、高级管理人员承担相应责任，董事、高级管理人员承担责任后，可以向被告股东追偿。

④ 有限责任公司的股东未履行或未全面履行出资义务即转让股权，受让人对此知道或者应当知道，公司请求该股东履行出资义务、受让人对此承担连带责任的，法院应予支持；

公司债权人依照规定向该股东提起承担补充赔偿责任的诉讼,同时请求前述受让人对此承担连带责任的,法院应予支持。受让人根据上述规定承担责任后,向该未履行或者未全面履行出资义务的股东追偿的,法院应予支持,但是当事人另有约定的除外。

⑤ 以贪污、受贿、侵占、挪用等违法犯罪所得的货币出资后取得股权的,对违法犯罪行为予以追究、处罚时,应当采取拍卖或者变卖的方式处置其股权。

⑥ 有限责任公司成立后,发现作为设立公司出资的非货币财产的实际价额显著低于公司章程所定价额的,应当由交付该出资的股东补足其差额;公司设立时的其他股东承担连带责任。

(4) 抽逃出资及其后果

公司成立后,公司、股东或者公司债权人以相关股东的行为符合下列情形之一且损害公司权益为由,请求认定该股东抽逃出资的,法院应予支持:①将出资款项转入公司账户验资后又转出;②通过虚构债权债务关系将其出资转让;③制作虚假财务会计报表虚增利润进行分配;④利用关联交易将出资转出;⑤其他未经法定程序将出资抽回的行为。

股东抽逃出资,公司或者其他股东请求其向公司返还出资本息,协助抽逃出资的其他股东、董事、高级管理人员或者实际控制人对此承担连带责任的,法院应予支持。公司债权人请求抽逃出资的股东在抽逃出资本息范围内对公司债务不能清偿的部分承担补充赔偿责任,协助抽逃出资的其他股东、董事、高级管理人员或者实际控制人对此承担连带责任的,法院应予支持;抽逃出资的股东已经承担上述责任,其他债权人提出相同请求的,法院不予支持。

第三人代垫资金协助发起人设立公司,双方明确约定在公司验资后或者在公司成立后将该发起人的出资抽回以偿还该第三人,发起人依照前述约定抽回出资偿还第三人后又不能补足出资,相关权利人请求第三人连带承担发起人因抽回出资而产生的相应责任的,法院应予支持。

(5) 股东未履行或未全面履行出资义务或者抽逃出资

股东未履行或未全面履行出资义务或者抽逃出资,公司根据章程或者股东会决议对其利润分配请求权、新股优先认购权、剩余财产分配请求权等股东权利做出相应的合理限制,该股东请求认定该限制无效的,法院不予支持。有限责任公司的股东未履行出资义务或者抽逃全部出资,经公司催告缴纳或者返还,其在合理期间内仍未缴纳或者返还出资,公司以股东会决议解除该股东的股东资格,该股东请求确认该解除行为无效的,法院不予支持。

股东未履行或者未全面履行出资义务或者抽逃出资,公司或者其他股东请求其向公司全面履行出资义务或者返还出资,被告股东以诉讼时效为由进行抗辩的,法院不予支持。公司债权人的债权未过诉讼时效期间,其依照规定请求未履行或者未全面履行出资义务或者抽逃出资的股东承担赔偿责任,被告股东以出资义务或者返还出资义务超过诉讼时效期间为由进行抗辩的,法院不予支持。

4. 制定章程

(1) 制定人

股东共同制定公司章程,公司章程对公司、股东、董事、监事、高级管理人员具有约束力。

(2) 记载事项

章程应当载明下列事项：公司名称和住所；经营范围；注册资本；股东的姓名或名称；股东的出资方式、出资额和出资时间；公司的机构及其产生办法、职权、议事规则；法定代表人。

（二）有限责任公司的组织机构

1. 权力机构——股东会

（1）股东会的职权

1）人事任免权。选举和更换非由职工代表担任的董事、监事，决定有关董事、监事的报酬事项。

2）审议批准权，包括：董事会的报告；监事会或者监事的报告；年度财务预算方案、决算方案；利润分配方案和弥补亏损方案。

3）决议权，包括：增减资本的决议；发行公司债券的决议；合并、分立、解散、清算或者变更的决议。

4）修改章程权。决定公司的经营方针和投资计划。

（2）议事规则

1）股东会的会议形式。股东会会议分定期会议和临时会议。定期会议应当按照公司章程的规定按时召开。上市公司的年度股东大会应当于上一会计年度结束后的 6 个月内举行。临时会议由代表 1/10 以上表决权的股东、1/3 以上的董事、监事会或者不设监事会的监事提议召开。

2）股东会的召集。首次股东会会议由出资最多的股东召集和主持，以后的股东会会议，公司设立董事会的，由董事会召集，董事长主持；公司不设董事会的，由执行董事召集和主持；董事长不能履行职务或者不履行职务的，由副董事长主持；副董事长不能履行职务或者不履行职务的，由半数以上董事共同推举一名董事主持；董事会不能履行召集职责的，由监事会召集；监事会不召集和主持的，可以由代表 1/10 以上表决权的股东自行召集和主持。召开股东会会议，应当于会议召开 15 日前通知全体股东。

3）股东会的表决。股东会会议由股东按照出资比例行使表决权，但是公司章程另有规定的除外。股东会会议做出修改公司章程、增加或者减少注册资本的决议，以及公司合并、分立、解散或者变更公司形式的决议，必须经代表 2/3 以上表决权的股东通过。

2. 执行机构——董事会

（1）董事会的组成

董事会的成员为 3~13 人。由两个以上的国有企业或者其他两个以上的国有投资主体投资设立的有限责任公司，其董事会成员中应当有公司职工代表；其他有限责任公司董事会成员中也可以有公司职工代表。董事会中的职工代表由公司职工通过职工代表大会、职工大会或者其他形式民主选举产生。董事会设董事长 1 人，可以设副董事长。董事长、副董事长的产生办法由公司章程规定。

（2）董事会的职权

1）人事任免权。包括：聘任或者解聘公司经理及其报酬事项；根据经理的提名决定聘任或者解聘公司副经理、财务负责人及其报酬事项。

2）制定方案权。包括：年度财务预算方案、决算方案；利润分配和补亏方案；增减资本以及发行公司债券的方案；合并、分立、解散或者变更公司形式的方案。

3）决定权。包括：决定公司的经营计划和投资方案；决定公司内部管理机构的设置。

4）召集权。召集股东会会议，并向股东会报告工作。

5）执行权。执行股东会的决议。

（3）议事规则

1）董事会的召开。董事会会议由董事长召集和主持；董事长不能履行职务或者不履行职务的，由副董事长召集和主持；副董事长不能履行职务或者不履行职务的，由半数以上董事共同推举一名董事召集和主持。

2）董事会的决议。董事会的议事方式和表决程序，除《公司法》有规定的外，由公司章程规定。董事会应当将所议事项的决定做成会议记录，出席会议的董事应当在会议记录上签名。董事会决议的表决，实行一人一票。股东人数较少或者规模较小的有限责任公司，可以设1名执行董事，不设董事会。执行董事可以兼任公司经理。执行董事的职权由公司章程规定。

3. 监督机构——监事会

（1）监事会的组成

监事会的成员不得少于3人。股东人数较少或者规模较小的有限责任公司，可以设1~2名监事，不设监事会。监事会应当包括股东代表和不得低于1/3比例的公司职工代表，具体比例由公司章程规定。监事会中的职工代表由公司职工通过职工代表大会、职工大会或者其他形式民主选举产生。董事、高级管理人员不得兼任监事。监事会设主席1人，由全体监事过半数选举产生。监事会主席召集和主持监事会会议；监事会主席不能履行职务或者不履行职务的，由半数以上监事共同推举1名监事召集和主持监事会会议。

（2）监事会的召开

监事会每年度至少召开一次会议，监事可以提议召开临时监事会会议。

（3）监事的任期

监事的任期每届为3年。监事任期届满，连选可以连任。监事任期届满未及时改选，或者监事在任期内辞职导致监事会成员低于法定人数的，在改选出的监事就任前，原监事仍应当依照法律、行政法规和公司章程的规定，履行监事职务。

（4）监事会的职权

监事会的职权包括：检查公司财务；对董事、高级管理人员执行公司职务的行为进行监督，对违反法律、行政法规、公司章程或者股东会决议的董事、高级管理人员提出罢免的建议；当董事、高级管理人员的行为损害公司的利益时，要求董事、高级管理人员予以纠正；提议召开临时股东会会议，在董事会不履行《公司法》规定的召集和主持股东会会议职责时召集和主持股东会会议；向股东会会议提出提案；依照《公司法》的规定，对董事、高级管理人员提起诉讼；公司章程规定的其他职权。

（5）监事会的决议

监事会的议事方式和表决程序，除另有规定的之外，由公司章程规定。监事会决议应当经半数以上监事通过。监事会应当将所议事项的决定做成会议记录，出席会议的监事应当在会议记录上签名。

三、股份有限公司

（一）股份有限公司的设立

1．人数要求

设立股份有限公司应当由 2 人以上 200 人以下为发起人，其中，须有半数以上的发起人在中国境内有住所。发起人既可以是自然人，也可以是法人；既可以是中国公民，也可以是外国公民。

2．注册资本要求

采取发起设立方式的股份有限公司，注册资本为在公司登记机关登记的全体发起人认购的股本总额。在发起人认购的股份缴足前，不得向他人募集股份。采取募集设立方式的股份有限公司，注册资本为在公司登记机关登记的实收股本总额，发起人认购的股份不得少于公司股份总数的 35%，且一次缴清。法律、行政法规另有规定的，从其规定。同时，以募集方式设立的股份有限公司的注册资本应当经过验资机构验资。

3．出资要求

股份有限公司的出资方式与出资要求和有限责任公司相同。

4．制定章程

（1）制定人

股份有限公司由发起人制定公司章程，采用募集方式设立的须经创立大会通过。

（2）记载事项

股份有限公司章程应当载明：公司名称和住所；经营范围；设立方式；股份总数、每股金额和注册资本；发起人的姓名或名称、认购的股份数、出资方式、出资时间；董事会的组成、职权、任期和议事规则；监事会的组成、职权、任期和议事规则；公司的利润分配办法；法定代表人；公司的解散事由与清算办法；公司的通知和公告办法，以及股东大会会议认为需要规定的其他事项。

5．股份有限公司发起人的责任

（1）公司不能成立时，对设立行为所产生的债务和费用负连带责任。公司因故未成立，债权人请求全体或者部分发起人对设立行为所产生的费用和债务承担连带清偿责任的，法院应予支持。部分发起人依照前述规定承担责任后，请求其他发起人分担的，法院应当判令其他发起人按照约定的责任承担比例分担责任；没有约定责任承担比例的，按照约定的出资比例分担责任；没有约定出资比例的，按照均等份额分担责任。

（2）公司不能成立时，对认股人已缴纳的股款，负返还股款并加算银行同期存款利息的连带责任。

（3）在公司设立过程中，由于发起人的过失致使公司利益受到损害的，应当对公司承担赔偿责任。

因部分发起人的过错导致公司未成立，其他发起人主张其承担设立行为所产生的费用和债务的，法院应当根据过错情况，确定过错一方的责任范围。发起人因履行公司设立职责造成他人损害,公司成立后受害人请求公司承担侵权赔偿责任的,法院应予支持;公司未成立,受害人请求全体发起人承担连带赔偿责任的,法院应予支持。公司或者无过错的发起人承担赔偿责任后,可以向有过错的发起人追偿。

6. 公司设立阶段的合同责任

(1) 发起人为设立公司以自己的名义对外签订合同,合同相对人请求该发起人承担合同责任的,法院应予支持。公司成立后对前述规定的合同予以确认,或者已经实际享有合同权利或者履行合同义务,合同相对人请求公司承担合同责任的,法院应予支持。

(2) 发起人以设立中公司的名义对外签订合同,公司成立后合同相对人请求公司承担合同责任的,法院应予支持。公司成立后有证据证明发起人利用设立中公司的名义为自己的利益与相对人签订合同,公司以此为由主张不承担合同责任的,法院应予支持,但相对人为善意的除外。

(二) 股份有限公司的组织机构

1. 权力机构——股东大会

(1) 股东大会的职权

股东大会的职权与有限责任公司股东会的职权相同。此外,上市公司股东大会具有以下职权:①对聘用、解聘会计师事务所做出决议。②审议公司在一年之内购买、出售重大资产超过公司最近一期经审计总资产30%的事项。③审议批准变更募集资金用途事项。④审议代表公司发行在外有表决权股份总数的5%以上股东的提案。⑤审议股权激励计划。⑥审议批准下列担保行为:第一,本公司及本公司控股子公司的对外担保总额,达到或超过最近一期经审计净资产的50%以后提供的任何担保;第二,公司的对外担保总额,达到或超过最近一期经审计总资产的30%以后提供的任何担保;第三,为资产负债率超过70%的担保对象提供的担保;第四,单笔担保额超过最近一期经审计净资产10%的担保;第五,对股东、实际控制人及其关联方提供的担保。

(2) 议事规则

1) 股东大会的会议形式。股东大会的会议分定期会议和临时会议。定期会议应当按照公司章程的规定按时召开。上市公司的年度股东大会应当于上一会计年度结束后的6个月内举行。有下列情形之一的,应当在两个月内召开临时股东大会:①董事人数不足《公司法》规定人数或者公司章程所定人数的2/3时;②公司未弥补的亏损达实收股本总额的1/3时;③单独或者合计持有公司10%以上股份的股东请求时;④董事会认为必要时;⑤监事会提议召开时;⑥公司章程规定的其他情形。

2) 股东大会的召集。股东大会会议由董事会召集,董事长主持。董事长不能履行职务或者不履行职务的,由副董事长主持;副董事长不能履行职务或者不履行职务的,由半数以上董事共同推举一名董事主持;董事会不能履行或者不履行召集职责的,由监事会召集;监事会不召集和主持的,连续90日以上单独或者合计持有公司10%以上股份的股东可以自行召集和主持。

召开股东大会会议,应当将会议召开的时间、地点和审议的事项于会议召开20日前通知各股东;临时股东大会应当于会议召开15日前通知各股东;发行无记名股票的,应当于会议召开30日前公告会议召开的时间、地点和审议事项。

单独或者合计持有公司 3%以上股份的股东,可以在股东大会召开 10 日前提出临时提案并书面提交董事会;董事会应当在收到提案后 2 日内通知其他股东,并将该临时提案提交股东大会审议。临时提案的内容应当属于股东大会职权范围,并有明确议题和具体决议事项。

3)股东大会的表决——资本多数决。股东出席股东大会会议,所持每一股份有一表决权,但是公司持有的本公司股份没有表决权。股东大会对普通事项做出决议,必须经出席会议的股东所持表决权过半数通过。股东大会做出修改公司章程、增加或者减少注册资本的决议,以及公司合并、分立、解散或者变更公司形式的决议,必须经出席会议的股东所持表决权的 2/3 以上通过。

2．执行机构——董事会

（1）董事会的组成

股份有限公司董事会的成员为 5~19 人。董事会成员中可以有公司职工代表。董事会中的职工代表由公司职工通过职工代表大会、职工大会或者其他形式民主选举产生。董事会设董事长 1 人,可以设副董事长。董事长和副董事长由董事会以全体董事的过半数选举产生。

（2）董事会的议事规则

1)出席人数。董事会应有过半数的董事出席方可举行。董事会会议应由董事本人出席;董事因故不能出席,可以书面委托其他董事代为出席,委托书中应载明授权范围。

2)表决。董事会做出决议,必须经全体董事的过半数通过。董事会决议的表决实行一人一票。董事会应当将会议所议事项的决定形成会议记录,出席会议的董事应当在会议记录上签名。

3)董事的责任。董事应当对董事会的决议承担责任。董事会的决议违反法律、行政法规或者公司章程、股东大会决议,致使公司遭受严重损失的,参与决议的董事对公司负赔偿责任,但经证明在表决时曾表明异议并记载于会议记录的,该董事可以免除责任。

3．监督机构——监事会

1)监事会的组成和有限责任公司相同。

2)监事会的召开。监事会每 6 个月至少召开一次会议。监事可以提议召开临时监事会会议。

3)监事的任期和有限责任公司相同。

4)监事会的职权和有限责任公司相同。

5)监事会的决议和有限责任公司相同。

四、公司董事、监事、高级管理人员

（一）公司董事、监事、高级管理人员的资格

公司董事、监事、高级管理人员是代表公司组织机构行使职权的人员,在公司中处于重要地位,并依法具有法定职权。根据《公司法》规定,高级管理人员,是指公司的经理、副经理、财务负责人,上市公司董事会秘书和公司章程规定的其他人员。为了保证上述人员具有正确履行职责的能力与条件,《公司法》规定他们应当具有相应的资格。有下列情形

之一的，不得担任公司的董事、监事、高级管理人员：①无民事行为能力或者限制民事行为能力；②因贪污、贿赂、侵占财产、挪用财产或者破坏社会主义市场经济秩序，被判处刑罚，执行期满未逾 5 年，或者因犯罪被剥夺政治权利，执行期满未逾 5 年；③担任破产清算的公司、企业的董事或者厂长、经理，对该公司、企业的破产负有个人责任的，自该公司、企业破产清算完结之日起未逾 3 年；④担任因违法被吊销营业执照、责令关闭的公司、企业的法定代表人，并负有个人责任的，自该公司、企业被吊销营业执照之日起未逾 3 年；⑤个人所负数额较大的债务到期未清偿。

（二）公司董事、监事、高级管理人员的义务

（1）行为禁止

①挪用公司资金；②将公司资金以其个人名义或者以其他个人名义开立账户存储；③违反公司章程的规定，未经股东会、股东大会或者董事会同意，将公司资金借贷给他人或者以公司财产为他人提供担保；④违反公司章程的规定或者未经股东会、股东大会（而非董事会）同意，与本公司订立合同或者进行交易；⑤未经股东会、股东大会同意，利用职务便利为自己或者他人谋取属于公司的商业机会，自营或者为他人经营与所任职公司同类的业务；⑥接受他人与公司交易的佣金归为己有；⑦擅自披露公司秘密；⑧违反对公司忠实义务的其他行为。

（2）责任

公司董事、高级管理人员违反上述规定所得的收入应当归公司所有，给公司造成损失的，应当承担赔偿责任；公司董事、监事、高级管理人员执行公司职务时违反法律、行政法规或者公司章程的规定，给公司造成损失的，应当承担赔偿责任。

（三）股东诉讼

1. 股东代表（公司）诉讼

股东代表诉讼也称股东间接诉讼，是指当董事、监事、高级管理人员或者他人的违法行为给公司造成损失，公司拒绝或者怠于向该违法行为人请求损害赔偿时，具备法定资格的股东有权代表其他股东提起诉讼，请求违法行为人赔偿公司损失的行为。

根据侵权人身份与具体情况的不同，提起股东代表诉讼有以下几种程序：

（1）股东对董事、高级管理人员侵犯公司利益提起的诉讼

第一步：股东（有限责任公司的股东、股份有限公司连续 180 日以上单独或者合计持有公司 1%以上股份的股东）可以书面请求监事会向人民法院提起诉讼。

第二步：如果监事会收到股东的书面请求后拒绝提起诉讼，或者自收到请求之日起 30 日内未提起诉讼，或者情况紧急、不立即提起诉讼将会使公司利益受到难以弥补的损害的，股东有权为了公司的利益以自己的名义直接向人民法院提起诉讼。

（2）股东对监事侵犯公司利益提起的诉讼

第一步：股东（有限责任公司的股东、股份有限公司连续 180 日以上单独或者合计持有公司 1%以上股份的股东）可以书面请求董事会向人民法院提起诉讼。

第二步：如果董事会收到股东的书面请求后拒绝提起诉讼，或者自收到请求之日起 30 日内未提起诉讼，或者情况紧急、不立即提起诉讼将会使公司利益受到难以弥补的损害的，

股东有权为了公司的利益以自己的名义直接向人民法院提起诉讼。

2. 股东直接诉讼

公司董事、高级管理人员违反法律、行政法规或者公司章程的规定，损害股东利益的，股东可以（直接作为原告）依法向人民法院提起诉讼。

五、公司的合并、分立、减资、解散与清算

（一）公司合并、分立

1. 公司合并、分立的形式

（1）合并

吸收合并，是指一个公司吸收其他公司加入本公司，被吸收的公司解散；新设合并，是指两个以上公司合并设立一个新的公司，合并各方解散。

（2）分立

派生分立，是公司以其部分财产和业务另设一个新的公司，原公司存续；新设分立，是公司以其全部财产分别归入两个以上的新设公司，原公司解散。

2. 合并、分立的程序

1）签订协议。

2）编制资产负债表和财产清单。

3）做出决议。由股东（大）会做出决议，并采用特别多数决方式。

4）通知公告债权人。公司应当自做出（合并、分立、减资）决议之日起 10 日内通知债权人，并于 30 日内在报纸上公告。债权人自接到通知书之日起 30 日内，未接到通知书的自公告之日起 45 日内，可以要求公司清偿债务或者提供相应的担保。

5）依法进行登记。

3. 债权、债务的承担

1）合并。合并各方的债权、债务，应当由合并后存续的公司或者新设的公司承继。

2）分立。公司分立前的债务由分立后的公司承担连带责任，但是，公司在分立前与债权人就债务清偿达成的书面协议另有约定的除外。

（二）增减资本

1. 公司注册资本的减少

1）股东（大）会做出减资决议，并相应对章程进行修改。减资决议应当采用多数决的方式通过。减资后的注册资本不得低于法定的最低注册资本限额。

2）公司必须编制资产负债表及财产清单。

3）通知公告债权人。公司应当自做出减少注册资本决议之日起 10 日内通知债权人，并于 30 日内在报纸上公告。债权人自接到通知书之日起 30 日内，未接到通知书的自公告之日起 45 日内，有权要求公司清偿债务或者提供相应的担保。

4）办理减资登记手续。

2. 公司注册资本的增加

1) 有限责任公司增加注册资本时，股东认缴新增资本的出资，依照《公司法》设立有限责任公司缴纳出资的有关规定执行。

2) 股份有限公司为增加注册资本发行新股时，股东认购新股，依照《公司法》设立股份有限公司缴纳股款的有关规定执行。

（三）解散

1. 公司解散的原因

1) 公司章程规定的营业期限届满或者公司章程规定的其他解散事由出现。
2) 股东会或者股东大会决议解散。
3) 因公司合并、分立需要解散。
4) 依法被吊销营业执照、责令关闭或者被撤销。
5) 人民法院依照《公司法》相关规定予以解散。

2. 强制解散

强制解散是指公司经营管理发生严重困难，继续存续会使股东利益受到重大损失，通过其他途径不能解决的，持有公司全部股东表决权 10%以上的股东可以请求人民法院解散公司。

（1）人民法院应当受理的情形

单独或者合并持有公司全部股东表决权 10%以上的股东，有下列事由之一，提起解散公司诉讼的，人民法院应当受理：①公司持续 2 年以上无法召开股东会或者股东大会，公司经营管理发生严重困难的；②股东表决时无法达到法定或者公司章程规定的比例，持续 2 年以上不能做出有效的股东会或者股东大会决议，公司经营管理发生严重困难的；③公司董事长期冲突，并且无法通过股东会或者股东大会解决，公司经营管理发生严重困难的；④经营管理发生其他严重困难，公司继续存续会使股东利益受到重大损失的。

（2）人民法院不予受理的情形

股东以知情权、利润分配请求权等权益受到损害，或者公司亏损、财产不足以偿还全部债务，以及公司被吊销企业法人营业执照未进行清算等为由，提起解散公司诉讼的，人民法院不予受理。

（四）清算

1. 清算组

1) 公司应当在解散事由出现之日起 15 日内成立清算组。
2) 有限责任公司的清算组由股东组成，股份有限公司的清算组由董事或者股东大会确定的人员组成。
3) 有下列情形之一，债权人申请人民法院指定清算组进行清算时，人民法院应予受理：①公司解散逾期不成立清算组进行清算的；②虽然成立清算组但故意拖延清算的；③违法清算可能严重损害债权人或者股东利益的。
4) 人民法院受理公司清算案件，清算组成员可以从下列人员或者机构中产生：①公司股东、董事、监事、高级管理人员；②依法设立的会计师事务所、律师事务所、破产清算事务所等社会中介机构；③依法设立的会计师事务所、律师事务所、破产清算事务所等社会中介机构中具备相关专业知识并取得执业资格的人员。

2. 债权登记

清算组应当自成立之日起 10 日内通知债权人，并于 60 日内在报纸上公告。债权人自接到通知书之日起 30 日内，未接到通知书的自公告之日起 45 日内，向清算组申报债权。

3. 清算

1）清算方案应当报股东会、股东大会或者人民法院确认。
2）清算组执行未经确认的清算方案给公司或者债权人造成损失，公司、股东或者债权人有权要求清算组成员承担赔偿责任。
3）公司解散时，股东尚未缴纳的出资均应作为清算财产。
4）清算组如发现公司财产不足以清偿债务的，应当依法向人民法院申请宣告破产。
5）人民法院指定的清算组在清理公司财产、编制资产负债表和财产清单时，发现公司财产不足以清偿债务的，可以与债权人协商制定有关债务清偿方案。债务清偿方案经全体债权人确认且不损害其他利害关系人利益的，人民法院可依清算组的申请裁定予以认可。

4. 注销登记

公司未经清算即办理注销登记，导致公司无法进行清算，债权人有权要求有限责任公司的股东、股份有限公司的董事和控股股东，以及公司的实际控制人对公司债务承担清偿责任。

第三节　知识产权法

一、知识产权法概述

无形的发明、创造、文艺作品等由信息构成的成果究竟如何最终成为法律所承认并保护的财产的呢？伽利略·伽利雷（Galileo Galilei）在发明了扬水灌溉机械后向其国王写了一封信。信中具体内容如图 6-2 所示。国王为保护国家的优秀人才，开始积极思考如何使知识拥有财产的特性。国王强制地使这个设计方案具备法律上的财产应当具备的第二个和第三个属性——排他性和可转让性。排他性是指除了伽利略和经他许可的人之外，任何人不得使用这种设计方案制造、销售扬水灌溉机，也不得使用未经许可而制造的扬水灌溉机，否则，就会受到法律制裁。可转让性是指伽利略可以把这种排他性的权利以一定价格转让给他人。

> 陛下：
> 　　我发明了一种只用很简单的方法和很少的费用，而使用又非常方便的扬水灌溉机械，仅用一匹马的力量，即可使二十个管口不断地向外喷水。我费了很大力气，花了很大代价才完成了它。因为像这样的发明，如果变成所有人的共同财产，是不能被容忍的。所以恳求您，除我和我的子孙或从我的后代中获得这种权力的人以外，在四十年内或规定的期间内，不允许任何人制造和使用我所发明的新机械，即使制造了，也不准使用。如有人违反，希望陛下考虑处以适当的罚金，将罚金的一部分归我所有。如蒙陛下垂恩，为了社会的福利，我将更热心地将力量倾注于新的发明，为陛下效劳。

图 6-2　伽利略给国王写的信

可见，专利最早实际上是一种特权。1331 年，英王爱德华三世授予佛兰德的工艺师约翰·卡姆比在缝纫与染织技术方面独专其利。商标权保护起源于行会控制，这种行会控制则又被君主或其代表作为一种"特权"加以确认。版权的最初内容——翻印权，中西方同样是随着印刷术从雕版发展到活字印刷而出现的，中国古代就有禁例，禁止他人翻印原刻印出版者出版的书，即保护出版复制权。1624 年英国的"垄断法规"是世界上第一部现代意义的专利法，是近代专利保护制度的起点。

随着商品生产与交换的产生和发展，商标从官方垄断经营或征税标记向商品标记过渡，这样商标由特权变为私权。1618 年英国处理了商标侵权纠纷，但最早的商标成文法是法国 1809 年的《备案商标保护法令》，1857 年又颁布了确立全面注册商标保护制度的《商标权法》。

随着印刷技术而产生的版权，与印刷分离后，版权的特权才真正变为私权。世界上第一部成文的著作权法是英国于 1709 年颁布的《为鼓励知识创作而授予作者及购买者就其已印刷成册的图书在一定时期内之权利的法》，即《安娜女王法》。法国在 18 世纪末颁布了《表演权法》和《作者权法》，使与出版印刷关系更为密切的专有权逐步成为保护作者的专有权。

二、知识产权的定义

知识产权（Intellectual Property）是人们依法对自己特定智力成果、商誉和其他特定相关客体等享有的权利。在对知识产权的理解中，我们需要注意以下三点：

首先，知识产权的客体（智力成果或商誉等）是非物质客体，区别于物权的特征。

其次，"知识产权"≠"对知识的财产权"（并非任何知识都能产生知识产权这种财产权）。"知识产权"不能理解为"对知识的财产权"，因为并非任何知识都能产生知识产权这种财产权。只有符合知识产权规定的特定形态和特征的知识形态才可能成为知识产权的客体。公有领域中的知识，如历史、地理知识本身不能成为任何人的财产，也就没有知识产权可言。

最后，"知识产权"并不只有智力活动创造出来的知识。事实上，有一些知识产权的客体与智力创造并无直接关系。例如，经营者完全可以将自然界客观存在的奇花异石的图案、形状或公共领域的词汇注册为商标加以使用，并享有商标权。

从理论界、各国国内法以及相关国际公约的规定看，由于各国法律体制的不同，对于知识产权的概念共有列举式和概括式两种表述方式。

（一）列举式

列举式是明确列举知识产权的保护范围或者对象，然后通过对知识产权保护范围或者对象的确定而揭示知识产权的概念。

1. 狭义的（传统分类）知识产权定义

狭义的（传统分类）知识产权包括商标权和专利权，著作权（包含邻接权）。

商标权与专利权在日常工业、商业与农业等行业中的生产交易中使用较多，因此在实际运用中，统称为工业产权（Industrial Property）。而著作权是指文学、艺术和科学作品的创作者和传播者所拥有的权利，通常称为文学产权（Literature Property）。

2. 广义的知识产权定义

广义的知识产权包括著作权、邻接权、商标权、商号权、商业秘密权、产地标记权、专利权、集成电路布图设计权等权利。

（1）1967年签订并于1970年生效的《成立世界知识产权组织公约》第二条第八款规定，知识产权应当包括与下列领域有关的权利：

- 文学、艺术和科学作品。
- 表演艺术家、录音和广播的演出。
- 在人类一切活动领域内的发明。
- 科学发现。
- 工业设计。
- 商标、服务标志、厂商名称和标记。
- 制止不正当竞争。
- 在工业、科学、文学或艺术领域里一切其他知识活动的权利。

（2）TRIPS（Agreement On Trade-Related Aspects Of Intellectual Property Rights）协议第二部分第1～7节所列举的知识产权的范围为：

- 版权和相关权利。
- 商标。
- 地理标识。
- 工业设计。
- 专利。
- 集成电路布图设计（拓扑图）。
- 对未披露信息的保护。
- 对协议许可中反竞争行为的控制。

（二）概括式

概括式是对知识产权的内涵进行高度抽象与归纳而明确其概念。例如，我国20世纪90年代以前将其定义为人们对创造性的智力成果所享有的专有权利。90年代中期以后，将其划分为创造性成果权利以及识别性标记权利。

学界对于知识产权的定义，代表性的观点有以下几种：

（1）知识产权是基于创造性智力成果和工商业标记依法产生的权利统称（刘春田）。

（2）知识产权是人们对于自己的智力活动创造成果和经营管理活动中的标记、信誉依法享有的权利（吴汉东）。

（3）知识产权是民事主体依据法律的规定，支配其与智力活动有关的信息，享有其利益并排斥他人干涉的权利（张玉敏）。

（4）1986年我国《民法通则》列举的知识产权的范围为：著作权、专利权、商标权、发明权、发现权以及其他科技成果权。

三、知识产权的内容

知识产权是指依法享有对智力劳动成果的占有、使用、处分和收益的权利，是智力劳动产生的成果所有权,它是依照各国法律赋予符合条件的著作者以及发明者或成果拥有者在一定期限内享有的独占权利。《中华人民共和国民法典》(简称《民法典》)第一百二十三条规定,民事主体依法享有知识产权。知识产权是权利人依法就下列客体享有的专有的权利:作品;发明、实用新型、外观设计;商标;地理标志;商业秘密;集成电路布图设计;植物新品种;法律规定的其他客体。

总结起来,知识产权的类型主要有两类:①著作权(也称为版权、文学产权),包括文学艺术作品、计算机软件等依法享有的权利;②工业产权(也称为产业产权),包含专利权、商标权、商业秘密、植物新品种、制止不正当竞争、厂商名称、原产地名称、货源标记、其他智慧成果等,专利权与商标权为工业产权的主要部分。

❉ 课堂讨论:
看完知识产权的内容,张晓和学姐们深深体会到了作品知识产权保护的必要性,如果游戏作品以后要走商业化的道路,难免有竞争对手剽窃自己的创意,此时只有知识产权能够有效保护自己的作品,但是应该采取哪些手段保护知识产权呢?

(一)著作权

著作权是因为权利人拥有权力客体——作品而拥有的权力。作品是指文学、文艺和科学领域内具有独创性并能以某种有形形式复制的智力创造成果。根据《中华人民共和国著作权法》规定,著作权包括下列人身权和财产权。

1. 人身权

人身权(又称著作精神权利)是指作者对其作品所享有的各种与人身相联系或者密不可分而又无直接财产内容的权利(作者通过创作表现个人风格的作品而依法享有获得名誉、声望和维护作品完整性的权利)。该权利由作者终身享有,不可转让、剥夺和限制。作者死后,一般由其继承人或者法定机构予以保护。

(1)发表权,即决定作品是否公之于众的权利。
(2)署名权,即表明作者身份,在作品上署名的权利。
(3)修改权,即修改或者授权他人修改作品的权利。
(4)保护作品完整权,即保护作品不受歪曲、篡改的权利。

小案例

维权起诉

案例分析:网红 Papi 酱旗下的"Bigger 研究所"在 2018 年发布的一段广告视频使用了《Walking On the Sidewalk》部分配乐用作视频广告背景音乐,而这段音乐的原创作者是一家日本独立音乐制作组合 Lullatone,"Bigger 研究所"使用这段音乐时,并未取得对方授权。Lullatone 认为,"Bigger 研究所"对自己的音乐著作权造成侵犯,严重侵犯音乐人的利益,遂发起维权。2019 年,这起被称作"MCN 商用音乐侵权第一案"的案件正式开庭审理。

案例解析:法院认为,Lullatone 是来自美日的夫妻二人组的组合名称,属于 Shawn James Seymour 夫妇的"个人音乐计划",故法院对于"Lullatone 组合"为涉案作品作者、享有著作权予以确认。北京互联网法院对该案件做出一审判决,判令 papitube 短视频配乐构成侵权,赔偿原告版权方 VFine Music 及音乐人 Lullatone 经济损失 4 000 元及合理支出 3 000 元，共计 7 000 元。此案可称为当下短视频时代数字音乐商用的标志，对数字音乐产业在短视频载体中的定价、授权规则、产业收益等都有一定的指导意义。

2. 财产权

财产权即作者对其作品的自行使用和被他人使用而享有的以物质利益为内容的权利。著作权的财产权内容较多，包括复制权、发行权、出租权、展览权、表演权、放映权、广播权、信息网络传播权、摄制权、改编权、翻译权、汇编权、追续权以及应当由著作权人享有的其他权利。

（1）复制权，即以印刷、复印、拓印、录音、录像、翻录、翻拍等方式将作品制作一份或者多份的权利。

（2）发行权，即以出售或者赠与方式向公众提供作品的原件或者复制件的权利。

（3）出租权，即有偿许可他人临时使用电影作品和以类似摄制电影的方法创作的作品、计算机软件的权利，计算机软件不是出租的主要标的的除外。

（4）展览权，即公开陈列美术作品、摄影作品的原件或者复制件的权利。

（5）表演权，即公开表演作品，以及用各种手段公开播送作品的表演的权利。

（6）放映权，即通过放映机、幻灯机等技术设备公开再现美术、摄影、电影和以类似摄制电影的方法创作的作品等的权利。

（7）广播权，即以无线方式公开广播或者传播作品，以有线传播或者转播的方式向公众传播广播的作品，以及通过扩音器或者其他传送符号、声音、图像的类似工具向公众传播广播的作品的权利。

（8）信息网络传播权，即以有线或者无线方式向公众提供作品，使公众可以在其个人选定的时间和地点获得作品的权利。

（9）摄制权，即以摄制电影或者以类似摄制电影的方法将作品固定在载体上的权利。

（10）改编权，即改变作品，创作出具有独创性的新作品的权利。

（11）翻译权，即将作品从一种语言文字转换成另一种语言文字的权利。

（12）汇编权，即将作品或者作品的片段通过选择或者编排，汇集成新作品的权利；应当由著作权人享有的其他权利。

（13）追续权，即指艺术作品，尤其是美术作品的著作权人对其作品原件每一次售出以后的财产增值部分都有提成一定比例的权利，也就是说，享有著作权的艺术作品原件被售出以后，如果受让人又转售给他人并获得了高于购买时所支付的金额，则作品的原作者有权就该作品增值金额部分提取一定比例。无论该作品转卖次数如何及辗转落入何人之手，只要售价比购买价高，原作者就有提取其中一部分的权利。

 小资料

著作权法中的独创性

独创性指作品必须是作者独立创作的，一部作品只要不是对一部已有作品的完全的或实质的模仿，而是作者独立构思的产物，就可以视为具有独创性。著作权法理论中允许偶合，两位作者独立同时完成或单独完成相同或实质性相似的作品，均可获得著作权法的保护。

案例分析：朱某是网络动画《小小特警》等作品的作者，其作品的主题人物形象均为"火柴棍小人"。而耐克公司为举办某宣传活动及推广其新产品，在其网站、地铁站台、电视台上发布包含"黑棍小人"形象的广告。朱某的"火柴棍小人"和耐克公司的"黑棍小人"均为以圆球表示头部、以线条表示躯干和四肢的方法而创作的人物形象，因此朱某认定耐克公司存在侵权行为，将耐克公司告上法庭。而有人认为，使用棍形图案代替四肢、球形图案代替头部的创作方法古已有之，在《福尔摩斯探案集》中就已经出现"跳舞的小人"等符号，其创作时间要早于朱某，因此朱某的作品也是演绎作品。请思考：耐克公司是否侵权？法院应如何判决此案？

案例解析：朱某设计的"火柴棍小人"形象用圆形表示人的头部，以直线表示其他部位，这一创作方法已经进入公有领域，任何人均可以此为基础进行创作。原、被告的作品有相同之处，但相同部分主要存在于已进入公有领域、不应得到著作权法保护的部分，其差异部分恰恰体现了各自创作者的独立创作，因此，不能认定被告形象使用了原告作品。

3. 游戏作品的著作权保护

自20世纪70年代视频游戏（Video Games）出现以来，经过几十年的发展，游戏已经发展成为重要的经济产业，尤其是近年来随着计算机技术和互联网的极速发展，游戏产业的规模出现井喷式的增长。荷兰市场研究公司Newzoo发布的《2018全球游戏市场报告》显示，全球游戏市场规模达到1 379亿美元。中国音像与数字出版协会游戏工委（GPC）联合国际数据公司（IDC）联合发布了《2019年1～6月中国游戏产业报告》。报告显示，2019年1～6月，中国游戏市场实际销售收入达到1 140.2亿元，相比2018年1～6月增长90.2亿元，截至2019年6月，中国游戏用户规模突破6.4亿人。

 小资料

游戏设计作品

游戏设计或游戏策划是设计游戏内容和规则的一个过程，好的游戏设计能够达到激起玩家通关热情的目标，并且制定玩家在追求这些目标时做出的有意义的、需遵循的规则。游戏设计涉及不同范畴，包括游戏规则及玩法、视觉艺术、编程、产品化、声效、编剧、游戏角色、道具、场景、界面等元素。游戏设计者常常专攻于某一种特定的游戏类型，例如，桌面游戏、卡片游戏或者视频游戏等。尽管这些游戏类型看上去很不一样，可是它们却共同拥有很多潜在的概念上或者逻辑上的相似性。游戏公司中，涉及游戏设计的岗位通常有美术、策划、文案、剧情等。

游戏策划也可称为创意策划，创意分为两种：原创性创意和综合性创意，但人们通常把前一种称为创意，把后一种称为"抄"，这其实是一个误区，两者没有高下之分。在自然科学领域，原创性创意出现率比较高一些，很多发明和发现都属于原创性创意，但是，也有不少发明和发现是站在巨人肩膀上完成，捅破了一层窗户纸，并非原创性创意而是综合性创意。综合性创意其实是一个选择与融和的过程。

游戏产业不断扩大的同时，问题也随之而来。创作游戏很难，但是复制游戏则相对容易，很多公司在利益的驱使下，剽窃其他公司的原创成果，市场上出现了大量的"山寨游戏"，与之相伴随的还有私服、外挂、虚拟财产被盗、游戏竞技中直播侵权等问题，对游戏行业造成巨大的冲击。因此，如何对游戏进行有效的知识产权保护，是目前急需解决的问题。

最普遍的做法是运用著作权法保护游戏作品的知识产权。首先，著作权法采用的是自动取得的方式，游戏作品一经创作完成就能取得著作权，不需要审批和登记；其次，保护条件要求低，只需要游戏作品能够拥有一般的"独创性"，就可以受到著作权法的保护；再次，保护具有针对性，权利人被赋予了复制权，可以有效地打击非法盗版；最后，有利于网络游戏的国际性保护，著作权法的保护在国际上已经形成了较为完整的国际保护体系，只要各个国家把游戏纳入到著作权法的保护范围当中，无须另外立法就可以适应全球性的保护。

小案例

著作权的保护

案例分析：《王者荣耀》是一款多人在线竞技类手机游戏，一经推出就受到广大网友喜爱，因游戏衍生出的相关视频更是备受追捧。《王者荣耀》由腾讯科技（成都）有限公司研发推出，经授权，腾讯公司负责对该游戏在全球范围内代理运营并享有游戏整体及其游戏元素所含著作权的使用许可。2019年，腾讯公司发现某文化公司在其运营的视频平台游戏专栏下开设《王者荣耀》专区，并在显著位置主动推荐其游戏短视频，同时与数名游戏用户签订《游戏类视频节目合作协议》共享收益。腾讯公司认为《王者荣耀》游戏整体画面构成"类电作品"，该文化公司的上述行为涉嫌侵犯其作品信息网络传播权。

案例解析：广州互联网法院经审理认为，《王者荣耀》从上线运营开始，游戏中潜在的各种画面都可以通过不同用户的不同组队及不同操作方式显现，这些画面满足著作权法实施条例第二条规定的作品构成要件，属于受著作权法保护的作品。虽然《王者荣耀》游戏整体画面具有与传统"类电作品"不一样的特点及表现形式，且这种表现形式也没有包含在著作权法第三条规定的其他法定作品类型中。随着科学技术的发展，新的传播技术和表现形式会不断更新，当新的作品形式与法定作品类型都不相符时，应当根据知识产权法激励理论的视角，允许司法按照知识产权法的立法本意，遵循诚实信用和公平正义的原则，选择相对合适的法定作品类型予以保护。在综合考虑到《王者荣耀》游戏的知名度以及被告侵权情节严重程度等因素后，对原告提出480万元经济损失与16万元合理维权费用索赔额，予以全部支持。

（二）商标权

1. 商标权的概念

商标，即生产经营者在其商品或者服务上使用的，由文字、图形、字母、数字、三维标志、颜色组合，以及上述要素的组合构成的，具有显著特征、便于识别商品或服务来源的专用标记。商标（Trademark）俗称"牌子"，商标法所称商标，则具有特定含义。我国现行商标法未直接规定商标的含义，但在第四条规定了可以取得商标权的主体和商标使用的对象，又在第九条规定商标应当具备显著特征，便于识别。由此，我国商标的法律概念可归纳为：自然人、法人或者其他组织在其生产、制造、加工、拣选或者经销的商品或提供的服务上使用的，用以区分商品或服务的生产经营者或提供者，由具有显著性便于识别的可视性标识构成的标志。

商标权是指商标所有人对其商标所享有的独占的、排他的权利。在我国由于商标权的取得实行注册原则，因此，商标权实际上是因商标所有人申请、经国家商标局确认的专有权利，即因商标注册而产生的专有权。依据我国商标法，商标权人对注册商标享有以下权利：

（1）专用权，即在核定使用的商品上专有使用核准注册商标的权利。

（2）禁止权，即禁止他人未经许可在同一种或类似商品上使用与其注册商标相同或近似的商标。

2. 商标注册程序

（1）商标注册的基本原则

1）注册原则。注册是确认商标专用权归属的一种过程。不管该商标是否使用，只要符合商标法的规定，经商标主管机关核准注册之后，申请人即取得该商标的专用权，受到法律的保护。

2）申请在先原则。申请在先原则强调要以提交申请书的时间先后来决定商标权的归属。根据该原则，即使一个商标已经被使用多年，但由于没有及时注册，也会因为其他人抢先注册而失去商标的专用权。

 小提示

商标的抢注

通过本章学习，我们能够了解商标的抢注对企业造成的负面影响。实际上，这种商标申请人违反诚实信用原则，明知已有在先商标或其他在先权利的存在，或具有某种不良动机而注册申请商标的行为数见不鲜。2020年，新冠肺炎疫情席卷全球，但人们愤怒地发现疫情的"吹哨人"，武汉市中心医院眼科医生李文亮，在感染新冠肺炎不幸去世后，其姓名"李文亮"被某商家作为商标申请注册，申请时间刚好是李文亮牺牲的日期。长沙市知识产权局对此事高度重视，已责令企业撤销商标申请，并对其违法行为展开调查。长沙市天心区市场监督管理局也派人前往现场调查。商家在经营的过程中要提高商标的注册意识，尽早运用商标将自己的产品保护起来，以防投机分子的抢注。

3）诚实信用原则。知识产权法是属于民法的范畴，因此我国民法中关于诚实信用原则的概述也适用于商标法。《民法典》第四条明确规定："民事活动应当遵循自愿、公平、等价有偿、诚实信用的原则。"这就要求我们在处理利益关系时，既要考虑到双方当事人之间的利益诉求，也要考虑到法律行为对社会公众利益的影响，要在权利的法律范围内以符合社会经济目的的方式行使自己的权利。

4）自愿注册原则。企业是否使用商标注册，完全靠企业自主决定。但严格意义上，我国实行的并非纯粹的自愿注册原则，而是在自愿注册的大前提下对极少数商品仍然实行强制商品注册制度。

5）集中注册、分级管理原则。我国的商标注册工作统一由国家知识产权局商标局负责办理，其他任何机构都无权办理商标注册工作，这体现了集中注册的原则。而各级工商行政管理机关依据法律规定,在各地区开展商标注册管理工作,这体现了分级管理的原则。

6）行政保护与司法保护并行原则。为了保护商标的专用权,我国《商标法》规定,对商标侵权行为,被侵权人可以选择由工商行政管理机关处理,也可以向人民法院起诉,这就为商标权的使用提供了行政和司法上的双重保护。

 小案例

商标侵权了吗

案例分析：网元圣堂就旗下游戏《古剑奇谭》起诉游戏《古剑奇侠》,认为《古剑奇侠》的名称和本公司旗下游戏名称过于相近,导致玩家在下载游戏时产生误解,削弱本公司利润。请问法院应如何判决？

案例解析：法院认为《古剑奇侠》不构成侵权,主要有两个依据：第一,"古剑奇谭"与"古剑奇侠",两者虽一字之差,但拆解来看,"奇谭"与"奇侠"最终意义各不相同,因此法院判定两商标不构成近似；第二,"古剑奇侠"本身是作为游戏名称使用而不是商标使用,也就是说玩家在看到《古剑奇侠》并不会第一时间联想到其背后的厂商,基于此原因来说"古剑奇侠"最终是为了表明产品的含义或者产品的内容,这种使用是在合理的使用范畴内。

启示：商标权侵权的判定除了字面上的类似外,同时还关注是否存在刻意诱导,如果诱导效果不明显,即使是字面相似,也不一定会被认为是商标侵权。

（2）商标注册的具体程序

申请商标可以自己向商标局提交文件,也可以通过商标代理组织申请。可以登录国家知识产权局商标局的官网（http://sbj.cnipa.gov.cn/）了解商标注册流程。申请之前必须要根据《商标注册用商品和服务国际分类尼斯协定》明确自己申请的商品和服务属于哪种分类。

提交申请书之后,商标局会对申请书内容进行形式审查,如果符合要求则会进入实质审查阶段,如果有部分不符合要求则会退回申请人限期补正。实质审查符合条件的,商标局会公开初步审定公告,在公示期内没有异议的会进行注册公告。在形式审核、实质审查、复审、审定公告、注册公告的环节中出现问题,商标申请都有可能被驳回、注销、撤销、删除,进入评审环节。如果申请人对评审环节的裁定结果有异议的,可以通过北京知识产权法院和北京市高级人民法院进行裁定。

具体的商标注册的全过程主要包括以下几个步骤,如图6-3所示：

1）准备。申请人就申请商标权,准备相关申请材料,主要包括：收集实际使用的证据,查商标分类,办理商标查询。

2）提交申请。提交前期准备的申请文件,如申请书、商标图样及证明文件,以及缴纳申请费。

3）审查。商标权申请主要包括：形式审查和实质审查两个阶段。形式审查较为简单,相关审核机构窗口办理人,初步审核申请人提交的资料是否齐全完善。实质审查则根据商标法相关规定,审核拟申请的商标是否符合相关要求,申请注册的商标是否符合法律对商标的要求（显著性、不违反禁止性条款）,申请注册的商标是否与在先注册或申请的商标相同或近似。

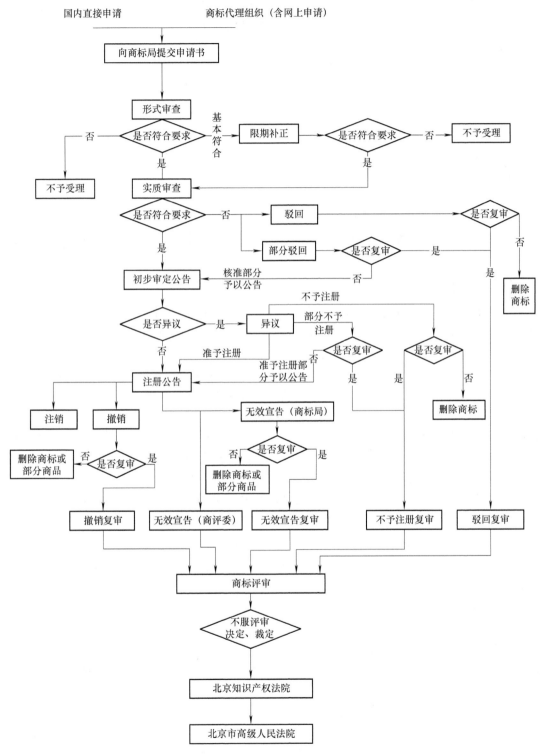

图 6-3 商标注册全过程

4）公告与异议。如果符合要求，就会予以公告。3个月内没有任何异议，就会核准拟申请的商标核准注册，若有人提出异议，商标局负责相关裁定。如果申请人不服商标局的裁定结果，可申请评审委员会复审，如还有异议，可到法院起诉。

5）核准注册。通过公告后，商标局将拟申请通过的商标进行登记，登记商标图样、注册人名称或姓名、地址，商品类别、名称，专用权的期限；发给商标注册证书，并予以公告。

3．商标权的取得

商标权的取得，是指特定的人（包括自然人和法人）对其商标依法申请并经商标局核准注册。商标权的取得分为两种途径，原始取得和传来取得。原始取得又称为直接取得，即以法律规定为依据，具备了法定条件并经商标主管机关核准直接取得的商标权。而传来取得也就意味着商标权的取得不是最初产生的，而是以原商标所有人的商标权及其意志为依据，通过一定的法律实现的商标权转移。一般来说，传来取得可以通过签订转让合同或一定的继承程序来实现。

（三）专利权

专利保护制度始创于17世纪初的英国，其标志是1624年制定的第一部专利法《垄断法规》。19世纪末至整个20世纪，专利保护制度在全世界范围蓬勃发展。我国于1984年3月12日正式颁布了《中华人民共和国专利法》（简称《专利法》），随后分别在1992年、2000年、2008年和2020年做了4次修订。专利制度的核心是授予发明创造以垄断性权利。

专利是专利权的简称，它是国家按专利法授予申请人在一定时间内对其发明创造成果所享有的独占、使用、处分和收益的权利。它是一种财产权，是新产品、新技术依法独占现有市场、抢占潜在市场的有力武器。在我国，专利包括发明专利（发明专利的技术含量最高，发明人所花费的创造性劳动最多。新产品及其制造方法、使用方法都可申请发明专利）、实用新型专利（涉及产品构造、形状或其结合时，可以申请实用新型专利）和外观设计专利（涉及产品的形状、图案或者其结合以及色彩与形状、图案的结合，富有美感，并适于工业上应用的新设计，可以申请外观设计专利）。

1．专利申请的客体

专利权的客体，也称为专利法保护的对象，是指依法应授予专利权的发明创造。根据我国专利法第二条的规定，专利法的客体包括发明专利、实用新型专利和外观设计专利三种。

（1）发明专利

我国《专利法》第二条第二款对发明的定义是："发明，是指对产品、方法或者其改进所提出的新的技术方案。"其中发明必须是一种技术方案，是发明人将自然规律在特定技术领域进行运用和结合的结果，而不是自然规律本身，因此科学发现不属于发明范畴。

（2）实用新型专利

我国《专利法》第二条第三款对实用新型的定义是："实用新型，是指对产品的形状、构造或者其结合提出的适于实用的新的技术方案。"实用新型的技术方案更注重实用性，其技术水平和发明相比更偏向实际应用，技术也更简单，因此在很多国家和地区也被称为是

"小发明"。

(3) 外观设计专利

我国《专利法》第二条第四款对外观设计的定义是:"外观设计,是指对产品的形状、图案或其结合以及色彩与形状、图案的结合所做出的富于美感、并适于工业应用的新设计。"外观设计和发明、实用新型专利有着显著区别,外观设计注重的是对一项产品的外观做出的富于艺术感和美感并适用于工业应用的新设计。

 小提示

游戏作品的知识产权保护

一般情况下,游戏作品的知识产权可以通过两种渠道来保护,著作权和专利权。游戏作品属于计算机软件,可以作为一种文学作品受到著作权法保护,但著作权法的保护也存在一定缺陷。首先,著作权法只能局限于对作品表达的保护,而对于游戏的设计构思和设计内核不能做到应有的保护。其次,著作权法只能保护游戏的程序代码不被他人擅自复制,并不能阻止他人以不同方式表达同一构思的实质侵权。如果要全方位保护游戏作品的知识产权,还需要依靠专利法。我国《专利法》明确规定,有以下四种情况可对计算机软件授予专利:用计算机程序来控制计算机的内部操作,从而实现计算机内部性能的改进;使用计算机程序来控制某一自动化技术处理过程,并具有技术效果,构成完整的技术方案;采用计算机程序来控制或执行测量或测试过程;汉字编码方法。游戏是通过调用计算机程序和游戏资源来实现的,因此可作为计算机软件用专利法进行保护。但是用专利法保护的游戏,相比用著作权法保护要严格得多。游戏至少需满足一定条件才能申请专利:①要求游戏与硬件结合为一体,组成一个完整的技术方案;②这个技术方案必须具备实用性、新颖性和创造性的要求。因此,并非所有的游戏都适合使用专利法进行保护。同时,专利审批周期较长,且成本较高,因此,更适合对创新程度较高、投资耗费较大的游戏的保护。

2. 专利申请程序

(1) 准备工作

在申请之前先查询自己的创意是否已被前人申请过专利,可以登录国家知识产权局的网站(http://www.cnipa.gov.cn/)进行检索,建议使用相关行业、相关技术的通用词汇或技术关键字进行检索。然后点击专利申请界面了解相关的专利申请程序(http://cponline.cnipa.gov.cn/),如图6-4所示。可以在手机上下载客户端进行电子申请,下载后需要完成注册、调节系统并获取数字证书。

(2) 确定申请专利类型

确定要申请的专利类型是发明专利、实用新型专利还是外观设计专利,如果是集成电路,就申请集成电路布图设计专利。

(3) 制作申请书

打开电子申请客户端,编辑新申请案件,如图6-5所示。具体操作是:点击申请专利中的发明、新型、外观或者PCT申请中的PCT发明和PCT新型之一,进入案件编辑界面编辑,然后保存完成编辑工作。提交前请注意检查申请文件,如有需要订正之处可以递交补正书进行修改。

图 6-4 专利申请网页

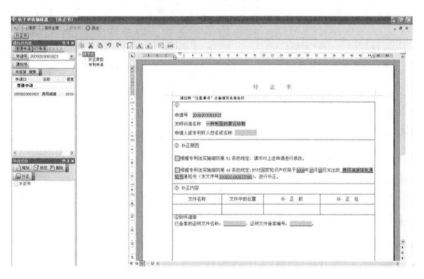

图 6-5 制作专利申请书

 小提示

撰写专利申请书的注意事项

根据专利侵权判定中的"全面覆盖"原则，主权利要求列举保护的项目越少越精越好，写得越精练、越少越好，保护范围可能越大。要写出其他欲侵权者无法绕过的关键技术保护要点，其他的非必要的、非关键性的技术特征写入从属权利要求。

（4）提交申请书

如果是新申请案件，签名通过后，案件从草稿箱中的新申请转移到发件箱中的新申请。先勾选发件箱的【新申请案件】，点界面上方的【发送】按钮，在弹出的界面中点【开始上传】按钮。新申请案件提交成功后，很快会自动收到电子申请回执，提交人应耐心等待，及时接收电子回执。

小提示

专利申请的收费标准

专利申请的收费标准见表6-1。

表6-1 专利申请收费标准

专利类型	发明专利	实用新型专利	外观设计专利
申请费	900+50（印刷费）	500	500
申请维持费每年	300	/	/
申请审查费	2 500	/	/
复审费	1 000	300	300
撤销请求费	30	20	20
无效宣告请求费	3 000	1 500	1 500
强制许可请求费	300	200	/
专利登记费（含专利文件印刷费、印花税）	255	205	205
第1年至第3年每年年费	900	600	600
第4年至第5年每年年费	1 200	900	900
第6年年费	1 200	1 200	1 200
第7年至第8年每年年费	2 000	1 200	1 200
第9年年费	2 000	2 000	2 000
第10年年费	4 000	2 000	2 000
第10年至第12年每年年费	4 000	/	/
第13年至第15年每年年费	6 000	/	/
第16年至第20年每年年费	8 000	/	/

（5）接收通知书

电子申请回执接收完成后，案件需要进行相关业务的处理，当处理完成后，可以收到专利申请受理通知书和缴纳申请费通知书。具体操作是，进入到收件箱中已下载通知书界面，点界面上方的【接收】按钮，在弹出的界面中点击【获取列表】，显示所有待下载的通知书列表。选中需要下载的通知书，点击【开始下载】，即开始下载相应的通知书，收到通知书后即可在网站上查询专利。

与商标权相同，专利权需要申请获得后才能确权。专利权的确权流程，如图6-6所示。

四、知识产权侵权行为表现

侵犯知识产权的违法行为主要包括侵犯著作权、商标权和专利权三大类。包括而不限于：

（1）未经授权，在生产、经营、广告、宣传、表演和其他活动中使用相同或者近似的商标、特殊标志、专利、作品和其他创作成果。

（2）伪造、擅自制造相同或者近似的商标标识、特殊标志或者销售伪造、擅自制造的商标标识、特殊标志。

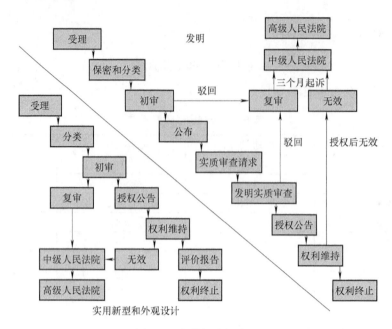

图 6-6 专利权确权流程

（3）变相利用相同或者近似的商标、特殊标志、专利、作品和其他创作成果。

（4）未经授权，在企业、社会团体、事业单位、民办非企业单位登记注册和网站、域名、地名、建筑物、构筑物、场所等名称中使用相同或者近似的商标、特殊标志、专利、作品和其他创作成果。

（5）为侵权行为提供场所、仓储、运输、邮寄、隐匿等便利条件。

（6）违反国家有关法律、法规规定的其他侵权行为。

【案例分析】

J.K.罗琳为什么能成为亿万"富婆"？

J.K.罗琳自己说她小时候是个戴眼镜的脸上平平的女孩，非常爱学习，有点害羞、流着鼻涕，还比较野。童年的时候，她有过两次搬家的经历。一次是从 Yate（布里斯托尔港一边）搬到 Winterbourne（布里斯托尔港另一边），一次是从 Winterbourne 搬到靠近 Chepstow 的 Tutshill 的乡村。罗琳毕业于英国埃克塞特大学，学习法语和古典文学，获文学学士学位。2004 年，罗琳被爱丁堡大学授予博士学位。

罗琳从小喜欢写作和讲故事。开始构思哈利·波特系列故事是在 1990 年，灵感的产生现在有两个版本：

——24 岁的她在前往伦敦的火车旅途中，一个瘦弱、戴着眼镜的黑发小巫师一直在车窗外对着她微笑（见于小说的作者简介）。

——24 岁的她在前往伦敦的火车旅途中，火车故障停车，车外的草地上有一群牛，灵感突然迸发了（罗琳受采访时这样告诉记者）。

罗琳把这个叫哈利·波特的男孩故事推向了世界。于是，哈利·波特诞生了——一个 10 岁小男孩，瘦小的个子，黑色乱蓬蓬的头发，明亮的绿色眼睛，戴着圆形眼镜，前额上有一道细长、闪电状的伤疤……哈利·波特成为风靡全球的童话人物。

作为一个单身母亲，罗琳母女的生活极其艰辛。她的第一本书《哈利·波特与魔法石》前后共写了 5 年，这期间，她从葡萄牙回到了爱丁堡。罗琳因为自家的屋子又小又冷，时常到住宅附近的一家咖啡馆里，据罗琳说，她喜欢咖啡馆的氛围。她将女儿放在桌边的婴儿车上，就在女儿的吵闹声里，把哈利·波特的故事写在小纸片上。故事成文后，罗琳多次呈上书稿均遭拒绝。不过，她的努力终于得到了回报。在一所小印刷商 Bloomsbury 接下印刷权后，童话一出版便备受瞩目，好评如潮，其中包括英国国家图书奖儿童小说奖，以及斯马蒂图书金奖章奖，她的生活发生天翻地覆的变化，她自己也成了英国第三"富婆"。

随后罗琳又分别于 1998 年与 1999 年创作了《哈利·波特与密室》和《哈利·波特与阿兹卡班的囚徒》，进一步轰动世界。

2000 年 7 月，随着第四部《哈利·波特与火焰杯》的问世，世界范围的哈利·波特热持续升温，创造了出版史上的神话。而根据小说拍摄的电影自从上映以来，也纷纷在世界不少地方打破当地的票房纪录。

哈利·波特系列小说第五部《哈利·波特与凤凰社》于 2003 年 6 月 21 日在全球同步发行，掀起了又一轮哈利·波特的热潮。

哈利·波特系列小说第六部《哈利·波特与"混血王子"》于 2005 年 7 月 16 日在全球同步发行。《哈利·波特与"混血王子"》中文版已于 2005 年 10 月 15 日前发行。

到了 2007 年 7 月 21 日，哈利波特系列的最后一部小说，《哈利·波特与死亡圣器》发行，为这一系列小说画上句号。

（资料来源：《北京青年周刊》及相关新闻整理编写）

分析与讨论：
1. J.K.罗琳的知识产权内容属于著作权、专利权，还是商标权？
2. 请运用网络资料查找 J.K.罗琳运用了自己知识产权的哪些具体权利？

【拓展思考】

请根据图 6-7 分析知识产权的内容模块，查阅相关资料，总结知识产权的发展历史。

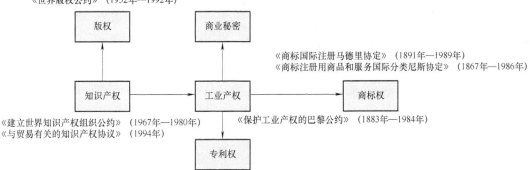

图 6-7 主要知识产权及国际公约

【任务卡】

1. 任务目标：学会总结技术开发合同的签订要点。

小冯毕业后到某网络科技有限公司就职，公司正在开发一款软件产品，并与其他公司签订了一份技术开发合同。作为项目组成员的小冯在签订合同时应如何对合同进行审核，从而更好地保障自身权益？

实施流程：

（1）下载一份标准的技术开发合同。

（2）思考自己与对方签订合同时想要事前明确的要点有哪些，例如开发失败要怎么归责？开发成功技术成果后续的收益如何进行分配？验收不通过应承担何种责任等。将自己的能想到的要点列举出来。

（3）将自己的问题与标准的技术开发合同结合，从合同的签约主体、开发内容、开发计划、保密条款、技术风险条款、技术成果条款、验收条款、报酬条款、违约条款、争议解决条款进行对比，从而总结出技术开发合同签订的要点。

2. 任务目标：掌握出资形式。

某高校电气工程及其自动化专业的三位同学从大一开始一直组队参加亚太大学生机器人大赛，并在大四那年获得全国冠军，于是三位同学约定，毕业三年后合伙开一家机器人科技有限责任公司，从事机器人研发生产。三年过去，秉持着对机器人的热爱，三个人决定正式成立公司。

其中：小张打算为公司提供办公区和厂房，经评估作价25万元；小王从银行借款20万元现金作为出资；小李因毕业后在一家公司当过管理层，具有一定的管理经验，提出以管理能力出资，作价15万元。

三位好友签订协议后，向工商局申请注册。

实施流程：

（1）查阅有限责任公司设立的要求。

（2）上述情形包括哪几种出资形式？试分析小张、小王、小李的出资效力。

（3）根据查阅结果判断该公司能否成立，为什么？

3. 请根据小组的商业决策策划报告内容，完成以下2个任务

（1）设计小组公司的公司名称，商品或服务的商标名与logo，并准备相关的商标申请资料。

（2）确定小组的核心产品或技术，并准备详细具体的相关发明或实用新型专利申请资料。

4. 为自己的艺术作品撰写专利申请书

专利申请书模板见表6-2。

表 6-2　专利申请书模板

请按照"注意事项"正确填写本表各栏					此框内容由国家知识产权局填写	
⑥ 使用外观设计的产品名称					① 申请号　　（外观设计）	
					② 分案	
					提交日	
⑦ 设计人					③ 申请日	
					④ 费减审批	
⑧ 第一设计人国籍　　居民身份证件号码					⑤ 挂号号码	
⑨ 申请人	申请人(1)	姓名或名称			电话	
		居民身份证件号码或组织机构代码			电子邮箱	
		国籍或注册国家（地区）		经常居所地或营业所所在地		
		邮政编码	详细地址			
	申请人(2)	姓名或名称			电话	
		居民身份证件号码或组织机构代码				
		国籍或注册国家（地区）		经常居所地或营业所所在地		
		邮政编码	详细地址			
	申请人(3)	姓名或名称			电话	
		居民身份证件号码或组织机构代码				
		国籍或注册国家（地区）		经常居所地或营业所所在地		
		邮政编码	详细地址			
⑩ 联系人	姓名		电话		电子邮箱	
	邮政编码		详细地址			
⑪ 代表人为非第一署名申请人时声明　特声明第__署名申请人为代表人						
⑫ 专利代理机构	名称				机构代码	
	代理人(1)	姓名		代理人(2)	姓名	
		执业证号			执业证号	
		电话			电话	
⑬ 分案申请	原申请号		针对的分案申请号		原申请日 年 月 日	
⑭ 要求外国优先权声明	原受理机构名称	在先申请日		在先申请号	⑮ 不丧失新颖性宽限期声明	□已在中国政府主办或承认的国际展览会上首次展出 □已在规定的学术会议或技术会议上首次发表 他人未经申请人同意而泄露其内容

（续）

⑯ 相似设计	本案为同一产品的相似外观设计，其所包含的项数为__项。
⑰ 成套产品	本案为成套产品的多项外观设计，其所包含的项数为__项。
⑱ 申请文件清单 1.请求书 2份 2页 2.图片或照片 2份 3页 3.简要说明 2份 1页 图片或照片 6幅	⑲ 附加文件清单 费用减缓请求书 份 共 页 费用减缓请求证明 份 共 页 优先权转让证明 份 共 页 专利代理委托书 份 共 页 总委托书（编号_____）在先申请文件副本 份 在先申请文件副本首页译文 份 其他证明文件（名称_____）份共 页
⑳ 全体申请人或专利代理机构签字或者盖章 年 月 日	㉑ 国家知识产权局审核意见 年 月 日
外观设计的产品名称	
设计人姓名	

第七章　商业创新与创业

【学习目标】

(1) 了解思维障碍，理解创新思维的含义及具体形式。
(2) 掌握技术创新、组织创新及战略创新具体内容。
(3) 理解创业的含义与分类，掌握创新创业团队的类型及组建的基本知识。
(4) 掌握商业计划书的内容、撰写步骤与原则，了解注册企业一般流程。

【导入案例】

三星电子的创新孵化地

几年前，《电器》记者前往韩国首尔和水原两地，探访了三星创新博物馆、三星首尔设计中心、三星 C-Lab 创新实验室（简称 C-Lab）等机构，并与三星视觉产品事业部和生活电器事业部相关负责人进行了深入交流。此行所到之处、所言之事，虽涉及多个不同领域，但对于"创新"的执着是高度一致的。三星以"新技术""创新产品"和"创造性的解决方案"来激励团队，努力创造更美好的世界和更丰富的体验的决心分外坚定。

C-Lab 是三星设立的创意实验室，位于首尔大学内。开放的空间设计、不规则的阶梯看台、梯形桌面的会议桌，一走入 C-Lab 就给人一种眼前一亮的感觉。"目前不同产业之间的界限正在逐渐模糊，产业发展形势发生着巨大变化。三星认识到不能仅仅依靠已有优势继续发展，为了应对这样的环境变化，三星在 2012 年开始创立了小规模的组织 C-Lab。"C-Lab 有关负责人坦言，"这是三星在已有的竞争优势基础上，增加创新方面的新优势，通过小规模的创新活动开展混合型的创新战略"。

从小规模的创新活动到公司战略，C-Lab 如同三星的创意孵化器，为公司发展输送创新成果，培育新时代的竞争优势。从人事结构上，C-Lab 最大程度地保护了进入此处进行研究工作员工的利益，以制度为创新护航。据介绍，C-Lab 主要研究产品化可行性较高的课题，一般课题研究时长为 1～2 年。凡是进入 C-Lab 课题研究小组的三星员工，享有 C-Lab 的特权，将不再接受原有事业部门的考核，考核标准将以课题效果而定。如果课题最终在三星形成事业化运作，课题成员将得到非常大的奖励；对于那些未能在三星内部形成事业化运作的课题，三星可以帮助主创人员利用研究课题成立初创公司，即使最终创业没有成功，还有机会重新回到三星工作。

《电器》记者在现场看到便签打印机、360 度拍摄相机、智能腰带等多款创新产品，并在现场体验了一款基于三星 VR 延伸出的创新产品。这种产品可以辅助有严重视力障碍的人进行阅读，可以大幅提升观看的效果，让模糊的视野变清晰。

……

事实上，此行看到的只是三星在创新领域的一小部分。未来，三星还将继续创新，正如三星的愿景所言："三星将致力于成为新市场的创新企业，并成为真正不断发展的受人尊敬的品牌。"

（资料来源：于璇. 三星电子：以创意打造更美好的未来[J].电器，2017（12）：68-69）

思考：
1. 什么是创新，如何界定？
2. 三星为什么在各领域对创新保持高度执着？

第一节　创新思维

一、探索创新之路

（一）创新的界定

创新是人类发展进步亘古不变的主题，无论任何时代，社会的发展需要创新。19世纪以来世界文明各方面发展之所以能够如此迅猛，究其根本原因，创新在其中扮演了极为重要的角色，那么到底怎么定义创新呢？

创新是指人类提供前所未有的事物的一种活动。"事物"一词含义很广，它可以是任何方面，天文地理、社会自然科学、平民生活等。"前所未有"一词可以理解为首创，首创可以根据参照物的不同有多重含义，第一种为完全首创，比如贝尔德发明电视、西夫拉克发明了自行车等；第二种则是相对的，非首创，相对于自己来说是第一次，比如说某公司推行了新的工作体制、新的组织模式。

第一种"完全首创"与第二种"相对第一次"分别对应狭义创新与广义创新。显而易见，第二种相对第一次更普遍存在，容易实现，但是真正推动整个世界文明发展的还是第一种完全首创。现阶段的创新学习可以先从广义创新开始，我们首先以自己作为参考，只要不断形成对于自己来说是新的东西，这就是创新。我们以此积累消除对创新的畏惧心理，为完全首创做铺垫。

（二）创新的特征

1. 普遍性

从创新的定义来看，创新是指人类提供前所未有的事物的一种活动，即创新无处不在，存在于一切领域。

2. 新颖性

创新意味着首创，而已存在的事物毫无疑问是落后于新事物的，因此它总是最新的超前的。

3. 艰巨性

一方面，由于以上创新的新颖性导致在过程中可能受到他人的质疑甚至反对，得不到充分的理解从而举步维艰；另一方面，由于创新本身就是一种探索，方法和技巧都存在不确定性，实现时间也很难掌控。

4. 价值性

任何一项创新都会为整个人类社会带来价值，体现在市场价值、文化价值、社会价值各个方面。

5. 永恒性

创新是贯穿整个社会发展始终的，它是人类的本能，它是永无止境的，就像俗语没有最好只有更好一样，最好的创新永远是下一个。

（三）创新的来源

创新的重要性已经不言而喻，那么创新的主要来源是什么，如图 7-1 所示。

创造力的产生需要各方面因素的结合，除了外部环境激励外，内部因素也尤为重要，首先，知识经验与技能毫无疑问发挥了重要作用，充分完备的知识可以给我们打下坚实的基础，任何新事物的产生都不是凭空而来，它需要以充分的知识为地基；其次，勤奋工作可以锻炼我们的能力，提升熟练度，所谓"业精于勤荒于嬉"就是这个道理，熟练的工作孕育创造力；最后，也是最重要的一点，创新思维与方法，思路决定出路，创新思维是创新实践、创造力发挥的前提。那么到底什么是创新思维呢，创新思维又有哪些表现形式呢？

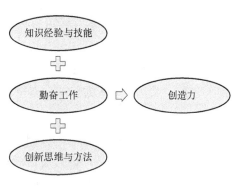

图 7-1　创新的来源

二、打破思维障碍

人类文明已经持续了几千年，在长期的进化发展历程中，历代文化习俗的积累，加上长期的思维活动，每个独立个体都形成了惯用的思维模式，这就意味着当面临现实生活中的各类问题时，人们会根据以往的经验所形成的惯有框架和思考模式去处理问题，我们把它称为思维定式（Thinking Set）。

思维定式的特点主要有以下两种：①顽固性，长期的思维习惯导致思考模式深入到潜意识中，面对各式各样的问题时条件反射性地思考回应；②形式化框架，这种定式模式不是指具体的思考内容，而是长期积累的具体思维活动所形成的定型的方式程序和模式。

思维定式可以帮助人们快速解决部分日常问题，但同时它也束缚了创造性思维的发展。常见的思维定式有从众型思维定式、经验型思维定式、习惯型思维定式、书本型思维定式、直线型思维定式与权威型思维定式六类。

1. 从众型思维定式

从众型思维定式也可称为群体惯性，个人容易受到外界人群行为的影响，而在自己的知觉、判断、认识上表现出符合公众舆论或多数人的行为，而导致产生类似行为的思维即是从众思维。

 小故事

> **谁在盲从**
>
> 一位科学家对几只猴子做过一个实验。将几只猴子关在同一个密闭的大笼子里，每天投喂水和很少的食物，使猴子处于饥饿状态。

> 一周后，这位科学家在笼子顶端用绳索悬挂一串香蕉时，一只猴子迫不及待地冲过来，还未碰到香蕉就被提前放置的按钮电到了，其他猴子也分别过去尝试，依次被电后只好放弃回归原位。
>
> 再过了几天，科学家又放了一只新猴子进去笼子，依旧是少量的食物和水，当这只猴子忍受不了饥饿冲过去想要抓香蕉时，其他几只猴子立马阻止它，并告诉它有危险会被电到。捕捉到这一现象后，科学家又放进一只猴子，奇怪的现象发生了，当这只猴子准备拿香蕉时，不仅之前的猴子阻止它，在它之前并未被电过的猴子也在劝阻它。
>
> 科学家继续进行这个实验，最初被电过的几只猴子依次被替换掉后，仍未有猴子再去尝试。笼子顶端设置的按钮已被取下，但是被"群体惯性"笼罩着的猴子们仍旧被束缚着不敢行动。

由上故事可见，从众型思维定式对人们思维的影响，它会使人越来越没有主见，听从别人建议，顺从大多数人想法，直至淹没自己心底的声音。

2. 经验型思维定式

经验是日积月累而来的，人们会下意识地用经验去思考相似的问题。我们看这样一则故事，一头驴子像往常一样背着盐袋过河，稍有不慎便在河边跌倒了，背部的盐袋被河水淹没了大半，等它挣扎着站起来时，瞬间感觉身上轻快了很多，于是高高兴兴地赶路了，这件事便在心里记下了并奉为经验。之后驴子再次经过这儿的时候，便直接跌倒在河边希望以此来减轻重量，可惜它这次背的是棉花，棉花已经全部打湿并吸收了水变得更沉，几次挣扎都没能爬起来，最终下沉直至淹死。

经验型思维定式指受到自身经验约束从而形成的思维障碍。人们总是陷于经验的泥淖，遇到同类问题下意识用之前得出的解决方案去处理。

3. 习惯型思维定式

"点金石"的故事就是典型的习惯型思维定式，故事的开始一个人在书本里发现了"点金石"的作用——它是一块小石头，可以将其他的东西变成金子，它存在于红海的沙滩上，看上去与万千小石头无异，但是点金石的温度是高于普通的小石头的。

就这样，这位发现了秘密的人去到了这片海滩，不断捡小石头，每当摸到冰凉的石头就转身将其投进大海。一天过去了，一周过去了，一年过去了，仍旧没有找到，坚持到第三年，某天下午他捡起了一块小石头，而且这块石头入手一阵温热，可他还是随手扔进了大海里。长年累月的捡起抛出动作已经习惯于心，所以当真正的那块石头到来的时候，他还是没能抓住。

在处理问题的时候，我们的思维越是采取特定模式，那么下次采取同样的思维习惯的可能性就越大，这样就会形成一个循环，越频繁使用越熟练，越熟练越牢固，从而难以改变。

4. 书本型思维定式

书本是我们从小使用的学习工具，我们可以在书本中向前人请教，我们可以陶冶情操，书本给予了我们无穷无尽的知识，这些都是书本带给我们的积极作用，但我们要掌握书中知识的本质去实践应用，而不应该死记硬背。

大家都听过纸上谈兵的故事,战国时期赵国有一名将名为赵奢,赵奢之子为赵括,赵括自幼学习兵法,谈起兵事来即使其父都难不倒他。后来他便成为赵将,在与秦军的长平之战中,赵括只知道根据所看兵书内容进行布置,丝毫不知道变通,最终被秦军打败。

知识不可与智慧等同,所有书本知识都不是完全绝对的,读书的目的不仅在于学习,还在于应用,在于创新知识。

5. 直线型思维定式

直线思维是一种定向的、单维的、古板的、视野局限的思维方式,思维主体思路狭窄、缺乏辩证性的思考。生活中我们经常听到"一条道走到黑""一棵树上吊死"这类俗语,这两句经常用来形容僵化不会变通的一类人。直线型思维也是不假思索、生搬硬套式的思考方式。

 小故事

> **刘老师的思维定式**
>
> 深夜,刘老师骑着摩托车出门办事,半路车子停了下来,检查几次后发现部件并无大碍,刘老师猜想是油耗尽了,随即走到油箱前旋开盖子就掏出了打火机照明……醒来在医院的床上,刘老师回忆说:"当时只想尽快确认油箱内到底还剩多少油,黑暗就可以点火来照明多么正常的一件事,根本没多想打火带来的危险。"

6. 权威型思维定式

权威型思维定式是指迷信权威,不敢质疑,一切按权威意见办事的思维模式。相传,有一个闻苹果的故事,讲的是当时伟大的哲学家柏拉图给一群人上课时,拿了一个假的苹果让大家闻,并问大家闻完后回答一下是什么味道。大家都争先恐后地去闻,大多数人闻过后都回答:"闻到了,是香味!"其中有几个沉默不语的人,但当他们看到周围人都这么回答后,便开始动摇,最后也回答了相同的答案,最后竟无一人回答正确。一个再简单不过的问题,在柏拉图的"引导"下,谁也没有成功。

三、培养创新思维

(一)什么是创新思维

创新思维(Creative Thinking)是指用新颖独到的视角考虑问题的思维过程,该过程往往打破常规,颠覆人们认知,以全新的角度思考问题从而解决问题。换一种说法,创新思维就是要打破各类思维定式,解开束缚思维的枷锁,寻求全新的有效地解决问题的方法。

当我们面对复杂的问题时,思维方式的重要性就越明显,正确有效的思维方式可以迅速帮我们解决问题,揭开问题本质。物理学家普朗克说过这样一句话,"思考可以构成一座桥,让我们通向新知识"。这里所说的思考,就是我们讨论的创新思维。创新思维不是一朝一夕能形成的,需要长期积累,甚至需要经受多次挫折才能逐渐培养,同时创新思维也离不开各类联想、想象、发散思维等思维活动。

小案例

羽毛球机器人

2016年4月25日下午,李克强总理来到成都菁蓉创客小镇,在与创业者的交流中,李总理应邀与创业团队设计的羽毛球机器人"切磋"球技,双方打了两个来回打成了平手。这个羽毛球机器人的名字叫作Robomintoner,是由成都电科创品机器人科技有限公司研发,是全球唯一一款可以全自主运动打羽毛球的机器人,曾获得了"年度robocon亚太大学生机器人大赛国内冠军"。

成都电科创品机器人科技有限公司总经理黄山详细的介绍道,Robomintoner羽毛机器人的竞技水平已经达到普通羽毛球爱好者的水平。在2015年6月,羽毛球机器人挑战了前羽毛球世界冠军董炯,经过多个回合的较量,董炯以9比4获胜。

Robomintoner羽毛球机器人的技术核心是:全场的定位与导航、高速运动物体的视觉跟踪识别、运动系统的控制。

在提到羽毛机器人的原理时,黄山骄傲地说:"这些技术都是我们自己的专利。"主要是通过双目视觉去识别羽毛球的运动轨迹,预测落点,通过蓝牙通信,将羽毛球的落点告诉运动系统,机器人就会提前运动到羽毛球将要落地的位置。

目前这款机器人市场售价在40万左右,且充电一个小时可以打两个小时。但由于该机器人的定位是娱乐交互性,属于娱乐健身机器人。

据了解,成都电科创品机器人科技的公司团队原本是电子科技大学机器人队,从2002年开始一直参加亚太大学生机器人大赛,目前已经拿过5次全国冠军,两次亚太冠军。

(二)创新思维的特点

1. 独特性

创新思维首先具备独特性,独特性是指敢于用批判性的思维方式思考处理问题,不受常规思维禁锢,提出科学合理的怀疑。比如,著名的比萨斜塔实验,当时意大利物理学家伽利略为了坚持真理,向亚里士多德提出质疑,在其故乡的比萨斜塔上做自由落体实验,将两个重量不同的物体从同一高度同时扔下,结果两个物体同时着陆,由此发现了著名的自由落体定律,推翻了此前亚里士多德的理论——物体质量与落体速度成正比。

2. 敏感性

思维的敏感性是指可以敏锐地发现客观事物的变化。各类事物冗乱繁杂,形式也各式各样,将它们进行区别与联系尤为重要,而思维者的敏感程度发挥重要作用。

3. 灵活性

创新思维由于打破常规与有章可循,所以它的视角、过程、途径等都是无框架且自由的。通常拥有创新思维的人可以迅速从前一种思考模式进入另一种模式,从上一种思考角度进入另一种角度,从而排列组合出解决问题的方案。

有位书法家德高望重,平时众多好友经常找各种借口向他索要字画,久而久之十分影响其工作,这位书法家便下定决心下次不再为人写字。一天他的亲戚还是找上了他苦苦哀求,并承诺是最后一次,他实在无法拒绝,就写下了六个字送予亲戚——"不可随处小便",

书法家暗暗思量此后亲戚应该不会再来找他了。几个月后家庭聚会上,那位亲戚已经把几个字打乱顺序裱起来了"小处不可随便",简单的打乱顺序便组合成富含深意的一句话,亲戚的变通思维令书法家很佩服。

4. 艺术性

创新思维活动贵在创新一词,它的发生就要伴随着涉足前人未开垦的区域的思维活动,所以创新思维活动有着很大的不可预测性和随机性。它与艺术活动很相似,艺术活动需要利用直觉、想象、灵感等思考活动,最大限度地发挥自己的才能。

艺术与创新的精髓最核心的点在于不可模仿,有着"前无古人"的特点,就像一幅画,人人都可以临摹,但是这幅画的主人永远不是临摹者。从这个角度说,创新其实是一种高级别的艺术。

(三) 创新思维形式

1. 逆向思维

大家都知道从哲学的角度出发,任何事物都存在对立面。逆向思维正是从常规思维的对立面出发去思考处理问题,即反其道而行之,也可称之为求异思维。在日常生活中,人们习惯顺着事物发展方向去思考问题,但是对于多数复杂的问题,反过来思考,倒推往往可以柳暗花明同时令问题简单化。

著名的司马光砸缸的故事正是利用了逆向思维,北宋时期有一位名为司马光的小孩,非常聪明,善于动脑筋,小小年纪便显得与众不同。有一天,年幼的司马光与众多小朋友一起在花园里玩,一个调皮的小女孩悄悄爬到了假山上,一不小心掉进了下面装满水的大水缸里,小女孩拼命在水中挣扎并且大声喊道:"救命啊!救命啊……"在场的小朋友大都惊慌失措地跑开或者去找大人前来救援。这时司马光说道:"大家先不要害怕,一起想办法把她救上来",他虽然年龄小但是沉着冷静,一直在思考,当他看到假山边上一块块的石头时,突然灵光一闪,挑选了一块中等大小的石头朝水缸砸过去,水缸顿时水流如注,最终小女孩安全获救。大家都激动地夸赞司马光聪明。

故事中小女孩掉进水中,按照大部分人的思路,都是救孩子离开水,"人从水中分离"是一种习惯型的思考方式。而勇敢的司马光做到了逆转思路,他认为反过来砸开水缸让水离开人一样可以救人。

2. 发散思维

发散思维是指从一点出发,向多个方向辐射思考的一种思维方式,该思维过程不受既存方式方法规定的约束,由思考的中心点出发,在多向思考中获取解决问题的思路。我们可以用图 7-2 展示发散思维。

报纸是新闻传播的媒介之一,特别是网络不发达的年代,报纸的重要性不言而喻。那么,不妨想一下当报纸阅读完之后,还有哪些用途呢?以报纸为中心多向思考,我们可以用它包书皮、糊窗户、铺桌子、引火、练书法、折扇子、当坐垫、卖废品、做广告、剪纸、当抹

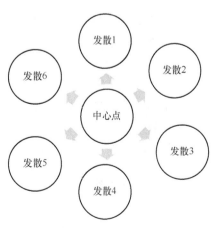

图 7-2 发散思维

布、卷烟、做鞭炮、寻人、遮阳伞、当鞋垫、做服装、做帽子、做铅笔……

发散性思维是可以逐渐培养提高的，最重要的是大胆打开自己的思路，不要不敢想，就如一位科学家说的那样，"所考虑的可能性越多，越容易找到真正的诀窍"。需要注意的是发散思维不是随心所欲地胡乱发散，而是从一个中心点开始，这个中心点就是我们所面对的需要解决的问题。

3. 联想思维

联想思维是指由某一事物联想到另一种事物而产生认识的思维过程。其本质是发现原认为没有联系的两个事物之间的联系，善于抓住两个事物的相似之处，从而得到新方法，产生新结论。

应用联想思维解决问题的例子多不胜数，我们来看几个例子。家庭电器微波炉方便了太多人，它的发明者是斯宾塞，一位美国的雷达工程师，这位工程师在实验室做雷达实验时偶然间发现了口袋里的巧克力融化了，他百思不得其解，最后发现是雷达实验的微波导致的，发现缘由后的斯宾塞很兴奋，他由此联想到利用微波加热食物，最终微波炉应运而生。

4. 灵感思维

灵感思维是什么？它是指大脑在高度集中思考问题时瞬时爆发出想法的思维状态。灵感是无法控制的，它是一种顿悟，它是各项思考活动进行时迸发出的思维火花。

美国的美术设计师迪士尼在失业后与妻子一起搬进了一套旧房子里，房子里老鼠横行，一段时间后积蓄用完，两人由于无经济收入被迫搬出旧房子。坐在公园里的两人愁眉苦脸、心情压抑，正在这时，一只小老鼠从迪士尼的包中钻了出来，小老鼠滑稽的样子瞬间缓解了夫妻俩苦闷的心情，两人露出了多日来的第一次笑容。就在此时，迪士尼脑子中闪过一个想法，他激动地对妻子说："我要把小老鼠滑稽的样子画成漫画，让它给更多的人带去欢乐。"这就是风靡世界的米老鼠的由来。

第二节　创新实施

经济学中，创新起源于《经济发展概论》一书，由经济学家熊彼特所著。作者在书中提出，创新是指把一种新的生产要素和生产条件的"新结合"引入生产体系，是企业家对于生产要素进行新的组合，从而获得超额利润的过程。熊彼特将其所指的创新组合概括为五种形式：引入新的产品或提供产品的新质量；采用新的生产方法、新的工艺过程；开辟新的市场；开拓并利用新的原材料或半制成品的一种新的供给来源；采用新的组织方法。

创新参照不同的标准有着不同的分类方法。根据熊彼特所描绘的五种创新组合形式，大致可归纳为三大类：①技术创新；②组织创新；③战略创新。

 小案例

大疆创新

"我们的经历证明，初出茅庐的年轻人只要踏实做事，就能够取得成功。我们相信，那些回归常识、尊重奋斗的人，终将洞见时代机遇，并最终改变世界。"大疆创新创始人、CEO

汪滔介绍说。大疆创新花了10年时间从0到1,达到行业的顶峰,开启了全球飞行成像的新时代,展现了改变世界的无限可能性。

位于深圳市南山区的威新软件科技园是一个不起眼的科技园,但是大疆创新就坐落在科技园内。进入大疆创新的展厅,精灵Phantom系列、御Mavic Air、晓Spark、悟Inspire等一系列产品有序排列,让人仿佛置身于未来空间。

"公司初创团队只有3个人,包括汪滔在内,都是初出茅庐的大学生,出发点很单纯,就是要做自己想做的事情。"大疆创新公关总监谢阗告诉记者,大疆创新与其他许多公司的不同之处在于,当公司开始创业时,并没有考虑过赚钱。

技术创新是大疆创新的生命线。以梦想为动力,依托精湛的技术实力和高端人才聚集,大疆创新不断进行商用自主飞行控制系统研发,填补了国内外多项技术空白,并推出了飞行控制系统、云台系统、多旋翼飞行器、小型多旋翼一体机等系列产品。这些产品均获得了市场的认可。而且几乎每一次大疆创新无人机系列的迭代和升级都是从0开始的,技术架构方案完全不同。例如,大疆创新的精灵3和精灵3SE,虽然在外观上相似,但后者的架构完全颠覆了前者。

人才是大疆创新发展的核心力量。谢阗表示,大疆创新对人才有自己的定义,那就是必须具备真知灼见。所谓真知灼见,就是在看问题时不跟随、不盲从,能够独立思考,透过现象看到问题的本质,并提出解决问题的方法。

为了积极吸收、培养和发展人才,大疆创新提供了一个扁平化的机制和平台。在这个平台上,研发资源的分配靠个体的努力。每个人用自己的创造力和解决问题的能力公平竞争,而且研发预算没有上限。

从2013年开始,大疆创新主办了高校机器人大赛——RoboMasters。仅在前三届比赛中,大疆创新就投入了2亿多元,并且从中招募了20名人才。

如今,大疆创新已经从起初的3人创业团队,成长为在全国拥有12 000多名员工的大型企业,客户遍布全球百余个国家和地区,在全球无人机市场份额中占比超过70%,成为无人机市场的绝对霸主。

(资料来源:朱文彬.大疆创新:从无人机到无所不能[N].上海证券报,2018-06-14)

一、技术创新

(一)技术创新的内涵

技术创新在企业的创新中处于核心地位,技术创新包括原始创新、集成创新以及再创新。技术创新是一个从产生新产品或新工艺的设想到市场应用的完整过程,它包括新设想的产生、研究、开发、商业化生产到扩散的一系列活动。技术创新的本质是科技、经济一体化的过程,它包括技术开发和技术利用这两大环节。从生产过程的角度分析,技术创新可以分为材料创新、产品创新、工艺创新和手段创新四类。

技术创新既可由企业单独完成,也可由高校、科研院所和企业协同完成,技术创新过程的完成,是以产品的市场成功作为标志的。技术创新的过程中通常都有企业的参与,具体就某个企业而言,采取何种方式进行技术创新,要视技术创新的外部环境、企业自身的实力等相关因素而定。对大型企业来说,企业要建立自己的技术开发中心,提升技术开发的能力和层次,建立技术开发成果的有效利用机制;中小型企业则应侧重于深化企业内部改革,建立承接技术开发成果并有效利用的机制。

(二)技术创新的决定因素

1. 竞争程度

竞争作为一种社会刺激,残酷的优胜劣汰机制能够极大激发企业的创新意识,技术创新可以让企业获得超额收益,如降低成本、提高企业口碑等,可以帮助企业脱颖而出。因此每个企业只有不断挑战自己进行技术创新,才能在竞争中占据优势,获得更多的超额利润。

2. 企业规模

一般来说,企业规模的大小从两个方面影响技术创新的能力。技术创新需要大量的人力、物力以及财力,并且根据投入量承担相应的风险,规模越大给予的支持越大,相应地技术创新的能力就越强。另外,企业规模的大小影响技术创新所开辟的市场前景的大小,一个企业规模越大,它在技术上的创新所开辟的市场也就越大。

3. 垄断力量

市场上垄断力量对技术创新的持续性产生影响,一般来说,垄断程度越高,表明垄断企业对市场的控制力越强,其他企业进入市场存在壁垒,这就意味着其他企业无法模仿垄断企业的技术创新。经济学家认为,垄断竞争(中等程度的竞争)下的市场结构最有利于技术创新,技术创新可以由两方面推动,一方面,在垄断前景下推动的技术创新,垄断厂商由于想要获取超额利润而采取技术创新;另一方面,则是竞争前景推动的技术创新,企业由于担心自己目前的产品可能在竞争对手模仿下丧失市场份额而采取技术创新。

二、组织创新

(一)组织创新的内涵

任何企业都有自己独特的组织形式,组织形式不是一成不变的,随着企业的发展以及日趋激烈的市场竞争趋势,组织必须进行不断地调整与创新。组织创新是指应用科学方法,通过调整和变革组织结构及管理方式,使它能够适应外部环境及组织内部条件的变化,从而提高组织活动效益的过程。

(二)组织创新的内容

(1)管理结构的变革与创新,即对职位和部门设置进行调整,改进工作流程与内部信息联系。

(2)管理体制的变革与创新。管理体制是指以集权和分权为中心、全面处理企业纵向各层次特别是企业与二级单位之间权责利关系的体系,亦称为企业组织体制。其变革与创新包括管理人员的重新安排、职责权限的重新划分等。

(3)功能体系的变革与创新,即根据新的任务目标来划分组织的功能,对所有管理活动进行重新设计。

(4)管理行为的变革与创新,包括各种规章制度的变革等。

对于任何一个企业,上述任何一种组织创新都需要经历一定的时间,由旧转新需要较长的过渡期。所以，一旦发现组织变革的征兆，企业要及时进行组织创新。企业组织变革的征兆主要是组织结构老化，如经营业绩下降、生产经营固化缺乏创新；组织机构本身存在不合理之处，逐渐暴露；员工工作积极性减弱等。

（三）组织创新原则

（1）对人员接受程度、技术、知识等的变化有一定的把握，根据各方面变化采取措施积极应对。

（2）该创新使组织适应内外环境要求及条件变化。

（3）必须按企业组织管理部门制订的计划进行。

（4）创新必须立足于提高企业组织效率及个人绩效上，使个人与组织目标能够相互契合。

（四）组织创新的影响因素

组织创新的主要影响因素可分为内部因素和外部因素两大类。

内部因素可分为组织文化因素、组织结构因素、人才资源因素。

（1）组织文化因素。每个组织都具有自己的组织文化，而一些创新型组织通常具有独特的组织文化，比如鼓励头脑风暴、注重奖励机制。创新型组织文化以创新为整体导向，一般具有以下几个特征：减少组织的监督力度，加大自由度，鼓励员工敢于尝试、不怕风险，容忍群体中不同意见，适度的群体冲突有利于调节气氛。

（2）组织结构因素。大量研究结果表明，灵活有机的组织结构、丰裕的组织资源以及多向的组织沟通对创新有着积极影响。

灵活有机的组织结构对组织创新有着正面的影响。这是因为在有机的组织结构下，其专业化、正规化和集权化程度比较低，有利于提高组织的应变能力和跨职能工作能力，从而更易于发动和实施组织创新。丰裕的组织资源是实现组织创新的重要基础。组织资源充裕，使管理部门有能力开发创新成果，推行整体性组织创新。多向的组织沟通有利于克服组织创新的潜在障碍。例如，委员会、项目任务小组及其他组织机构等，都有利于促进部门间交流，达成共识，采用组织创新的解决方案。

（3）人才资源因素。人力资源是组织创新的基本保证，创新型组织会重视成员培训，鼓励员工创新。同时，通过职业生涯设计，给员工提供工作保障氛围，鼓励员工成为创新能手。

外部因素可分为产品与服务市场变化和政治经济及社会文化因素。

（1）产品与服务市场变化。市场变化是组织创新的首要外部因素，特别是需求变化，面对日渐激烈的竞争环境，组织必须转换为适应市场变化的创新型组织，才能在竞争中保留一席之地。

（2）政治经济及社会文化因素。企业经营规模的不断扩大和技术层次的不断提高，使得管理理念、文化、价值观的更新日趋急迫，成为组织创新的必要条件。而管理理念、文化、价值观在很大程度上受到政治经济与社会文化因素变化的制约，例如，政府的政策、法令、法律、规划、战略等，都直接对组织创新行为具有指导意义和约束力。

三、战略创新

(一)战略创新的内涵

战略创新是以未来为主导,与环境相联系,以现实为基础,对企业未来发展的策划、规划。随着社会的发展、时间的推移,某一行业的战略定位空间会逐渐被不同的企业填满,战略创新指企业发现行业战略定位中的空缺并填补空缺,最终使其发展成为一个大众市场。

战略定位空间中的空缺可以是:新出现的顾客细分市场或竞争对手忽视的现有顾客细分市场;顾客的新需要或竞争对手未能充分满足的顾客的需要;为目前或新出现的顾客细分市场生产、传递或分销现有的或创新的产品或服务的新方法。

(二)战略创新的核心

企业经营目标是指在分析了企业内部及外部环境后制定的在一定时期内企业经营活动预期要达到的成效。战略创新的核心问题是重新确定企业的经营目标,经营目标包括如何选择目标客户、提高竞争实力以及锁定竞争对手等,这些最终决定企业的竞争策略,对于企业来讲,成功的战略创新者会采用全新的竞争策略和经营目标。

企业所选的经营目标需要权衡各个方面,尽量满足客户的需求,因此经营目标的制定需要企业对内部环境的优势与劣势以及外部环境的机会与威胁(前文中 SWOT 分析)进行综合分析来确定,一般来说,重大的战略创新往往是企业改变经营目标的结果。

企业要想真正赢得市场,只有战略创新的点子是不够的,还需顺利开展战略创新活动,比如,管理人员需要建立合适的组织结构、激励制度、管理程序,还要有企业文化的渗透并采取其他必要措施去克服妨碍创新的事物,使得战略创新可以顺利进行。

(三)战略创新的方法

(1)模式变革。战略模式的制定植根于大环境,突破传统战略思考方法的束缚,积极尝试新的战略研究方法,力图设计出与众不同、令竞争对手难以模仿的战略模式。

(2)战略联盟。战略部署的目的是取得竞争优势,抢占市场份额,但战略不能只锢于竞争。单个公司资金与资源都是有限的,可以与竞争对手结成战略联盟,利用利益相关性进行优势互补,多方资源整合,形成新的竞争力量。

(3)战略模式。在不断变化的市场环境中,反复研究前人战略模式的优劣,引入新思维,将战略模式进行重组,新旧战略结合形成自己独特的战略部署,从而提高竞争优势。

第三节　创业与创业团队

一、创业概述

从"创业"这个概念的汉语使用来看,其一般用于以下三种状况:第一种,强调开创的艰辛和困难;第二种,突出过程的开拓和创新;第三种,侧重于在前人的基础上有新的成就和贡献。而对"业"的范围没有什么限制。这样,各种主体、各行各业都可以在最一般的、普遍的意义上使用这个概念。而"创业"一词在英文中主要有两种表述方式,一种是"Venture",另一种是"Entrepreneurship"。

"Venture"一词的最初意思是"冒险",但在企业创业领域,它的实际意义并不仅仅是单纯的"冒险",在20世纪创业活动蓬勃兴起以后,还被赋予了"冒险创建企业",即"创业"这一新的特定内涵,主要用作动词。"Entrepreneurship"主要用于表示静态的"创业状态"或"创业活动",是从"企业家""创业家"角度来理解"创业"的。随着科技进步和企业兴衰更替的加速,"创业活动"正发挥着越来越重要的作用,"Entrepreneurship"才逐步被赋予"企业家活动"这一新的内涵。例如,1986年约翰·伯奇就将"创业"定义为"创建企业的活动"。清华大学高建、姜彦福等学者认为,将"Entrepreneurship"译为"创业""创业化""创业活动"可能更合适些,而"Entrepreneur"可译为"创业者"。

使用"Venture"比使用"Entrepreneurship"更能揭示"创建企业"这一动态的过程。在现代企业创业领域,往往用"Venture"表示正在呈增长态势的"创业"。

尽管"创业"一词很早就出现在文献中,但对创业的定义,学术界至今并未能达成共识。从我国学者的研究来看,将创业的概念分为三个层次:狭义的创业、次广义的创业和广义的创业。狭义的创业概念为"创建一个新企业的过程"。次广义的创业概念为"创建事业的过程",包括两个层次的内容:创建新企业和企业内部创业。广义的创业概念为"创造新事业的过程",即所有创造新的事业的过程都是创业,既包括营利性组织,也包括非营利性组织;既包括官方设置的部门和机构,也不排斥非政府组织;既包括大型的事业,也包括小规模的事业。

小案例

Nick Weaver 的创业故事

Nick Weaver 上网时遇到了一个当代网民都会遇到的问题:他在自己两居室的公寓装了个无线路由器,正常情况下带宽速率可以达到稳定的 80Mb/s,但在仅 20 英尺①相隔的卧室,信号就掉到了 2Mb/s——因为无线信号很难穿墙。这件事发生在旧金山,Weaver 是一个 25 岁的工程师,毕业于斯坦福大学,他决定不找通信公司,自己开一家公司来解决这个问题。

两年之后,Weaver 成了自己的公司——Eero 的第一个用户。他的卧室和客厅都装着白色的 Eero 小盒子,其中内置 7 个天线,发射着最快最稳定的 Wi-Fi 信号(采用的通信标准是 802.11ac)。一个闪烁的 LED 灯显示这个盒子在和其他的无线网络(无线网格是一种动态的、可以不断扩展的网络架构,任意的两个设备均可以保持无线互联)进行信息交换,把信号传播到每一个角落。

Eero 的手机客户端把网络设置在云端,可以实时监控网速,甚至还会建议怎样放置其他盒子效果更好(公司建议是每 1 000 平方英尺放一个)。Weaver 用各种接收信号的连接设备塞满了自己的房子,例如,电视机顶盒、烟雾探测器、音箱、手机和游戏机。根据 IDC (互联网数据中心)的研究,现在平均每个家庭都拥有超过 8 个网络设备。

随着家庭设备的增加以及视频清晰度提升带来的流量增大,路由器的负荷只会更严重。Weaver 说:"唯一克服物理距离的方式是采用多个单元以实现速度和可靠性的改善,这就是把原有的市场扩大三倍的方式,不是靠只卖一个设备,而是卖三五个。"

(资料来源:根据 http://www.managershare.com/post/220653 资料整理)

---

① 1 英尺=0.3048 米。

🔅 **课堂思考:**

创业到底是什么？创业的动因何在？案例中属于哪种类型的创业？

创业是一个跨越多个学科领域的复杂现象，不同学科都从其特定的研究视角出发，运用本领域的概念和术语对其进行观察和研究。这些学科包括经济学、心理学、社会学、人类学、管理学等，而各个学科领域又衍生出了不同的创业研究方向。迄今为止，不同学科的研究大致可分为三类：第一类将创业定义为一种经济功能，强调创业在经济中的作用，以理查德·康蒂隆、琼·巴普蒂斯特·赛和熊彼特为典型代表。第二类根据创业者的个人特质进行定义，侧重对某些人创业精神特征的研究和描述，这些研究关注创业者的一些共性，包括对成就的渴望、可感觉到的控制欲和乐于承担风险的特性，以20世纪20年代经济学家富兰克·奈特以及迦特纳和莫瑞斯为代表。第三类则认为创业是一种方式或方法，主要从组织行为角度研究创业，关注的是企业家和组织之间的关系，以及组织的创业行为。

目前，理论界对"创业"这一概念较具有代表性的表述主要有：

（1）罗伯特·荣斯戴特认为，创业是一个创造增长财富的动态过程。

（2）霍华德·H.斯蒂文森认为，创业是个人（不管是独立的还是在一个组织内部）追踪和捕获机会的过程。这一过程与其当时掌握的资源无关。创业可由六个方面的企业经营活动来理解：发现机会、战略导向、资源配置过程、资源控制、管理的理念和汇报政策。他进一步指出，创业就是察觉机会、追逐机会的意愿及获得成功的信心和可能性。

（3）杰弗里·A.蒂蒙斯认为，创业是一种思考、推理和行为方式。创业可促使价值产生、增加等，不只是为所有者，也为所有的参与者和利益相关者。

（4）由美国百森商学院和英国伦敦商学院联合发起，加拿大、法国、德国、意大利、日本、丹麦、芬兰、以色列等10个国家的研究者应邀参加的"全球创业观察"项目，把创业定义为：依靠个人、团队或一个现有企业建立一个新企业的过程，如自我创业、新的业务组织、现有企业的扩张。

（5）郁义鸿等人认为，创业是一个发现和捕获机会并由此创造出新的产品或服务，实现其潜在价值的过程。

（6）宋克勤认为，创业是创业者通过发现和识别商业机会，组织各种资源提供产品和服务，以创造价值的过程。

结合我国国情，我们可以将创业定义为：通过寻找和把握机遇，创造出新颖的产品或服务，并通过市场创建企业或产业，从而实现企业经济价值和社会价值的过程。创业必须要付出努力，承担相应的风险，才可能获得金钱的回报、个人的满足和独立自主。我们应当注意到，"创业"这个词的外延现在已有很大的扩展，它可以发生在各种企业和组织的各个发展阶段，即创业可以出现在新企业或老企业、大企业或小企业、民营企业、非营利组织或公共部门，可以出现在各地区的所有发展阶段等。

二、创业分类

按照不同的标准，可将创业分成不同的类型。了解创业类型是为了在创业决策时做比较，选择最适合自己的创业类型。

（一）机会型创业与生存型创业

按创业的动机分类，创业可分为机会型创业与生存型创业。

1. 机会型创业

机会型创业的出发点并非谋生，而是为了抓住市场机遇。它以新市场、大市场为目标，因此能创造出新的需要或满足潜在的需求。机会型创业会带动新的产业发展，而不是加剧市场竞争。世界各国的创业活动以机会型创业为主，但中国的机会型创业数量较少。

雷军的创业故事

1987年，在武汉大学计算机系读大一的雷军看到了一本名为《硅谷之火》的书，书中讲述了乔布斯等计算机爱好者给计算机领域带来的变革。18岁的他就梦想着办一家全世界最牛的IT公司。1992年，他加入了金山软件公司，在中关村开始为自己的梦想而奋斗。2007年，38岁的雷军将金山软件带入资本市场，又投资了十几家公司，拥有超过3亿元身家。在旁人看来，这时的雷军好像所有的人生目标都实现了，但他却没有停步。2010年，41岁的雷军二次创业，这次他选择了智能手机。"我从来没做过手机，也不了解手机行业的规律。我只做了一件事情，就是把手机当计算机来做。"雷军的想法正好是智能机最核心的思想，即每一部手机就是一台计算机。他这种把手机当计算机的想法，在手机行业引起颠覆性的反响，公司成立4个月后，小米发布了第一款产品：MIUI手机操作系统。小米开始被世人熟悉。

2. 生存型创业

生存型创业的目的在于谋生，为了谋生而自觉地或被迫地走上创业之路。这类创业大多属于尾随型和模仿型，规模较小，项目多集中在服务业，并没有创造新的需求，而是在现有的市场上寻找创业机会。由于创业动机仅仅是为了谋生，往往小富即安，极难做大做强。生存型创业和机会型创业与主观选择相关，但并非完全由主观决定。创业者所处的环境及其所具备的能力对其创业动机起着决定性作用。因此，营造良好的创业环境，通过教育和培训来提高创业者的创业能力，不断增加新的市场，促进经济的发展，减少企业之间的低水平竞争。生存型创业与机会型创业的特征比较见表7-1。

表 7-1 生存型创业与机会型创业的特征比较

创业条件	生存型创业	机会型创业
创业动机	生活所迫	职业选择
成长远景	满足现状，小富即安	把握机会，做大做强
行业偏好	零售、餐饮、家政服务等	金融、保险、咨询等
资金状况	以独资为主，缺乏资金	多方式融资，资金充足
创业者承担风险意愿	规避风险	勇于承担风险
创业者所处的阶段	初始创业阶段	二次创业，连续创业

（二）自主型创业与企业内创业

按创业的模式分类，创业可以分为自主型创业和企业内创业。

1. 自主型创业

自主型创业是指创业者个人或团队白手起家进行创业。自主型创业充满挑战和刺激，个人的想象力、创造力可得到最大限度的发挥。创业者有一个新的舞台可供表现和实现自我。可多方面接触社会，接触各种类型的人和事，摆脱日复一日的单调乏味的重复性劳动。可以在短时期内积累财富，奠定一定的物质基础，为攀登新的人生巅峰做准备。

自主型创业有许多种方式，大体可以归纳为以下几种：

（1）创新型创业。创新型创业是指创业者提供有创造性的产品或服务，填补市场需求的空白。

（2）从属型创业。从属型创业大致有两种情况：①创办小型企业，与大型企业协作，在整个企业价值链中，做一个环节或者承揽大企业的外包业务。这种方式能降低交易成本，减少单打独斗的风险，提升市场竞争力，且有助于形成产业的整体竞争优势。②加盟连锁、特许经营。利用品牌优势和成熟的经营管理模式，减少经营风险，如麦当劳、肯德基等。

（3）模仿型创业。根据自身条件，选择一个合适的契机进入壁垒低的行业，学着别人的模式创办企业。这类企业投入少，并无创新，在市场上拾遗补阙，逐步积累也是有机会跻身于强者行列、创立自己的品牌的。

然而，自主型创业的风险和难度也很大，创业者往往缺乏足够的资源、经验和支持。我们通过许多案例发现，自主型创业失败的原因主要表现在以下两个方面。①创业者对自己所提供的产品或服务及进入的领域缺乏了解、准备不足，产品质量不稳定，导致在竞争中失败；②创业者被突如其来的成功冲昏了头脑，变得过于自信，甚至刚愎自用，把偶然性当成了必然性，继而做出盲目的战略决策，使企业迅速扩张，导致管理失控，产品和服务质量下降，出现信用危机，使企业陷入破产的危险中。

2. 企业内创业

企业内创业是指进入成熟期的企业为了获得持续的增长和长久的竞争优势，倡导创新并使其研发成果商品化，通过授权和资源保障等支持企业内创业。每一种产品都有生命周期，一个企业在不断变化的环境中，只有不断创新，并将创新的成果推向市场，才能延长企业的生命周期。成熟企业需要创业的理念、文化，需要企业内部创业者利用和整合企业内部资源进行创业。

在微软亚太研发集团上海园区里，有一间叫作创新空间（The Space）的小屋，无论谁有好的创意都可以来这里寻找志同道合的人一起研究，如今它已成为许多微软员工进行内部创业的起点。微软用户体验设计师宋平是一个头脑非常活跃的人，经常会有很多奇怪的想法，创新空间让她有了用武之地，可以在做好本职工作的前提下，与不同部门的同事组成团队来实现自己的创意，并且会得到公司各类资源的支持。"我想大多数公司是不希望员工花费时间去尝试非工作范围内的事情的"，微软亚太研发集团卓越工程总监 Alex Cobb 说，"但我们非常愿意为员工提供创新的自由度，让他们可以在工作范围之外做些感兴趣的事情，如做服务器的员工可能会对手机产品、游戏软件感兴趣，那他就可以带着自己的点子到创新空间里和同事聊一下，听听大家的反馈。合适的话就可以组成团队来实现自己的想法，公司会提供各方面的支持。如果产品做成了，他们就可以在大大小小的技术展示会上，向同事和管理层展示产品。针对消费者或客户的技术和产品还能通过微软的平台对外发布。如果失败了，员工也无须承担任何风险"。与一些公司内部孵化项目不同，员工的这些想法不需要经过上级批准，创新空间里也没有管理层对你指手画脚，任何员工都可以提出自己的创意。这种内部创业活动对公司的业务和员工的全面发展都发挥着积极的作用，唯一的风险是员工可能会在项目上花费太多的时间。

（三）大学生创业、失业者创业和兼职者创业

按创业主体分类，创业可以分为大学生创业、失业者创业和兼职者创业。

1．大学生创业

大学生毕业后自主创业，可独立创业，也可合伙创业。自主创业的目的并非以挣钱为主，而是不愿替人打工，受制于人，干自己想干的事，体现自我人生价值。

独立创业是指创业者独立创办自己的企业。独立创业也是很常见的。独立创业的企业的特点在于产权是创业者个人独有的，相对独立，而且产权清晰，企业利润归创业者独有。企业由创业者自由掌控，创业者按自己的思路经营和发展企业，不需要迎合其他持股者的利益要求及其对企业经营的干扰。但是，独创企业需要创业者面临独自承担风险、创业资金筹备比较困难、财务压力大和个人能力有限等约束。

合伙创业是指与他人共同创办企业。与独创企业相比，合伙创业有以下几个优势：①共担风险；②融资难得到缓解；③有利于优势互补，形成一定的团队优势。不利因素有：①易产生利益冲突；②易出现中途退场者；③企业内部管理交易费用较高；④对企业发展目标可能有分歧。

2．失业者创业

不少失业者也通过自身努力，成了创业的佼佼者。这类创业大多选择服务行业，投资少、回报快、风险低。例如，北京的月嫂服务就是失业工人开创的，市场非常巨大，十分适合有生活经验的中年妇女。

3．兼职者创业

一些企业中有一部分员工就是兼职创业者，基于自己的专业创立公司。

（四）传统技能、高新技术和知识服务型创业

按创业项目类型分类，创业可以分为传统技能型、高新技术型和知识服务型三种。

1．传统技能型

选择传统技能项目创业将具有永恒的生命力，因为使用传统技术、工艺的创业项目，如独特的技艺或配方都具有市场优势。尤其是酿酒业、饮料业、中药业、工艺品业、服装与食品加工业、修理业等与人们日常生活紧密相关的行业中，独特的传统技能项目表现出了经久不衰的竞争力，许多现代技术都无法与之竞争。不仅中国如此，国外也如此。有不少传统的手工生产方式在发达国家至今尚且保留着。

2．高新技术型

高新技术项目就是人们常说的知识经济项目、高科技项目，知识密集度高，带有研究

开发性质。国家重点支持的高新技术领域分为八大类：电子信息技术、生物与新医药技术、航空航天技术、新材料技术、高技术服务业、新能源及节能技术、资源与环境技术、高新技术改造传统产业。高新技术企业的标准有八条：一是企业申请认定时须注册成立一年以上。二是企业通过自主研发、受让、受赠、并购等方式，获得对其主要产品（服务）在技术上发挥核心支持作用的知识产权的所有权。三是对企业主要产品（服务）发挥核心支持作用的技术属于《国家重点支持的高新技术领域》规定的范围。四是企业从事研发和相关技术创新活动的科技人员占企业当年职工总数的比例不低于10%。五是企业近三个会计年度（实际经营期不满三年的按实际经营时间计算，下同）的研究开发费用总额占同期销售收入总额的比例符合如下要求：①最近一年销售收入小于5 000万元（含）的企业，比例不低于5%。②最近一年销售收入在5 000万元至2亿元（含）的企业，比例不低于4%。③最近一年销售收入在2亿元以上的企业，比例不低于3%。其中，企业在中国境内发生的研究开发费用总额占全部研究开发费用总额的比例不低于60%。六是近一年高新技术产品（服务）收入占企业同期总收入的比例不低于60%。七是企业创新能力评价应达到相应要求。八是企业申请认定前一年内未发生重大安全、重大质量事故或严重环境违法行为。

3. 知识服务型

当今社会，信息量越来越大，知识更新速度越来越快。为了满足人们节省精力、提高效率的需求，各类知识性咨询服务的机构不断增加，如律师事务所、会计事务所、管理咨询公司、广告公司等。知识服务型项目是一项投资少、见效快的创业选择。剪报创业就是一种知识服务型创业，专门为企业剪报，把每天主要媒体上与该企业有关的信息全部收集、复印、装订起来。有的剪报企业年收入达100万元，且市场十分稳定。

（五）依附型、尾随型、独创型和对抗型创业

按创业的风险类型分类，创业大致可以分为依附型、尾随型、独创型和对抗型创业。

1. 依附型创业

依附型创业可分为两种情况：①依附于大企业或产业链而生存。在产业链中确定自己的角色，为大企业提供配套服务。如专门为某个或某类企业生产零配件，或生产、印刷包装材料。②特许经营权的使用，如麦当劳、肯德基，依附品牌效应和成熟的经营管理模式，采用特许经营的模式降低经营风险，扩大经营规模。

2. 尾随型创业

尾随型创业即模仿他人的企业创业，所开办的企业和经营项目均无新意，行业内已经有许多同类企业。尾随型创业的第一个特点是短期内不求超过他人，只求能维持下去，随着学习的成熟，再逐步进入强者行列。尾随型创业的第二个特点是在市场上拾遗补阙。不求独家承揽全部业务，只求在市场上分得一杯羹。

3. 独创型创业

独创型创业可表现在诸多方面，归结起来，集中在两个层面：①填补市场内容需求的空白。②填补市场形式需求的空白。前者是经营项目具有独创性，独此一家，别无分店。大到商品独创性，小到商品某种技术的独创性。如生产的洗衣粉比市场上卖的环保性好且去污力强，这就属于技术的独创性。独创性也可以表现为一种服务，如搬家服务过去是没

有的，改革开放后，搬家服务已形成市场，谁先成立搬家公司，谁的创业就具备独创性。当然，独创型创业有一定的风险性，因为消费者对新事物有一个接受的过程。独创型创业也可以是旧内容、新形式，如产品销售送货上门，所经营的商品并无变化，但在服务形式上创新，从而更具竞争力。

4．对抗型创业

对抗型创业是指进入其他企业已形成垄断地位的某个市场，与之对抗较量。这类创业必须在科学决策的前提下，决心大、速度快，把自己的优势发挥到极致，填平补齐劣势，抓住市场机遇，乘势而上，避开市场风险，减少损失。希望集团就是对抗型创业的成功典型。20世纪90年代初，面对外国饲料厂商进入中国市场，大量倾销合成饲料，希望集团建立西南最大的饲料研究所，起步就定位于与外国饲料争市场。

（六）初始创业、二次创业与连续创业

按创业的周期分类，创业可分为初始创业、二次创业与连续创业。

1．初始创业

初始创业是一个从无到有的过程。创业者经过市场调查，分析自己的优势与劣势、外部环境的机遇与风险，权衡利弊，确定自己的创业类型，履行必要的法律手续、招聘员工、建立组织、设计管理模式、投入资本、营销产品或服务，不断扩大市场，由亏损到盈利的过程就是初始创业。同时，初始创业也是一个学习过程，创业者往往边干边学。企业在初始创业阶段的失败率较高，风险来自多个方面，有时甚至会出现停止就会失败，扛下去可能就会成功的状况。总之要承受更大的心理压力和经济压力。所以，初始创业要尽量缩短学习过程，善用忠实之人，减少失误，坚持到底。

2．二次创业

传统的观念认为，新建企业为创业，老企业只存在守业问题，不存在创业问题。在当代社会，特别是进入知识经济时代，业是守不住的，纵然是存在银行里的钱，也可能贬值或遭受金融危机的洗劫。所以，创业是个动态的过程，伴随着企业全部的生命周期。企业的生命周期分为投入期、成长期、成熟期和衰退期四个阶段。创业者表现最明显的是在投入期和成熟期，没有投入期，就没有创业。成熟期不再次创业，企业就可能消亡。成熟期再创业的，就是二次创业。它对企业的生存和发展有着举足轻重的地位。雪花电冰箱、白菊洗衣机在全国曾经有过辉煌的历史，当时的海尔冰箱、洗衣机只是"小兄弟"。但在二次创业中，它们没有迈过去，最后消亡了，而海尔在张瑞敏的率领下成功地进行了二次创业，并成为海尔企业集团。

二次创业的目的是使企业不要进入衰退期，恒久地保持成长期和成熟期的良好状态，彰显出长久的竞争优势。靠什么呢？靠新技术、新产品和新服务。在企业成长期结束、成熟期开始时，就要进行二次创业，就要投入新产品（包括新技术和新服务）。老产品处于成熟期，新产品处于投入期；老产品进入衰退期，新产品进入成长期，这样就能保证企业生命不衰、青春常驻。

3．连续创业

创业其实是沿着一条哲学法则运行的。创业，体现的是从无到有，"有"要完成它生命

周期的四个阶段,如何让企业不断地具有生命力?唯一的办法是嫁接生命。把企业生命由原来所系的产品(或服务、技术)嫁接到另一种新产品(或新服务、新技术)的生命也是有限的,这就需要再次创业,再次嫁接。进入第三次创业的企业往往有了较大的实力和规模,抗风险能力比较强,而且经过三次创业的企业,不少走向了分权化、集团化,企业在市场东方不亮西方亮,达到"三生万物"的境界。

三、认知创业团队

(一)创业团队的概念

不同的学者从不同的角度界定了团队(Team)的定义。路易斯(Lewis,1993)认为,团队是由一群认同并致力于去达成一个共同目标的人所组成,这一群人相处愉快并乐于在一起工作,共同为达成高品质的结果而努力。在这个定义中,路易斯强调了三个重点:共同目标、工作相处愉快和高品质的结果。盖兹贝克和史密斯(Katezenbach,Smith,1993)认为一个团队是由少数具有"技能互补"的人所组成,他们认同于一个共同目标和一个能使他们彼此担负责任的程序。盖兹贝克和史密斯也提到了共同目标,并提到了成员"技能互补"和分担责任的观点,同时还指出团队是个少数人的集合,保证相互交流的障碍较少,比较容易达成一致,也比较容易形成凝聚力、忠诚感和相互信赖感。但是,团队必定是以达到一个既定结果为最终目标,共同的目标是团队区别于群体的重要特征。

 小案例

黎万强是雷军最重要的合伙人,2009年年底,已经在金山干了近十年的黎万强想换个工作。雷军问他:"辞职之后想做什么。"黎万强说:"准备开个影棚。"雷军一听就乐了:"别胡说了,跟我做手机吧。"黎万强还不相信一个写代码的能做好手机,于是雷军展开了猛烈的攻势,掏空腰包请吃饭,从中午1点多,一直聊到凌晨2点多,黎万强终于答应加盟小米。过后黎万强还开玩笑说:"我不是被雷军说服了,而是我的体力已经透支了。"

很多人都说,创业找合伙人太难了,但雷军觉得,是因为花的时间不够。雷军在创办小米时,从来没有硬件创业的经验,因此要搞定一个优秀的硬件工程师非常困难。雷军当初的做法就是,用 Excel 表列了一个很长的名单,逐个打电话,打到手机欠费,终于成功约到人并说服了他。这样一支优秀的团队成就了小米帝国。

团队就是合理利用每一个成员的知识和技能协同工作、解决问题,达到共同目标的共同体。而创业团队,就是由少数具有技能互补的创业者组成,他们为了实现共同的创业目标和一个能使他们彼此担负责任的程序,共同为达成高品质的结果而努力的共同体。因此,创业团队需具备五个重要的团队组成要素,这五要素也被称为"5P"。

1. 目标(Purpose)

创业团队应该有一个既定的共同目标,为团队成员导航,知道要向何处去,没有目标这个团队就没有存在的价值。目标在创业企业的管理中以创业企业的远景、战略的形式体现。

2. 人(People)

人是构成创业团队最核心的力量。三个及三个以上的人就形成一个群体,当群体有共同奋斗的目标就形成了团队。在一个创业团队中，人力资源是所有创业资源中最活跃、最重要的资源。应充分调动创业者的各种资源和能力，将人力资源进一步转化为人力资本。目标是通过人员来实现的，所以人员的选择是创业团队中非常重要的一个部分。在一个团队中可能需要有人出主意，有人订计划，有人实施，有人协调不同的人一起工作，还有人去监督创业团队工作的进展，评价创业团队最终的贡献。不同的人通过分工来共同完成创业团队的目标。在人员选择方面要考虑人员的能力如何，技能是否互补，人员的经验如何。

3．定位（Place）

创业团队的定位包含以下两层含义。

（1）团队的定位。创业团队在企业中处于什么位置，由谁选择和决定团队的成员，创业团队最终应对谁负责，创业团队采取什么方式激励下属。

（2）个体（创业者）的定位。成员在创业团队中扮演什么角色，是制订计划还是具体实施或评估。是大家共同出资，委派某个人参与管理，还是大家共同出资，共同参与管理；或是共同出资，聘请第三方（职业经理人）管理。这体现在创业实体的组织形式上，即合伙企业或是公司制企业。

4．权限（Power）

创业团队当中领导人的权力大小与其团队的发展阶段和创业实体所在行业相关。一般来说，创业团队越成熟领导者所拥有的权力相应越小，在创业团队发展的初期阶段领导权相对比较集中。高科技实体多数是实行民主的管理方式。

5．计划（Plan）

计划包括以下两层含义。

（1）目标最终的实现，需要一系列具体的行动方案，可以把计划理解成达到目标的具体工作程序。

（2）按计划进行可以保证创业团队的顺利进度。只有在计划的操作下创业团队才会一步一步地贴近目标，从而最终实现目标。

（二）创业团队的类型

1．依据创业团队的组成结构来划分

从不同的角度、层次和结构，创业团队可以划分为不同的类型。而依据创业团队的组成结构来划分，创业团队有星状团队（Star Team）、网状团队（Net Team）和从网状团队中演化而来的虚拟星状团队（Virtual Star Team）。

（1）星状团队

一般在团队中有一个核心人物（Core Leader）充当了领队的角色。这种团队在形成之前，一般是核心人物有了创业的想法，然后根据自己的设想进行创业的组织。因此，在团队形成之前，核心人物已经就团队组成进行过仔细考虑，根据自己的想法选择相应人员加入团队，这些加入创业团队的成员也许是核心人物以前熟悉的人，也有可能是不熟悉的人，但这些团队成员在企业中更多时候是支持者（Supporter）。

这种创业团队有几个明显的特点：①组织结构紧密，向心力强，主导人物在组织中的行为对其他个体影响巨大；②决策程序相对简单，组织效率较高；③容易形成权力过分集

中的局面，从而使决策失误的风险加大；④当其他团队成员和主导人物发生冲突时，因为核心主导人物的特殊权威，其他团队成员在冲突发生时往往处于被动地位，在冲突较严重时，一般都会选择离开团队，因而对组织的影响较大。

这种组织的典型例子，如太阳微系统公司（Sun Microsystem）。该公司创业之初就是由维诺德·科斯拉（Vinod Khosa）确立了多用途开放工作站的概念，接着他找了乔（Joy）和本其托斯民（Bechtolsheim）两位分别在软件和硬件方面的专家，和一位具有实际制造经验和人际技巧的麦克尼里（Mcnealy），于是组成了 Sun 的创业团队。

（2）网状团队

网状团队的成员一般在创业之前都有密切的关系，如同学、亲友、同事、朋友等。一般都是在交往过程中，共同认可某一创业想法，并就创业达成了共识以后，开始一起创业。在创业团队组成时，没有明确的核心人物，大家根据各自的特点进行自发的组织角色定位。因此，在企业初创时期，各位成员基本上扮演的是协作者或者伙伴（Partner）。

这种创业团队的特点：①团队没有明显的核心，整体结构较为松散。②组织决策时，一般采取集体决策的方式，通过大量的沟通和讨论达成一致意见，因此组织的决策效率相对较低。③由于团队成员在团队中的地位相似，因此容易在组织中形成多头领导的局面。④当团队成员之间发生冲突时，一般都采取平等协商、积极解决的态度消除冲突，团队成员不会轻易离开。但是一旦团队成员间的冲突升级，使某些团队成员撤出团队，就容易导致整个团队的涣散。

这种创业团队的典型是微软的比尔·盖茨和童年玩伴保罗·艾伦，惠普的戴维·帕卡德和他在斯坦福大学的同学比尔·休利特等。多家知名企业的创建多是先由于关系和结识，基于一些互动激发出创业点子，然后合伙创业。此类例子比比皆是。

（3）虚拟星状团队

虚拟星状团队是由网状创业团队演化而来，基本上是前两种的中间形态。在团队中，有一个核心成员，但是该核心成员地位的确立是团队成员协商的结果。因此核心人物从某种意义上说是整个团队的代言人，而不是主导型人物，其在团队中的行为必须充分考虑其他团队成员的意见，不如星状团队中的核心主导人物那样有权威。

2．依据创业团队的组成者来划分

创业团队依据组成者可分为父子兵型、兄弟班型、夫妻店型、好汉帮型、亲帮邻助型、个人英雄类型、综合创业型等。

（1）父子兵型

俗话说："打虎亲兄弟，上阵父子兵。"父子创业有着亲情上的天然优势，对于一个父亲来说，恐怕没有什么比看到自己的亲生儿子伴随左右，共同打天下更让他自豪的了。父子通常情况下是近乎绝对的利益共同体，但由于各种客观条件的限制，父子在创业时就齐上阵的情形不太多见，父子兵更多表现在创业后期，或者子承父业上。

（2）兄弟班型

"兄弟同心，其利断金。"在家族企业经营过程中，兄弟创业的故事远比父子创业要浪漫得多。兄弟创业的成功事例很多，如鼎鼎大名的刘永行、刘永好 4 兄弟；远大空调张剑、张跃兄弟；吉利集团李书福 4 兄弟等。

(3) 夫妻店型

人们爱用"夫唱妇随"来形容夫妻间的合作，也爱用"开夫妻店"来表示对这种合作关系的疑问。在全球华人中，成功的夫妻企业有很多。像跻身中国大陆 100 富豪的阎俊杰、张璨夫妇这样的搭档自不必说，2016 年在纳斯达克成功上市的软件公司 Vitria，其创办人张若玫夫妇也是夫妻店型创业的例子。夫妻创业有相当的特殊性，因为在其创业的过程中，不可避免地要掺杂进感情的因素，这有时是动力，有时也是阻力。

(4) 好汉帮型

俗话说："一个好汉三个帮"，形容朋友在人一生中的重要作用。朋友的作用体现在方方面面，如果一群志同道合的朋友聚在一起，决定干出一番事业，那么其爆发出的力量也一定是惊人的。朋友创业的多元性是其显著的特点，而且在责权利的划分及处理上，更会多几分理性和约束。同时，朋友间的创业具有选择性，不像亲戚创业那样会受到创业者个人能力、素质等问题的局限。这是一种介于传统家族企业和现代企业之间的企业形态。

(5) 亲帮邻助型

靠向亲朋好友借钱起家的创业者，不论是过去还是现在，都是一种很主要的创业方式。这是一种最容易实现，也最具普遍性的创业方式。要想成功也绝非易事，因为借钱者通常身单力薄，而且还款压力巨大，稍有不慎，失败的也大有人在。

(6) 个人英雄类型

个人英雄类型的创业企业是指由个人先打拼出一片小天地，然后吸收家族成员参与企业打理。或者在创业时"携妻抱子"，一个人像当年关云长千里走单骑那般打出一片新天地。但凡这样的人，意志、胆识等诸多方面都有过人之处。

(7) 综合创业型

既然是创业，就没有什么固定的招式。我们可以把家族企业的创业类型大致分成上述父子兵、兄弟班、夫妻店等若干种，也有一些不能够归到上述分类之中的企业。如当年在北京大名鼎鼎的"公关怪杰"——百龙绿色科技所（集团）的老总孙寅贵的创业经历，以及正泰集团总裁南存辉的创业故事，他们稍显复杂的起家过程，都或多或少地综合了上述方式中的几种。

四、创业团队的组建

（一）组建基本条件

1. 团队成员知己知彼

有些创业者认为，绝大多数创业团队的核心成员都很少，一般是三四人，多的也不过十来人，如此少的团队成员从企业管理角度来看，实在是"小儿科"，因为人数太少，几乎每个从事管理工作的人都觉得能够轻易驾驭。但实际上，这个创业团队成员虽少，但是都有自己的想法、自己的观点，特别是当团队中具备领导特质的人有两个或两个以上时，团队成员在内心有不服管的信念。因此，我们对创业团队中的每个成员都不能报以轻视的态度。

一个优秀的创业团队中所有成员都应该相互非常熟悉，知根知底。在创业团队中，团队成员都非常清醒地认识到自身的优劣势，同时对其他成员的长处和短处也一清二楚，这样可以很好地避免团队成员之间因为相互不熟悉而造成的各种矛盾、纠纷，迅速提高团队的向心力和凝聚力。同时，团队成员的熟悉更有利于成员之间工作上的合理分配，最大可能地发挥各自的优势。

现在，国内许多大学生选择创业，他们选择的合作伙伴也多是同学、朋友、校友，但很多还是很快就失败了。为什么呢？虽然他们选择的合作伙伴都是"熟人"，但是"熟人"之间也可能缺乏交流、沟通，说到底，团队成员还是相互陌生的。

2．有胜任的带头人

在企业管理和市场营销中，经常谈论领导者的核心竞争力。事实上，在创业团队中，带头人的作用更加重要。带头人正如大海航行中巨轮的舵手，指引着创业团队的方向。创业团队中必须有可以胜任的领导者，而这种领导者，并不是单单靠资金、技术、专利来决定的，也不是谁提出什么好的点子谁就能带头的。这种带头人是团队成员在多年同窗、共事过程中发自内心认可的，应该在创业团队中有巨大的、无形的影响力，能够有一呼百应的气势和号召力。许多创业团队在很短的时间内就消亡了，很重要的原因在于创业团队的带头人根本不是一个合格的领导者。而领导者的作用，就是"决定一切"！许多年轻人雄心勃勃，敢于第一个吃"螃蟹"，但是他们不一定是优秀的创业团队带头人，最多只是起到了一种"先锋"示范作用。

3．树立正确的团队理念

（1）凝聚力

凝聚力是指拥有正确团队理念的成员相信他们处在一个命运共同体中，共享收益，共担风险。团队工作，即作为一个团队，每个人的工作都需要相互支持，并互相激励。

（2）诚实正直

诚实正直是有利于顾客、公司和价值创造的行为准则。它排斥纯粹的实用主义或利己主义，拒绝狭隘的个人利益和部门利益。

（3）思虑长远

思虑长远是指拥有正确团队理念的成员相信他们正在为企业的长远利益工作，正在成就一番事业，而不是把企业当作一个快速致富的工具。没有人打算现在加入进来，而在困境出现之前或出现时退出而获利，他们追求的是最终的资本回报及带来的成就感，而不仅是当前的收入水平、地位和待遇。

（4）承诺价值创造

承诺价值创造是指拥有正确团队理念的成员承诺，为了每个人的利益而使"蛋糕"更大，包括为顾客增加价值，使供应商随着团队成功而获益，为团队的所有支持者和各种利益相关者谋利。

4．树立明确的团队发展目标

目标在团队组建过程中具有特殊的价值。首先，目标是一种有效的激励因素。如果一个人看清了团队的未来发展目标，并认为随着团队目标的实现，自己可以从中分享到很多的利益，那么他就会把这个目标当成是自己的目标，并为实现这个目标而奋斗。从这个意义上讲，未来共同的目标是创业团队克服困难、取得胜利的动力。其次，目标是一种有效的协调因素。团队中各角色的个性、能力有所不同，但是"步调一致才能得胜利"。孙子曰：

"上下同欲者，胜。"只有真正目标一致、齐心协力的创业团队才会得到最终的胜利与成功。

5. 建立责、权、利统一的团队管理机制

（1）创业团队内部需要妥善处理各种权力和利益关系

1）妥善处理创业团队内部的权力关系。在创业团队运行过程中，团队要确定谁适合从事何种关键任务和谁对关键任务承担什么责任，以使能力和责任的重复最小化。

2）妥善处理创业团队内部的利益关系。这与新创企业的报酬体系有关。一个新创企业的报酬体系不仅包括诸如股权、工资、奖金等金钱报酬，还包括个人成长机会和提高相关技能等方面的因素。每个团队成员所看重的并不一致，这取决于其个人的价值观、奋斗目标和抱负。有些人追求的是长远的资本收益，而另一些人不想考虑那么远，只关心短期收入和职业安全。由于新创企业的报酬体系十分重要，而且在创业早期阶段财力有限，因此要认真研究和设计整个企业生命周期的报酬体系，使之具有吸引力，并且使报酬水平不受贡献水平和人员增加的限制，即能够保证按贡献付酬和不因人员增加而降低报酬水平。

3）制定创业团队的管理规则。要处理好团队成员之间的权力和利益关系，创业团队必须制定相关的管理规则。团队创业管理规则的制定，要有前瞻性和可操作性，要遵循先粗后细、由近及远、逐步细化、逐次到位的原则。这样有利于维持管理规则的相对稳定，而规则的稳定有利于团队的稳定。

（2）企业的管理规则

企业的管理规则大致可以分为以下三个方面。第一，治理层面的规则，主要解决剩余索取权和剩余控制权的问题。由于不确定性的存在，企业合约不可能是完全的，因此，将无法完全的部分称之为剩余，而与剩余有关的一些权力，称之为剩余权。而剩余权分为剩余索取权与剩余控制权，剩余索取权是针对不确定性产生的利润而言的，指的是在契约中没有特别规定的活动的决策权。而剩余控制权是企业的一些生死攸关的决策，所以将这两种权力统称为剩余权。可以说谁拥有剩余索取权、剩余控制权，谁就是一个企业的所有者，企业的目标就应该为其制定。第二，文化层面的管理规则，主要解决企业价值认同的问题。企业章程和用工合同解决的是经济契约问题，但作为管理规则它们还是很不完备的。经济契约不完备的地方要由文化契约来弥补。它包括很多内容，但也可以用"公理"和"天条"这两个词简要地概括。所谓"公理"，就是团队内部不证自明的规则，它构成团队成员共同的终极行为依据。所谓"天条"，就是团队内部任何人都碰不得的规则，它对所有团队成员都构成一种约束。第三，管理层面的规则，主要解决指挥管理权的问题。管理层面的规则最基本的有三条：①平等规则，制度面前人人平等，不能有例外现象；②服从规则，下级服从上级，行动要听指挥；③等级规则，不能随意越级指挥，也不能随意越级请示。这三条规则是秩序的源泉，而秩序是效率的源泉。当然，仅有这三条规则是不够的，但它们是最基本的，是建立其他管理制度的基础。

（二）组建程序和方法

创业者在有了创业想法后，可以采用以下方法组建创业团队。

（1）撰写创业计划书。通过撰写创业计划书，创业者进一步使自己的思路清晰，也为合作伙伴的寻找奠定基础。

（2）优劣势分析。认真分析自我，发掘自己的特长，确定自己的不足。创业者首先要对自己正在或即将从事的创业活动有足够清醒的认识，并使用 SWOT（优劣势）法分析自己的优点、缺点，自己的性格特征、能力特征，拥有的知识，人际关系及资金等方面的情况。

（3）确定合作形式。通过第二步优劣势的分析，创业者可以根据自己的情况，选择有利于实现创业计划的合作方式，通常是寻找那些能与自己形成优势互补的创业合作者。

（4）寻求创业合作伙伴。创业者可以通过媒体广告、亲戚朋友介绍、各种招商洽谈会、互联网等方式寻找自己的创业合作伙伴。

（5）沟通交流，达成创业协议。通过第四步，创业者找到有创业意愿的合作伙伴后，双方还需要就创业计划、股权分配等具体合作事宜进行深层次、多方位的全面沟通。有了前期的充分沟通和交流，创业团队才不会在正式创业后，迅速出现因沟通不够而引起的解体。

（6）落实谈判，确定责权利。在交流达成一致意见后，创业团队还需对合作条款进行沟通与谈判，确定责权利。

第四节　创业计划书与注册企业的一般流程

一、创业计划书概述

（一）创业计划书

众所周知，建筑高楼大厦要先设计工程图纸，然后才能施工。这一原则同样适用于创建创新型企业。正如美国俄亥俄大学创业研究中心的罗伯特·F.谢勒（Robert F.Chelle）主任所言："商业计划必须受到重视。创业如同航行在大海之上，漫无边际，深不可测，所以必须认真调查，花费时间，制订合理的商业计划。"

当创业者确定了自己的创业项目，也明确了项目的发展模式之后，就需要将整体创业想法以文字的形式展现出来，一份优秀的策划书可以像"饵"一样为创业者"钓"来高价值的投资人与合作者。

创业策划书是创业者为了展现项目价值及企业发展潜力而撰写的书面文件。策划书中一般会包括执行摘要、项目背景、产品技术或服务、市场分析、营销策略、公司管理（公司战略、管理团队、人力资源、生产组织、采购供应等）、投资分析、财务分析、风险分析、风险资本的退出和附件等内容。通常情况下，创业策划书要保证重点突出、详略得当，并针对投资者的侧重点给出倾向性的表述。

（二）创业计划书的作用

创业计划书具有两个最基本的功能：①为创业者、创业管理团队和企业雇员提供一份清晰的、关于新创企业发展目标和发展战略的说明书；②为潜在顾客、商业银行和投资人提供一份推销新创企业的报告。在制作创业计划书的过程中，创业者会对产品（或服务）、市场、财务、管理团队等进行详细分析和调研，这有助于创业者及早发现问题，进行事前风控，帮助创业者找出那些影响新创企业成败的关键因素（这是创业者对新创企业进行再认识的一个重要过程）。创业计划书发展至今已经由单纯的面向投资人转变为企业向外部推

销宣传自己的工具,以及企业对内加强管理的依据,其作用具体表现在以下几个方面:

(1) 创业者整体把握创业思路、明确经营理念

创业计划书是创业者为自己开拓事业而量身定制的一面镜子,在撰写过程中,创业者必须理性分析和全面审视自己的创业计划与思路,明确经营理念,系统构建企业经营的战略蓝图,团队内部统一认识、明确方向。另外,在研究和编写创业计划书的过程中,经常会发现经营机会与所期望的不一样,此时创业者会根据实际情况采用不同的策略使创业活动更加可行。只有对创业前景拥有一个清晰的认识,才能更好地开展创业活动。

(2) 帮助创业者有效管理新创企业

在创业过程中,各种生产要素是分散的,信息是凌乱的,在撰写计划书的过程中要理清思路,找到企业运行各个程序的连结点,实现资源的有效整合和利用,形成完整流畅的商业运作计划。创业计划书既提供了企业的全部现状及发展方向,又提供了良好的效益评价体系及管理监控标准,使创业者对企业发展中的每一步都能做出客观的评价,并及时根据具体的经营情况调整经营目标,完善管理方法,最终达到创造商业利润的目的。

(3) 宣传本企业,聚集人才

创业计划书是新创企业的象征和代表,它使创业者与外部企业的组织及人员得以良好沟通,是企业进行对外宣传的重要工具。通过一份优秀的创业计划书,能让投资人看到发展潜力,也能吸引志同道合的人一起加入创业团队中,具体表现在以下方面:①寻求战略合作伙伴和签订大规模的合同;②吸收优秀管理人员;③吸引对创业计划感兴趣的单位赞助和支持。

 小案例

一份创业计划书成就的创业梦

2015 年 33 岁的任书豪曾这样说:"创业要创新,要打持久战。"任书豪名片上的身份是河北东方凯誉通信技术有限公司董事长。他的"持久战"始于 2003 年,当时他还是石家庄经济学院一名大二学生。在同龄人中总是显得"不安分"的他,如愿成为校学生会对外联络部的成员。

"那次,我代表学生会到河北网通石家庄分公司拉赞助,恰好碰上了西门子(中国)的销售代表,正在向网通公司推销一种通信智能网设备。"任书豪回忆当年创业的起因时说,当时,网通的工作人员没有对这种设备表现出多大的兴趣,"旁听"的他却被这种设备所具有的神奇功能"瞬间击中"。

当时,任书豪还不知道通信智能网为何物,但凭直觉判断:该设备如果引入大学,必然会是校园通信和各种支付活动的一场"革命"。这次巧遇,促成了西门子(中国)公司将设备以免费试用的方式首先在石家庄经济学院安装运营。没过多久,这款能通过手机卡完成多个项目统一支付的"精灵 E 线"获得了超出预想的成功,任书豪争取到了网通"精灵 E 线"在省会高校的推广代理权。2004 年 8 月,任书豪所带领的团队以他们的亲身经历为蓝本制作了创业计划书,一举夺得全国大学生"挑战杯"大赛铜奖。以此为起点,他们注册了东方凯誉公司,"我们的业务当年就覆盖了省会十几所高校,公司的年收入已超 300 万元。""从那之后的 10 年里,我做了很多事,但所有事都没有偏离以通信为基础的增值服务这个

轨道。"任书豪说。

创业梦是美好的，而创业后如何拓展，为社会创造更多的财富？这个更大的梦想已经成为任书豪和他带领的年轻团队"穿云破雾"的原动力。

（资料来源：http://hebei.hebnews.cn/2013-12/04/content_3647130.htm）

课堂思考：
创业者为什么要撰写创业计划书？创业计划书应该包括哪些内容？

二、创业计划书基本内容

一份完整的创业计划书至少包含以下内容：执行摘要，项目背景，产品技术或服务，市场分析，营销策略，公司管理（公司战略、管理团队、人力资源、生产组织、采购供应等），投资分析，财务分析，公司管理风险分析与控制，风险资本的退出和附件等。

（一）执行摘要

执行摘要是整个创业计划书的浓缩和精华，涵盖计划书的要点，叙述要简洁、清晰、客观、逻辑性强，使人一目了然。执行摘要应该就公司性质、产品技术、应用领域、产品与市场定位、核心竞争优势、公司成长性、预计投资收益、公司愿景与战略进行归纳阐述。控制好执行摘要的文字数量（一般不超过3页）。核心内容要一句话能说清楚，能让人记住并想看后面内容。可以根据项目的特点进行补充与删减。

（二）项目背景（产业或行业分析）

主要描述项目的提出原因：你准备进入的是一个什么样的行业？评价所选行业的基本特征，描述该行业的现状及存在的问题、行业竞争状况、该行业的发展方向、我国发展该行业的政策导向。主要包括如下内容。

（1）市场结构分析。

（2）行业的性质分析。

（3）行业的寿命周期分析。

（4）行业稳定性分析及其他有关因素分析。注意一定要结合你的产品技术（服务）、目标市场、竞争对手及竞争优势。

（三）产品技术或服务

主要对产品技术或服务做出详细的说明，说明要准确，也要通俗易懂，使非专业人员（投资者、其他行业的管理人等）也能看得明白、听得明白。

产品技术类项目一般从以下六个方面加以论述：

（1）产品技术的概念、性能及应用领域，产品定位清晰。

（2）产品的核心技术及由来，技术的成熟度——处于研发阶段（样品、小试、中试）、工业化还是商业化阶段。

（3）产品技术的先进性（在国内或国际处于先进、领先水平，创新性、唯一性、填补空白）。

（4）产品技术的市场核心竞争力（竞争优势明显，在产业链上所处位置等）。

（5）产品技术的市场前景。

(6) 产品技术的知识产权要清晰等。

文化创意与服务咨询类项目从以下四个方面进行阐述：

(1) 对公司的服务性质、对象、特点、领域进行介绍。

(2) 提供的服务满足了客户的什么需求？为被服务者创造了什么价值？

(3) 你的服务具有什么独特性、创新性？市场竞争力与核心竞争优势有哪些？服务目标的市场前景。

(4) 涉及知识产权的，如商标权、软件著作权等要清晰。

（四）市场分析

市场分析，一定要聚焦到目标细分市场与目标客户群，定位要准确清晰。即需要界定目标细分市场，市场的切入点，市场进入门槛，市场特征分析、目标市场的规模（容量）、市场占有率、增长率，目标细分市场的主要竞争对手分析及竞争优势比较（定性与定量）。

（五）营销策略

不同的产品技术（服务）针对不同的市场、不同的客户会有不同的营销策略。根据对细分目标市场、客户群特征与竞争对手等的分析，在目标确定之后，制定有针对性的营销策略。随着互联网的诞生与超速发展，营销策略与营销创意亦日新月异、层出不穷。你的细分目标市场与细分客户群分析得越到位，市场切入点越清晰明朗（即做细、做小、做实），你的营销策略就会越有针对性。

1. 传统营销策略

4P 营销组合策略。产品策略主要包括产品的实体、服务、品牌、包装等，它是指企业提供给目标市场的货物、服务的集合。价格策略主要包括基本价格、折扣价格、付款时间、付款方式、借贷条件等，它是指企业出售产品所追求的经济回报。渠道策略主要包括分销渠道、储存设施、运输设施、存货控制等，它是指企业为使其产品进入和实现目标市场所组织、实施的各种活动，包括途径、环节、场所、仓储和运输等。促销策略包括广告宣传、人员推销、营业推广、公共关系、事件营销等，主要指企业利用各种信息载体与目标市场进行沟通的传播活动。

2. 新营销模式

新营销模式包括微博营销、微信营销等。例如，"品牌及产品曝光""微柜台""电子商务及售后管理""植入式营销"等新营销模式。

（六）投资（融资）分析与财务分析

投资分析包含如下内容：

(1) 注册资本、股权结构与规模（股东出资与比例）、投资总额、资金来源与运用。

(2) 投资假设：包括经营收入与成本预测，投资收益（回报）分析，项目敏感性分析，盈亏平衡分析，投资报酬率分析，投资回收周期分析，投资回报政策等。

财务分析包含以下内容。

(1) 主要财务假设及说明：包括成本费用表、资产负债表、损益表及利润分配表、现金流量表。

（2）财务指标分析：包括预计营业收入（销售收入）及趋势分析、预计营业额（销售额）分析、杜邦财务分析体系、财务比率分析、分析结论。

也可根据需要选择国家《企业财务通则》中为企业规定的三种财务指标里的部分指标来分析。

（1）偿债（短期）能力指标：包括资产负债率、流动比率、速动比率、现金流量比率。

（2）营运能力指标：包括应收账款周转率、存货周转率、流动资产周转率、固定资产周转率、总资产周转率。

（3）盈利能力指标：包括资本金利润率、销售利税率（营业收入利税率）、成本费用利润率、资产报酬率、净资产报酬率、销售净利率、主营业务利润率。

（4）发展能力指标：包括营业增长率、资本积累率、总资产增长率、固定资产成新率。

（七）公司管理

公司管理主要从以下四个方面展开：

（1）公司使命：公司的宗旨、愿景。

（2）公司总体战略：战略规划或战略目标及战略实施，公司核心竞争力等。

（3）创业团队：专业知识、经历经验等优势互补型、分工合理、职责明确。

（4）生产经营管理：主要描述公司选址、组织架构、厂房设备安排、工艺流程与质量管理、生产计划、人力资源、薪酬与激励、采供与物流、企业文化等。

（八）风险分析与控制

进入目标市场将面临的最主要风险与防范措施的描述。例如，市场风险、技术风险、管理风险、财务风险、政策风险、进出口汇兑的风险等。

（九）风险资本的退出

风险资本的退出主要是退出的时间与方式，如果注册资金里没有风险资本就无须描述。

（十）附件

附件部分就是为创业计划书提供必备的补充资料，不必把所有东西都放入附件，只放那些能真正增强正文说服力的资料。例如，专利证书、技术鉴定、结题（结项）报告、查新报告、市场实际调查结果、荣誉证明；已创业企业还需要工商注册、税务登记等相关材料、表目录、图目录，国家、省竞赛规则里的具体要求等。

三、创业计划书的撰写步骤与原则

（一）创业计划书的撰写步骤

（1）明确创业计划书的形式

不同的阅读者对创业计划书有不同的兴趣和侧重点，因此，创业者撰写创业计划书的第一步就是确定读者是谁，他们想要的是什么，哪些问题必须有针对性地呈现给他们，进而明确创业计划书的形式。

（2）确定创业计划书大纲

拟定执行摘要，主要是创业的各个项目的概要。大纲应该确定创业计划的目标和战略，制订创业计划书的编写计划，确定创业计划书的总体框架和主要内容。

（3）收集创业计划书所需要的信息

根据创业计划书大纲，创业者需要收集撰写计划书要用而目前尚不清楚的信息。创业计划书的内容涉及面很广，因此需要收集的信息也非常多。具体来说，创业者需要收集行业信息、生产与技术信息、市场信息、财务信息等。信息的收集是一个十分重要的过程，信息的质量直接关系到创业计划书的质量。创业者可以通过现有资料的检索、实地调查、互联网查找等方式来收集信息。

（4）起草创业计划书

草拟初步创业计划。依据创业执行摘要，对新创企业的项目背景、产品技术或服务、市场分析、营销策略、投资（融资）分析与财务分析、公司管理、风险分析与控制、风险资本的退出等内容进行全面编写，形成较为完整的创业计划书初稿。

（5）修改并完善创业计划书

创业计划书的初稿完成以后，创业者必须从目标读者的角度来检查创业计划书的客观性、实践性、条理性和创新性，看其是否能够打动目标读者。创业计划小组在这一阶段对创业计划进行广泛调查并征求多方意见，进而提出一份较为满意的创业计划方案。

（6）创业计划书定稿

进行定稿，并印制成正式的创业计划书。

（二）创业计划书的撰写原则

一份好的创业计划书往往能够吸引潜在投资者的特别关注。如果计划不完善或漏洞百出，就好比发现饭里有一只虫子，很容易使人倒胃口。如果创业计划书语言流畅、充满激情，有严密的调查数据支撑，少见外行话，那么阅读者很容易把这些优点和创业者本人的能力联系起来。因此，创业者在撰写创业计划书时，一定要遵循以下原则。

（1）真实性原则。创业计划书中的内容务必真实，不能有虚假成分。

（2）简洁性原则。创业计划书中应避免一些与主题无关的内容，要开门见山地直接切入主题。语言应简洁、精练。

（3）完整性原则。创业计划书已成为一种国际惯例，结构是固定的。因此，结构应完整、清楚，内容应全面。

（4）一致性原则。创业计划书的前后基本假设或预测要相互呼应、一致，也就是说前后逻辑要合理。例如，财务预测必须根据市场分析与技术分析所得结果进行各种报表的规划。

（5）保密性原则。创业计划书中涉及的核心机密可适当进行规避。

【案例分析】

A公司创业计划书

（一）执行摘要

1. 创业计划的背景及概述

我们创业计划的公司名称为——A公司，地点上海，主要从事光频域反射仪（OFDR）及相关产品的开发、生产和市场销售。

在所有的光纤测量技术中,具有超高空间分辨率的光频域反射仪(OFDR)是唯一可以实现将上万个具有同样反射波长的传感器信号精确读出和测量的技术。本项目的创新之处是找到了新颖可行的技术方案,突破了目前市场产品测量光纤系统长度有限的瓶颈,将可测量的光纤系统距离从目前的百米测量级提高到千米以上测量级。这一突破使光频域反射仪的应用更为广泛。同时由于世界范围内该类产品的稀缺性,新产品的推出必将填补中国以及世界范围的空白。

2. 竞争优势与机会概述

目前随着光纤化进程的推进,从工信部到各个地方政府都非常支持光纤相关的高科技企业,特别是对一些具备了先进专利技术的创业型企业,政策扶持的力度是相当大的。我们拥有的创新技术,不仅可以开发生产具有上千米量级测量距离的长程光频域反射仪,填补国际和国内空白,还可以开发生产满足不同市场需要的中程和短程产品。加之高分辨率、大动态范围和高灵敏度等产品性能,能够成为一种理想的、适用市场范围更广泛的系统测量、调试和诊断工具。同时,汽车、飞机和舰艇内的光纤通信系统,光纤传感网络系统,光纤到户工程,以及硅光电子业(Silicon Photonics)等这些新型产业刚进入起步阶段。市场发展空间巨大,潜力无限。

3. 团队概述

介绍主要团队成员及其相关的工作经验、能力与资源。

周汭——总负责人兼销售部负责人,上海外国语大学工商管理硕士在读,现就职于新加坡电信集团有限公司。曾就职于中国电信、日本电信,在国内以及亚太通信行业有着丰富的人脉资源,具备广泛的行业渠道关系以及行业销售经验。

Dr. Steven Wang——市场部负责人,美籍华人,现任职于美国海光公司。曾出任美国OFS-FITEL 公司(原朗讯科技的光纤解决方案子公司)亚太区副总裁,为公司光纤产品在大中华区和整个亚太地区的市场拓展做出了重要贡献,并在国际通信领域的同行中建立了广泛的联系。

Dr. Peter Fang——R&D 研发部负责人,美籍华人,现任职于美国高科技公司,美国光学学会和电机电气工程师学会的高级会员。在光纤系统检测和测试仪表的开发等领域,有六项美国发明专利和专利申请。在美国光学快报等著名专业期刊和专业会议上发表了十多篇学术论文。有十几年直接的光电子测试和监测仪器仪表的设计和开发经验。其手下的四人研发团队将直接参与新公司的产品开发与更新。

4. 目标市场的概述与预测

光频域反射仪主要目标市场应用于通信和数据网络、商用和军用航空电控、医疗成像和光纤传感等系统中的短程光纤系统。根据测量距离的不同,划分见表7-2。

表7-2 测量距离与不同光纤系统的划分关系表

测量距离	长度	系统	应用领域
中~长程	50m~5km	通信和数据网络	接入网、企业网等
短~中程	1m~50m	航空电控系统和光纤传感网络	军事、国防、物联网、传感网
短程	0m~1m	光电子元器件及模块的设计、调试	硅光电子

我们的目标市场就是生产和销售这些短程光纤系统的公司、企业,直接使用这些系统

的终端用户，以及负责这些系统安装、调试和故障诊断、检修，现场支持和维护、保养的单位与个人。对测量距离大于 500 米的情况，我们的产品在国内独此一家，没有其他竞争者。在国际上将面对美国 Luna 技术公司的竞争。我们将凭借世界领先的技术、最好的性价比，在国际市场上争取 25%的市场份额并最终争取达到 50%的市场份额。由于美国将高分辨的光频域反射仪列为对中国禁运产品，我们将要生产的光频域反射仪在中国基本上无竞争对手，这意味着我们在国内拥有 100%的市场份额。

5．主营业务及盈利模式

我们的主营业务是光频域反射仪（OFDR）及相关新应用平台上的后续相关产品。虽然相关技术壁垒的攻克已经完成，但是样机的试制依然会花费一段时间。所以在这段时间里，我们会首先生产一些国外已经相当成熟，而国内市场依然比较罕有的光纤检测设备。这样一来可以开始建立渠道与销售网络；二来也可以完善工厂管理，为后续的大规模生产打下基础。

该项目所开发的光频域反射仪系列产品将填补国内空白，国内没有竞争者，获利方式主要通过产品的销售实现，技术的先进性将是获利的主要来源。在产品保修期过了以后，还可以通过产品售后服务、软件更新换代、配件提供、性能提高等途径获取一定的利润，利润率估计在 30%～50%。因为我们将采取直接销售和分销商销售两种模式，我们还可以根据对分销商业绩的评估、分级和淘汰等机制获得一定的利润分成。当然，取决于产品整体市场销售情况，也存在结合分销商让利的可能，鼓励他们销售更多的产品，提供更好的服务。在国际市场上，因存在同类产品的竞争，我们计划利用我们产品性能与成本的优势，首先通过价格的优势打开市场，同时在主要市场设立专门的售后服务机构，提高服务质量，占领、保持和逐步扩大我们的市场份额。

6．5 年内的发展战略

公司计划在 5 年的时间内，将新创立的企业建设成为年销售额超过 3 亿元人民币、行业领先的高科技公司，为中国基于光电子技术的现代测试和监测产业的技术创新、技术积累、产品创新与市场成长做出自己的贡献。

公司成立后的第一年主要从事产品的具体设计、开发、样品制作和测试。虽然没有任何销售，但市场开发工作与产品开发同步进行。同时构建起完善的企业组织框架是第一年任务的重点。第二年起，将有五种前期产品组合（光功率计、光源、光纤识别器、可见光光源、可调光衰减器）开始批量生产，投放市场。国际上，除了重点客户以外，主要通过分销商进行销售。国内以直接销售为主，代理商为辅助。第三年，将新产品光纤端面检测系统和清洁仪投放市场。计划在增加已有五种前期产品销量的基础上，推进新产品的市场营销。同时重点产品的样机基本在第三年可以完成，在进行市场样机演示推广的宣传下，进一步完善相关销售网络与渠道建设，为即将到来的主力产品销售打下基础。第四年，将另一个新产品（便携式 OTDR）投放市场。该产品是重点产品 OTDR 的类似产品，关键特点在于便携，针对这一特性加强对电信行业的推广营销力度，并且进一步扩大相关的售后服务机构，争取以品质占领扩大市场份额。第五年,该项目重点开发的新产品(便携式 OTDR)将批量投放市场。每月产品销量目标争取达到 80 100 台，销售额目标 1 500 万元。全年销售额目标 2 亿元，确保公司的主要收入来源。之后，保持自主研发的优势，将光频域检测技术带入更多更丰富的应用领域，针对每个领域的不同需求开发出有特点和针对性的产品，继续保证科技研发与知识产权的领先位置，实现公司的长期目标。

（二）新创企业介绍

1．企业的理念

经营理念：知识改变世界，创新持续梦想。

企业愿景：解决所有的光纤检测难题，让光纤连接到世界的每一个角落。

企业使命：以科技与创新改变世界。

企业的核心价值观：

（1）以客户为核心目标，我们不只是用最好的产品与服务来让客户满意，我们要与客户站在同一个高度，尝试协助客户解决所面对的难题。

（2）知识是第一生产力，只有保持自身科技的领先与创新，企业才能够不断成功。

（3）员工是我们最宝贵的财富，我们鼓励员工能够给企业带来创新的理念，改变从每天每个细节开始。

（4）尊重事实，一切业务管理与决策都从事实出发。

（5）建立人与人之间的完全信任的工作环境，直截了当地说出想法，不去介意想法从何而来，只关注想法是否合理。

（6）挑战自我极限，面对不可能创造出可能，面对极限突破极限，面对突如其来的变革，不言放弃，并视之为机会。

（7）追求完美，追求最好，成为世界上最好的企业。

2．企业组织架构

公司的组织架构设想如图 7-3 所示。

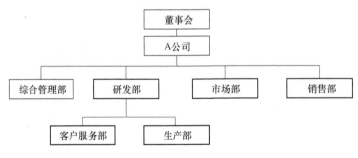

图 7-3　A 公司组织架构图

3．企业五年计划表

根据市场预测与需求，拟订企业五年内的计划见表 7-3。

表 7-3　企业五年计划表　　　　　　　　　　　　　　（单位：万元）

年　度	项目实施阶段	投资额度	投资主要用途
2013	产品设计和开发 样品制作和测试	1 000	产品开发仪器设备的购买或租用，样机研发所需原材料、元器件的采购，前期市场开发培育费用，员工工资
2014	第一条生产线的建设，前期五种产品的批量生产（光功率计、光源、光纤识别器、可见光光源、可调光衰减器）	1 000	建设一条生产线，添置生产线必需的生产设备，批量生产所需原材料，元器件的采购，产品市场开发和销售费用，员工工资等

（续）

年 度	项目实施阶段	投资额度	投资主要用途
2015	第二条生产线的建设，产品和应用的开发、量产和销售（光纤端面检测系统和清洁仪）	1 000	建设一条新的生产线，添置生产线必需的生产设备，新产品生产所需原材料，元器件的采购，相关产品和应用的开发、量产和销售费用，员工工资等
2016	第三条生产线的建设，产品和应用的开发、量产和销售（便携式OTDR）	1 000	建设一条新的生产线，添置生产线必需的生产设备，新产品生产所需原材料，元器件的采购，主力产品的渠道和销售网络扩张费用，员工工资等
2017	第四条生产线的建设，产品和应用的开发、量产和销售（便携式OTDR）	2 000	建设一条新的生产线，添置生产线必需的生产设备，新产品生产所需原材料，元器件的采购，主力产品的市场推广，售后服务网络的扩张，后续升级产品的研发费用，员工工资等

（三）产品介绍

1．产品规划及定位

A公司的产品规划是光纤检测设备，目前的产品规划是，2013—2014年：五种已经技术成熟的前期组合产品即光功率计、光源、光纤识别器、可见光光源、可调光衰减器。2015年：为便携式主力产品做铺垫的光纤端面检测系统和清洁仪。2016年：技术成熟，使用广泛的便携式OTDR设备。2017年：主力便携式光频域反射仪OFDR设备。2018年以后：医疗造影系统设备（将光频域反射仪与光传感器结合的设备）；桥梁、管线、电力等基础设施的监控系统（光纤传感系统）；电子器件间的硅光电子业的研发设备商用和军用的电子航空系统的控制设备。

产品功能定位：①验证、调试和维护，维修飞机、舰艇、轮船和汽车上的光纤网络；②验证光纤光缆组件、连接器、短程网络的连接质量；③诊断、区分宏弯、熔接点、连接器和断点等；精确寻找插损点的位置；④检测验证光纤组件中多点的回损等。

产品应用领域定位：①光纤总长度相对短的系统（从数米到5千米）；②通信和数据网络；③商用和军用航空电子系统；④医疗造影系统；⑤监控桥梁、大坝、输油管线、电力线路等基础设施的光纤传感网络系统；⑥硅光电子业。

2．产品开发方案

（1）现有产品原理

开发方案依据光纤结构的光频域反射仪原理。现有光频域反射仪主要由三部分组成：光源、接收器、迈克尔逊干涉仪。采用的光源必须是高相干的可调激光器。接收器是由光电探测器和相应的电子线路组成的。迈克尔逊干涉仪则由一段待测光纤和另一段固定长度的参考光纤经3dB光耦合器接入系统组成。

（2）开发产品方案

我们的独特之处是对现有光频域反射仪进行结构创新。与现有的光频域反射仪相比，本项目将系统从一个局域振荡器增加到N个（N为大于1的整数）。这样系统里就有N个参考臂。这N个参考臂的长度是不相等的，且一个振荡器的位置与下一个振荡器位置的距离差等于激光相干长度。这 N 个振荡器通过一个 $1×N$ 光开关连接到系统中。通过 N 次激光扫描测量,每次接通一个振荡器,每次测量距离是待测光纤中的一段。然后将 N 次测量、N 段待测光纤叠加,从而实现增加仪器测量距离的目的。

(3)产品开发的可行性

理论依据在基本的光频域技术中,激光光源有限的相关长度是制约测量长距离光纤的主要因素。本项目的新颖之处是通过同一光源的相干长度,分别使用多个(N 个)不同长度的参考臂,从而分别对被测光纤的不同部分进行干涉测量。然后将这多次测量的结果,经软件程序进行叠加处理,由此获得长程被测光纤的距离。

技术实现依据在基本的 OFDR 系统结构中,它包含了一个迈克尔逊干涉仪,此干涉仪的一臂称为参考臂,参考臂的终端是一个具有反射率的局域振荡器。本项目里的 OFDR 系统有多个(N 个)局域振荡器,即有 N 个参考臂。两个相邻参考臂的距离差等相于光源的相关长度。这 N 个参考臂通过一个($1×N$)光学开关连接到系统里,构成了一个等效的 N 个参考臂迈克尔逊干涉仪。

(4)研究与开发计划

主力产品光纤频域反射仪的研发计划拟订如下。

第一阶段——研发阶段,12~24 个月,解决研发中剩余的问题。订购元器件;光学器件组装;找出线性调制可调半导体激光器的曲线,根据此曲线设计软件块,然后由此软件线性调控;设计并组装迈克尔逊干涉仪,用以测量激光器的相关长度;设计反馈电路来控制极化控制器,用于解决极化导致的光信号衰减的问题;分析各种噪声的来源,以便采用优化系统设计来降低噪声。

第二阶段——样机开发阶段,8~10 个月,开发出 3~5 台样机。光路设计包括可调激光器、光探测器、迈克尔逊干涉仪和极化控制;电路设计,包括 PCB、显示器控制、面板键盘控制、电源电路和通信接口;机械设计:外壳体设计,包括颜色、形状和材料的选择,以及壳体内的空间限制;软件设计:线性调控可调激光器,采集频域信 C7,并将此信 C7 通过 FFT 处理转成时域信号,最后将多次扫描的数据叠加成一个完整合成的扫描曲线。

第三阶段——试投产阶段,6~12 个月时间,生产约 20 台市场演示机型。

第四阶段——正式生产阶段。接收订单,正式批量生产。

第五阶段——根据产品在各行业与领域的实际应用,研发满足不同需求的升级型号。

(四)市场及行业分析

1. 行业现状与趋势分析

(1)行业现状

传统的光时域反射技术由于动态范围与空间分辨这一对矛盾,加之其时间盲区的限制和空间分辨率差,因而导致大批科研人员自 20 世纪 90 年代初就开始寻找新的技术来弥补光时域反射技术的不足。而最有前景的技术就是光频域反射仪,与光时域反射技术使用脉冲光信号相比,光频域反射仪使用了连续光信号。这决定了光频域反射仪的动态范围不取决于空间分辨率。这一重要特性使光频域反射仪在不牺牲动态范围前提下获取了极高的空间分辨率。光频域反射仪与相干探测技术结合又会获得另一大优点:极高的灵敏度。采用光频域反射仪,使技术指标达到低于 100dB 的灵敏度和毫米量级的空间分辨率成为可能。

（2）行业趋势

随着光纤时代的来临，光频域反射仪开始从过去单纯的军用目的到被应用于光纤网络的电信行业，从而获得极大的发展。

2．目标市场现状与趋势分析

（1）目标市场现状

目前主要针对的市场还是电信行业，具体就是指每个国家实际的网络运营商，如中国电信、美国电信 AT&T、英国电信 BT 等。由于光纤网络的普及化，传统的人工排错与时域光纤检测技术已经远远不能满足电信行业的需求了。前文提到唯一生产光频域反射仪的企业——美国 Luna 科技公司，其现有产品直到 2010 年 5 月之前，由于体积过大而无法被实际使用在除实验室以外的任何行业领域。最新的便携式 OBR 4200 型号由于测试距离为 500 米以内和高达 8.5 万美元的售价，大部分的电信运营商依然无法承受。因此开发一款既能够弥补测量长度缺陷，又经济实惠的设备成了目前电信行业市场的需求。我们的产品可以达到测量距离 5 000 米的范围，对于运营商而言，只要在每个光纤汇集节点处设置一台我们的光频域反射仪，就可以即时地监测整个 FTTX 网络的使用状况了。当故障被发现的时候，修复人员可以直接抵达故障点进行修复，大大提高了修复的效率。加上我们的产品销售价格至少会比 Luna OBR 4200 低 1/3，在市场竞争上是有着相当大优势的。以中国为例，3 年内新增光纤用户将超过 5 000 万。按照单根光纤到 32 户，每台设备 5 万美元来计算，设备的新增市场超过 780 万美元。

（2）目标市场趋势

在不久的将来，光频域反射技术可以用来设计更好的光纤系统，保证它们在制造过程中运行在最佳状态。同时，国防机构、承包商、军用和民用飞机制造公司也能使用该技术来改善系统性能。在这类系统投入使用的过程中，也能进一步地降低其使用、维护、保养与故障诊断、排除的费用和时间。

3．宏观环境分析（PEST 模型）

PEST 分析是指宏观环境的分析，宏观环境又称一般环境，是指影响一切行业和企业的各种宏观因素。对宏观环境因素做分析，不同行业和企业根据自身特点和经营需要，分析的具体内容会有差异，但一般都应对政治（Political）、经济（Economic）、社会（Social）和技术（Technological）这四大类影响企业的主要外部因素进行分析。

（1）政治因素（Political Factors）

中国政治大环境稳定，近年来随着信息时代的来临和光纤网络的日益普及，光纤相关产业成了国家大力扶持的行业之一。

（2）经济因素（Economic Factors）

中国改革开放以来的成就举世瞩目，过去 10 年经济持续走强，中国经济保持中高速持续发展。即使世界经济放缓，国际贸易增速回落，国际贸易保护主义抬头，我国依然保证了经济稳步发展，可见，整个国内的经济环境形势是非常乐观的。

（3）社会因素（Social Cultural Factors）

中国人的传统观念比较含蓄，但是交流却是比较欣赏同步的方式，也就是相对于邮件而言，中国人更愿意选择面对面的交流或者电话视频等更直观的方式，因此对于光纤网络与通信网络的要求也一直在提高。另外，独生子女政策的原因，使得现今社会环境人与人之间的距离变得越来越远，无数的"宅男宅女"由于孤独开始依赖于网络上的虚拟社会与即时通信交流，这更是加速了光纤网络的发展。

（4）技术因素（Technological Factors）

在国内，真正的自主研发公司还是不多，可以说"拿来主义"依然是国内部分高科技企业的做法。同时，由于自身没有研发阶段，因此最终的产品技术指标始终与原厂正品会有一些差距，加上没有技术核心竞争力，升级产品的开发自然也无法完成。

4. 目标市场设定与进入策略

（1）目标市场设定

根据前文对市场的现状与趋势分析，现阶段我们的主要目标市场依然设定为电信行业，由于光纤频域反射仪的主要应用依然是在数据与通信网络的故障检测领域，所以我们会将开发便携式光纤频域反射仪作为第一个主力产品，将目标市场锁定在国内与国际的电信行业，这个市场的特点主要有以下三点。①对数据与通信网络的故障检测仪器存在刚性需求；②对产品的技术要求较高，不同于一般企业客户；③具有长期的、大量的设备采购需要。

（2）进入策略

对于国内与国际电信行业，我们会采取比较不同的进入策略，原因是国内外行业的生存环境、需求内容以及可承受价格都有着比较大的区别。对于国外电信行业，由于其人工成本较高，加上光纤网络的发展已经基本完成，相关检测设备需求的急迫性显而易见。因此我们就大举技术王牌，展现自身产品与现有产品相比的巨大科技优势与参数差别，应该可以保证打入其市场。

（五）竞争策略

1. 目标客户的分析

针对光纤频域反射仪的主要目标客户，根据两维四象限分析法，将其根据地域的不同和行业的不同分为四个部分。

Ⅰ类（中国电信行业）：现阶段五年计划中最为重要的关键客户，其特点为：①对数据与通信网络的故障检测仪器存在刚性需求；②对产品的技术要求较高，不同于一般企业客户；③具有长期的、大量的设备采购需要；④相比同类外国企业，人们对于具备优秀技术的中国企业存在好感；⑤若能够签署长期合作协议，可以在获得大订单的前提下，进行特殊需求开发，可获得极高的利润。

Ⅱ类（外国电信行业）：现阶段五年计划中第二位重要的关键客户，其特点如下。①对数据与通信网络的故障检测仪器存在刚性需求；②对产品的技术要求很高，相比中国需求已经迫在眉睫；③具有长期的、大量的设备采购需要；④由于国外电信行业与中国电信行业有很多实际需求上的区别，比如国外更希望在故障发生时首先由自己检测到，所以相关设备会有一些特殊定制；⑤由于同类的国际企业只有一家，且技术参数不如我们的设备，可以通过高价格的销售策略获得最大的利润。

Ⅲ类（外国非电信行业）。五年计划以后最为重要的关键客户，其特点如下。①对产品的技术要求极高，一般需要针对客户的进行特别定制开发；②由于主要应用高新技术开发，因此设备利润率会很高；③产品在技术领先于竞争对手的前提下，会是非常稳定的客户资源；④这些前端行业的需求将会转化为未来的一般需求，对于开发有指导性作用；⑤拥有与高新科技企业合作的背景，可以缔造品牌形象。

Ⅳ类（中国非电信行业）：重要度最低的客户，其特点如下。①由于国内的研发需求相对较低，因此技术要求会较低，将面对低价竞争者；②大部分企业级客户难以直接接触，需要靠代理与渠道来开拓；③针对大量的低级别产品服务，需要外包来解决并控制好服务质量。

2．主要竞争对手分析

目前的竞争对手在世界范围内仅有一家，是美国 Luna 科技公司的 OBR 4200。但是，其测量距离仅局限于 500 米之内，不仅价格昂贵，每台达 8.5 万美元，而且被禁止向中国出口。就中国国内而言，除了戴基智教授指导其研究生顾一弘在近年内对相关技术做了一些研究工作之外，还未见任何商用产品开发工作的报道。所以中国国内不存在任何竞争对手。并且据我们的了解和分析，在可预见的将来，国内暂时不会出现任何有竞争力的对手。总而言之，由于该产品技术先进，技术条件要求高，技术壁垒坚固，难以模仿和复制，我们认为短时间内，国内外都难有新的竞争对手出现。

3．竞争优劣势分析

根据产品的特性与目前的竞争对手和市场环境，我们使用了 SWOT 分析法来对竞争优劣势进行分析。SWOT 是一种分析方法，用来确定企业本身的竞争优势、竞争劣势、机会和威胁，从而将公司的战略与公司内部资源、外部环境有机结合。因此，清楚地确定公司的资源优势和缺陷，了解公司所面临的机会和挑战，对于制定公司未来的发展战略有着至关重要的意义。

（1）自身的优势

①产品技术世界范围领先。目前市场内技术处于绝对领先，特别是国内市场，由于技术研发较缓慢，预期在 3~5 年内没有竞争对手。②产品存在科技壁垒难以复制。需要攻克的技术与生产要求高，遏制了山寨风，加上后续革新产品或者特殊定制产品的需求，可以树立行业品牌形象。③高度的价格控制权。对于刚性需求且技术指标要求高的部分行业与企业，由于没有竞争对手，可以获取极大的利润空间。④具有极大的新兴市场前景。在医学成像系统，桥梁与发电设备的监控系统，硅光电子业有着非常强大的市场需求预期。

（2）自身的劣势

①初期需要投入大量资金。由于需要进行科研应用产品化并且建设自主研发生产的团队，初期的资金需求会比较大，主要会投资在光学研发设备、生产设备、团队人员上。②要构建自主研发的团队。要拥有持续的科技优势作为核心竞争力，就必须构建自己的自主研发团队，不断创新才能够不断保持优势。但是随之而来的代价是显而易见的，需要花费大量的金钱和时间，还要注意人才的保护，防止人才流失。③供应链保证有一定困难。由于在国内进行产品化研发工作，对于相关的元器件以及其他原材料的供应链保证变得极为重要。因为是高新科技的产品，所以对使用的原材料也有较高的要求，目前大部分依然需要进口，这样当大批量生产时，可能遇到供应链保障的问题。

（3）外部的机遇

①全球范围存在大量刚性需求。随着光纤网络的普及以及其他众多新兴行业的发展，光频域反射仪成为解决目前光纤故障检测的最好手段。②中国国内无竞争对手。由于国内光学科技的发展相比国外仍有一部分差距，在 3~5 年之内不会出现任何有竞争力的对手。③国际市场对手产品极少。目前在全球范围内只有 Luna 公司一家已经在售光频域反射仪的

同类产品,而且其参数性能还不及我们的目标产品。

(4) 外部的威胁

①尚未拥有品牌效应。面对国际市场,可能有些企业依然会选择花大价钱去购买性能不如我们产品的 Luna OBR 4200。其根本原因就是我们是新兴企业,尚未创造品牌形象,也没有与国际性大机构或者政府企业合作的经验。②新兴的竞争对手出现。虽然目前尚未出现除了 Luna 以外的竞争对手,但是这并不表示光纤频域反射技术的研发没有人在做。在 2016 年 1 月瑞典的光学会议上,就有许多的机构和研究人员在进行技术壁垒的突破工作。③国内人才流动性大。这一点是最为巨大的威胁了,如果想要保证企业长期的技术核心优势,就必须要有非常稳定的研发团队,但是国内人才流动性大的问题会导致这一关键要素的薄弱化。如何留住人才是我们面对的最大威胁与挑战。

4. 营销战略与计划

将采用直接销售和分销商销售两种模式结合的方法从事产品的销售。对已经建立合作关系的国内外战略性重点客户,将采取直接销售的方式。一方面,可以更好更直接地了解他们对产品的要求,帮助我们更快更好地设计生产满足他们需求的产品,同时也可以为他们提供更好、更直接的售后服务,维持长久、稳定的合作关系。另一方面,会尽快地使产品进入市场,占据比较大的市场份额,将和已有联系的 100 多家分销商合作,利用他们现有的市场渠道和客户资源,使产品尽快进入市场。同时采用新颖的市场策划销售理念,充分利用现代信息网络的优势,在国际著名的社交网站 Facebook、Twitter、Linkedin、Youtube、阿里巴巴、腾讯、百度等发布产品信息,使产品较短的时间内为更多的相关人员所熟悉和了解。

5. 研发战略与计划

光频域发射仪产品的关键技术的基础开发工作已经完成,包括相关的原理分析和实验论证工作。在工作的过程中,与关键的元器件供应商建立了可靠的联系和沟通渠道。同时,同国内外多个潜在客户进行了接触,了解他们对产品的具体要求及将来可能的需求量,使我们对具体产品的开发和生产做到心中有数。这些是我们开展此项目的优势。项目启动后,我们可以马上开始产品的具体设计工作(这些工作包括:光路设计、控制电路设计、主机结构与外壳机械设计、控制软件、用户界面软件和系统软件设计等)。争取在 3 年的时间里完成 3~5 台样机的开发和生产。在这过程中,主要的子系统将在国内协同精心选择的战略客户共同进行测试和验证,然后花半年左右的时间进行样品的测试和验证工作。同时一方面进行小批量产品生产的准备工作,另一方面根据测试结果和客户反馈对产品的设计和性能做进一步的改善和提高,从而实现四年左右时间将产品投放市场的目标。

6. 生产战略与计划

我们将在项目启动的同时,在国内外开展相关技术的专利申请,以确保产品的知识产权得到保护,在满足市场需求的同时,维护产品的市场竞争力。在企业管理过程中,公司营运的每个环节将贯彻"质量第一"的理念,严格按照 ISO 9000 规定的质量控制流程组织设计和生产,消除"Made in China"产品的低廉误区。

(六) 财务分析与风险控制

1. 资金需求分析

根据企业拟订的五年计划,总的资金需求大约 6 000 万元,这是在不计算相关销售利润的前提下计算的。相关的需求依据见表 7-4。

表 7-4　资金需求分析表

年度	项目实施阶段	投资额度（元）	资金主要用途
2013	产品设计和开发 样品制作和测试	1 000	人员支出 300 万元/年 办公室与生产用房租金 100 万元/年 初期设备投资 300 万元/年 元器件、原材料采购 300 万元/年
2014	第一条生产线的建设，前期五种产品的批量生产（光功率计、光源、光纤识别器、可见光光源、可调光衰减器）	1 000	建设一条新生产线 100 万元 新增人员设备、市场营销 200 万元/年 固定支出 700 万元不变 （人员 300 万元+材料采购 300 万元+房租 100 万元）
2015	第二条生产线的建设，产品和应用的开发、量产和销售（光纤端面检测系统和清洁仪）	1 000	建设一条新生产线 100 万元 新增人员设备、市场营销 200 万元/年 固定支出 700 万元不变 （人员 300 万元+材料采购 300 万元+房租 100 万元）
2016	第三条生产线的建设，产品和应用的开发、量产和销售（便携式 OTDR）	1 000	建设一条新生产线 100 万元 新增人员设备、市场营销 200 万元/年 固定支出 700 万元不变 （人员 300 万元+材料采购 300 万元+房租 100 万元）
2017	第四条生产线的建设，产品和应用的开发、量产和销售（便携式 OTDR）	2 000	建设一条新生产线 100 万元 新增人员设备、市场营销 200 万元/年 固定支出 700 万元不变 （人员 300 万元+材料采购 300 万元+房租 100 万元） 下一代产品研发费用 1 000 万元

2．资金来源分析

资金来源分析见表 7-5。

表 7-5　资金来源分析年表　　　　　　　　　　　　　　（单位：万元）

项目融资 5 年计划，以五年内投资资金总量 6 000 万元作为前提					
年度	项目实施阶段	团队自筹	银行贷款	政府拨款	总需求
2013	产品设计和开发 样品制作和测试	500	0	500	1 000
2014	第一条生产线的建设，前期五种产品的批量生产	500	200	300	1 000
2015	第二条生产线的建设，产品和应用的开发、量产和销售	500	200	300	1 000
2016	第三条生产线的建设，产品和应用的开发、量产和销售	500	200	300	1 000
2017	第四条生产线的建设，产品和应用的开发、量产和销售	1 000	500	500	2 000

3. 财务收入预期

财务收入预期见表 7-6。

表 7-6　财务收入预期年表

内　容	企业创办头 5 年的财务收入预测				
	年　度				
	2013 年	2014 年	2015 年	2016 年	2017 年
每月销售数量（台/套）	0	1 500	2 000	2 200	2 300
服务用户数量（家）	0	100	150	200	300
年销售收入（万元）	0	7 500	10 000	15 000	35 000
总成本（万元）	1 000	1 000	1 000	1 000	2 000
企业人数（人）	30	45	75	125	200

（七）风险控制

根据美国 IGIC 公司于 2010 年 11 月发表的分析报告，光纤系统仅在军用和民航电子控制系统中的使用将从 2009 年的 3 亿多美元增长到 2013 年的 7 亿多美元，市场增长二倍多。随着光纤网络应用向其他领域的不断渗透和深入，潜在的市场空间和客户群会不断扩大。因此，光频域反射仪产品将基本不存在市场风险。由于其技术含量高、利润空间大，价格波动的影响将微不足道。随着关键元器件逐步由自身研发、生产，会更进一步地降低未来市场价格可能波动的影响。

来自竞争者的风险主要在国际上。美国 Luna 科技公司于去年 5 月底推出了一款测量距离小于 500 米的产品 OBR 4200。但是由于美国高技术及其产品对中国的出口管制措施，该产品不能出口到中国，更不用说到中国生产了。因此，为我们进行该项目赢得了时间。同时，该项目采用我们独有的先进的专利技术，一方面将测量距离增加到 500 米以上，达到 5 千米；另一方面结合经济的国产原材料和劳动力，不论是产品性能还是产品成本都具有竞争力，从而更为我们进行该项目赢得了空间。产品一方面可以打破国际上的垄断和对中国的封锁，填补国内外空白，同时可以为更多的客户提供服务，促使光纤技术得到更快、更广泛、更深入，同时更经济的应用。我们的最终目标是凭借我们产品的技术优势和性价比，战胜国际上的竞争对手，使我们的产品成为世界市场的知名品牌和业界龙头。

资金来源方面的风险还是存在的，因此在商业模型的资本运作方面，我们拿出了 3 个不同的方案来应对。根据目前调研和一些开发区的接触情况来看，方案 1 能够获得的中央课题支援和地方对企业以及人才引进的支援的可能性是很大的。目前选定的南京、苏州、无锡、常熟开发区都比较适合创业计划的开展，所以即使一个地点的支援力度削弱，企业还是可以选择迁移到另外 3 个候选点去进行发展。当然万一出现方案 1 无法实现的糟糕情况，我们也可以选择让银行融资、第三方风险投资入股的方式来缓解资金压力。最坏的情况是放慢研发力度、减少人员数量，在获得国内市场份额之后再更新设备冲击国际市场。

（资料来源：彭四平，等. 创新创业基础［M］. 北京：人民邮电出版社：2018）

以上这份有关 A 公司的商业计划书，从七个维度分析了此项目创业的可行性，分析较为全面，具有借鉴价值。同时也应注意，没有完全相同的两份商业计划书，具体项目差异以及环境的变化促使我们应及时观察内外环境并分析团队所拥有的资源，做出更合理的分析、更满意的计划。

四、注册企业一般流程

设立新企业的第一步是公司注册。一般来说，公司注册的流程包括企业核名、提交材料、领取执照、刻章。完成公司注册过后，企业想要正式开始经营，还需要办理银行开户、税务报到、申请税控和发票、社保开户等事项。

随着新《公司法》的施行、"五证合一"改革的推行，现在开设企业的流程简化了很多。新企业设立流程从工商注册到正式运营简化为办理"五证合一"工商注册、刻制印章、开立企业银行账户、办理税务登记。

（一）"五证合一"工商注册

自 2016 年 10 月 1 日起，"五证合一"在全国正式实施。

"五证合一"指工商行政管理局的营业执照、税务局的税务登记证、质量技术监督局的组织机构代码证、社会保障局的社会保险登记证、统计局的统计登记证，合并为一个加载有统一社会信用代码的工商营业执照，实现"一照一码"的最终目的。其中，"一照"指"五证"合为一张营业执照；"一码"指营业执照上加载的工商局直接核发的统一社会信用代码，如图 7-4 所示。

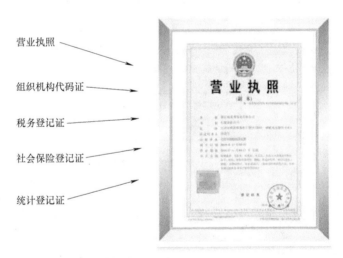

图 7-4 "五证合一"的营业执照

1."五证合一"的办理流程

随着"五证合一"的推行，新办企业的工商注册变得简单。与以前的办证流程相比，"五证合一"减少了在不同部门来回奔走审核资料的烦琐，可以直接在办证大厅的多证合一窗口办理，如图 7-5 所示。

（1）企业名称预先核准

首先，需要进行企业核名操作，核名时首先要选择企业的形式，企业形式包括有限责任公司、股份有限公司、合伙企业、个人独资企业等；其次，准备最多 5 个公司名称，到工商局领取《企业名称预先核准申请书》，在其中填写准备申请的公司名称、注册资本、公司主体类型、住所地、投资人等信息，由工商局上网检索是否有重名，如果没有重名，便会核发《企业名称预先核准通知书》。

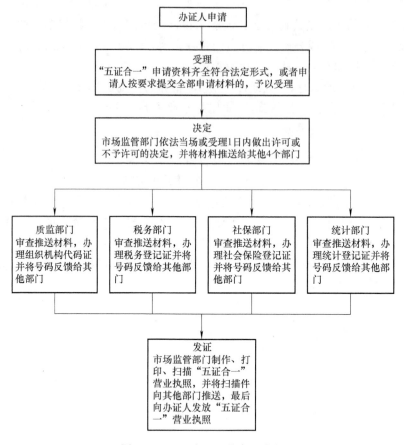

图 7-5 "五证合一"的办理流程

(2) 审核领证

办证人通过工商网报系统填写《新设企业五证合一登记申请表》，然后持审核通过后打印的《新设企业五证合一登记申请表》，前往大厅多证合一受理窗口。

窗口核对信息、资料无误后，将信息导入工商准入系统，生成工商注册号，并在"五证合一"打证平台生成各部门号码，补录相关信息。同时，窗口专人将企业材料扫描，与《工商企业注册登记联办流转申请表》传递至质量技术监督局、国家税务总局、地方税务局、社会保障局、统计局 5 部门，由 5 部门分别完成后台信息录入。最后打印出载有 5 个证号的营业执照。

2. "五证合一"办证资料归纳

就新设企业而言，要想顺利完成"五证合一"的办证流程，需要准备的资料有以下几种。

(1) 法定代表人身份证原件，全体股东身份证复印件。

(2) 各股东间股权分配情况。

(3)《企业名称预先核准通知书》原件。
(4)工商部门审核通过的公司经营范围资料。
(5)企业住所的租赁合同（租期一年以上）一式二份及相关产权证明（非住宅）。
(6)如果企业为生产型企业，还要有公安局消防科的消防验收许可证。

3. "五证合一"办证优势

"五证合一"是在"多证联办"的基础上，通过建立审批信息共享平台，整合各发证部门的受理窗口、申报表格、材料规范、审批流程、打印发照等，达到"一表申请、一窗受理、并联审批、一份证照"的改革目的，同时降低行政成本和社会成本，方便企业准入，提高登记效率。

与工商注册改革前相比，"五证合一"的办理优势是显而易见的，主要体现在证件数量、办理部门、提交材料和办理时间上，具体如下。

(1)改革前要办的证件有5证，分别是营业执照、组织机构代码证、税务登记证、社会保险登记证、统计登记证。改革后则只需办理一证，即营业执照，由工商部门向企业颁发加载组织机构代码证号、税务登记证号、社会保险登记证号和统计登记证号的营业执照。

(2)改革前要跑的部门有工商、质监、税务、人社和统计部门，改革后则只需要在多证合一受理窗口处办理即可。

(3)改革前需要向5个部门提交5份材料，改革后只需要提交1份材料，各部门共享。

(4)改革前办理的时间在半个月以上，改革后只需要3个工作日即可领证，有时甚至能够实现当场领证。

4. "五证合一"换证须知

对于非新设立企业而言，不需要重新办理营业执照，只需进行"五证合一"的换证操作即可。换领"五证合一"营业执照时，需要用到的资料：①企业营业执照更换申请书；②联络员信息和财务负责人信息；③营业执照正、副本。

（二）刻制印章

印章具有法律效力，不能随意刻制。新成立的企业申请刻制企业相应的印章时，须持营业执照复印件、法定代表人和经办人身份证复印件各1份，以及由企业出具的刻章证明、法人代表授权委托书到公安局指定的机构进行刻章。一般来说，企业常用的印章有如下几种。

(1)公章。公章代表企业的最高效力。它对内对外都代表了企业法人的意志，使用公章可以代表企业对外签订合同、收发信函、开具企业证明。

(2)合同专用章。合同专用章在企业对外签订合同时使用，相关合同的签订在企业经营签约范围内必须盖上合同专用章才能最后生效，因此它代表着企业需承受由此产生的权利和义务，一般情况下，公章可以代表合同专用章使用。

(3)财务专用章。财务专用章的用途比较专业化，一般针对企业会计核算和银行结算业务使用。

(4)法人章。法人章就是企业法人的个人用章，它对外具备一定的法律效力，可以签订合同，出示委托书文件等。

(5) 发票专用章。发票专用章就是企业在经营活动中购买或开具发票时需加盖的印章。当然，在发票专用章缺少时，可以用财务专用章代替。反之则不可以。

(三) 开立企业银行账户

创业者要创办一家企业，往往需要通过银行进行资金周转和结算，这就不可避免地要和银行打交道，因此，创业者要了解银行开户、销户等手续的办理流程。

1. 银行账户的种类

按照国家现金管理和结算制度的规定，每个企业都要在银行开立结算账户（即结算户），用来办理存款、取款和转账结算。银行存款结算账户分为以下几种：

(1) 基本存款账户

基本存款账户是企业的主要存款账户，主要用于办理日常转账结算和现金收付，以及存款企业的工资、奖金等现金的支取。该账户的开立需报当地人民银行审批并核发开户许可证，开户许可证正本由存款单位留存，副本交开户行留存。一个企业只能在一家商业银行的一个营业机构开立一个基本存款账户。

(2) 一般存款账户

一般存款账户是企业在开立基本存款账户之外的银行开立的账户。该账户只能办理转账结算和现金的缴存，不能办理现金的支取业务。

(3) 临时存款账户

临时存款账户是企业的外来临时机构或个体工商户因临时开展经营活动需要开立的账户，该账户可办理转账结算及符合国家现金管理规定的现金业务。

(4) 专用存款账户

专用存款账户是企业因基本建设、更新改造或办理信托、政策性房地产开发、信用卡等特定用途开立的账户。该账户支取现金时，必须报当地人民银行审批。

2. 银行开户手续的办理

办理银行开户手续需要填写开户申请书并提供有关证明文件。开立不同的账户，所需材料也不同，具体如下：

(1) 基本存款账户，需当地工商行政管理机关核发的企业法人执照或营业执照正本。

(2) 一般存款账户，需基本存款账户的开户人同意其独立核算单位开户的证明。

(3) 临时存款账户，需当地工商行政管理机关核发的临时执照。

(4) 专用存款账户，需有关部门批准的文件。

3. 银行销户手续的办理

开户人可以根据需要撤销在银行开立的存款账户。开户人撤销存款账户时，应与银行核对账户余额，经银行审查同意后，办理销户手续。销户时，企业应交回剩余的重要空白凭证和开户许可证副本。办理银行销户手续时应遵循以下规定：

(1) 一般存款账户余额不得超过企业在开户银行的借款余额，超过部分开户行将通知开户单位 5 日内将款项划转至基本存款账户，逾期未划转的，银行将主动代为划转，一般存款账户借款清偿后要办理销户。

(2) 临时存款账户的使用期限不得超过 1 年，超过 1 年的将予以销户。

(3)企业销货款、异地汇入款项中除基建或专项工程拨款外的非专项资金不得进入专用存款账户。

(4)开户人改变账户名称的应先撤销原账户,再开立新账户。

(5)开户行对 1 年内未发生收付活动的企业账户,将对开户人发出销户通知,开户人应当自收到通知之日起 30 日内(以邮戳日为准)到开户行办理销户手续,逾期不办理将视为自愿销户。

(四)办理税务登记

新设立企业领取由工商行政管理部门核发一个加载法人和其他组织统一社会信用代码的营业执照(即"五证合一"营业执照)后,虽然无须再次进行税务登记,办理税务登记证。但仍需要前往税务机关办理相应的后续事项,才能进行正常缴税。首先,新办企业纳税人需要办理国地税一户通,国地税一户通实际上是企业、银行与税务机关三方签订的扣款协议,用于企业网上申报税扣款。办理方法比较简单,到税务机关的办公点(行政服务中心地方税务局登记窗口、各属地主管税务机关)取得《委托银行划缴税(费)款三方协议书》(一式三份),加盖本企业公章后,到银行开设缴税(费)专用账号(一般就是企业的基本存款账户),银行在协议书上盖章并退回两联。纳税人将银行盖章的协议书送到主管税务机关办理划缴税(费)登记手续。其次,新办企业在办完首次涉税业务后,需按期持续申报,这是企业要注意的关键事项。

【案例分析】

难得的创业五兄弟

1998 年秋天,马化腾与他的同学张志东"合资"注册了深圳腾讯计算机系统有限公司。之后又吸纳了曾李青、许晨晔、陈一丹三位股东。为避免彼此争夺权力,马化腾在创立腾讯之初就和四个伙伴定下"各展所长、各管一摊"的约定。马化腾是 CEO(首席执行官),张志东是 CTO(首席技术官),曾李青是 COO(首席运营官),许晨晔是 CIO(首席信息官),陈一丹是 CAO(首席行政官)。

之所以将创业五兄弟称之为"难得",是因为直到 2005 年的时候,这五人的创始团队还保持着稳定的合作阵形,不离不弃。如今腾讯已经成长为国内最大的互联网公司之一,仍有四名创始人坚持在公司一线。

在企业迅速壮大的过程中,要保持创始人团队的稳定合作尤其不容易。在这个背后,工程师出身的马化腾从一开始对于合作框架的理性设计功不可没。从最初的股份构成上来看,五个人一共凑了 50 万元,其中马化腾出资 23.75 万元,占 47.5% 的股份;张志东出资 10 万元,占 20%;曾李青出资 6.25 万元,占 12.5% 的股份;其他两人各出 5 万元,各占 10% 的股份。虽然主要资金都由马化腾投入,但他自愿把所占的股份降到一半以下。"要他们的总和比我多一点点,不要形成一种垄断、独裁的局面。"同时,他自己坚持出主要的资金,占大股。"如果没有一个主心骨,股份大家平分,到时候也肯定会出问题,同样会完蛋。"

保持稳定的另一个关键因素在于搭档之间的"合理组合"。据《中国互联网史》作者林军回忆说,"马化腾非常聪明,但非常固执,注重用户体验,愿意从普通用户的角度去看产品。张志东是脑袋非常活跃且对技术很沉迷的一个人。马化腾技术上也非常好,但是他的长处是能够把很多事情简单化,而张志东更多是把一件事情做得完美化。"许晨晔和马化腾、张志东同为深圳大学计算机系的同学,他是一个非常随和、有主见,但不轻易表达的人,是有名的"好好先生"。而陈一丹是马化腾在深圳中学时的同学,后来也就读于深圳大学。他十分严谨,同时又是一个非常张扬的人,能在不同的状态下激起大家的激情。如果说,其他几位合作者都只是"搭档级人物"的话,那么曾李青就是腾讯五个创始人中最好玩、最开放、最具激情和感召力的一个,与温和的马化腾、爱好技术的张志东相比完全是另一个类型。其大开大合的性格也比马化腾更具攻击性,更像是拿主意的人。不过或许正是这一点导致他最早脱离了团队,单独创业。

后来,马化腾在接受多家媒体的联合采访时承认,他最开始也考虑过和张志东、曾李青三个人均分股份,但最后还是采取了五人创业团队根据分工占据不同的股份结构的策略。即便是后来有人想加钱占更大的股份,马化腾也没有同意,"根据我对你能力的判断,你不适合拿更多的股份"。因为在马化腾看来,未来的潜力要和应有的股份匹配,不匹配就会出问题。如果拿大股份的不干事,干事的股份又少,矛盾就会发生。经过几次稀释,最后公司上市时他们所持有的股份比例只有当初的1/3,但即便是这样,他们每个人的身价都还是达到了数十亿元人民币,是一个皆大欢喜的结局。

可以说,在中国的民营业中,能够像马化腾这样,既包容又拉拢,选择性格不同、各有特长的人组成一个创业团队,并在成功开拓局面后还能依旧保持着长期默契合作,是很少见的。而马化腾的成功之处,就在于其从一开始就很好地设计了创业团队的责、权、利。能力越大,责任越大,权力越大,收益也就越大。

(资料来源:根据 https://www.sohu.com/a/133528826_649437 整理)

分析与讨论:
1. 进一步搜寻资料,试分析马化腾团队创业成功的原因。
2. 假如你要创业,你想做什么项目?你会选择哪些成员来形成创业团队?

【拓展思考】

1. 创新思维的具体表现形式有哪些?如何在生活中培养创新思维?
2. 简述创业团队如何组建?结合各创业案例,谈谈创业团队最常见、最致命的点有哪些?
3. 创业计划书的基本内容包括哪几个部分?
4. 注册企业的一般流程是什么?思考如何为新企业进行选址?
5. 创新与创业的关系?分析创业可能遇到的问题和困难,并列举讨论。

【任务卡】

1. 创业的成败可能受种种外界因素的影响,其中关键因素之一是人为因素。创业的主体是创业者,在长期的创业实践中,他们演绎了一幕幕精彩的创业传奇。通过探究各类创业案例,试分析创业者需要具备什么共性?创业者人格特征的差异是否会对创业成功产生重要影响?

2. 任务目标：创业储备与分析

全班同学进行分组，组队后请各组寻找一位创业者进行访谈。实施流程如下：

第一步，分析你们拥有的资料和关注的创业领域，寻找一位创业者。

第二步，认真准备和设计访谈提纲，访谈问题聚焦于了解被访谈创业者的创业计划、创业过程，同时，你也可以就创业者的独特性、创业、创业活动以及创业思维的理解或不清楚的问题，进行讨论。

第三步，将访谈时间控制在 1 小时左右，访谈时要做好访谈记录。

第四步，访谈结束后一定要仔细整理，思考你所访谈的创业者的创业计划、过程细节、创业者身上具有的独有的特征，以及从创业者身上所得到的感悟并汇报访谈成果。

参 考 文 献

[1] 德鲁克. 卓有成效的管理者[M]. 许是祥, 译. 北京: 机械工业出版社, 2009.

[2] 尼克尔斯 J 麦克休, S 麦克休. 认识商业（第12版）[M]. 何峻、许俊农译. 北京: 机械工业出版社, 2017.

[3] 徐玉德. 财务管理案例教程[M]. 北京: 北京大学出版社, 2020.

[4] 常叶青. 财务管理[M]. 成都: 西南交通大学出版社, 2019.

[5] 黎子民. 经济法[M]. 北京: 经济科学出版社, 2020.

[6] 胡飞雪. 创新思维训练与方法[M]. 北京: 机械工业出版社, 2019.

[7] 彭四平, 伍嘉华. 创新创业基础[M]. 北京: 人民邮电出版社, 2018.

[8] 刘延, 高万里. 大学生创新创业基础[M]. 北京: 华中科技大学出版社, 2020.

[9] 马兆瑞. 经济法[M]. 北京: 中国人民大学出版社, 2020.

[10] 西蒙. 管理决策新科学[M]. 李柱流, 汤俊澄, 等译. 北京: 中国社会科学出版社, 1982.

[11] 郭文臣. 管理沟通[M]. 2版. 北京: 清华大学出版社, 2014.

[12] 康青. 管理沟通[M]. 北京: 中国人民大学出版社, 2018.

[13] 杨洪涛. 市场营销: 网络时代的超越竞争[M]. 3版. 北京: 机械工业出版社, 2021.

[14] 郭国庆, 钱明辉. 市场营销学通论[M]. 北京: 中国人民大学出版社, 2017.